ek

HEIDI KABEL

Manchmal war es nicht zum Lachen

ERNST KABEL VERLAG

Bildnachweis:

Rudolf Ohnesorge (7), Christel u. Fred Dietrich, „Foto-Zeitbild" (1), Jörn Kluth „Bild + Funk" (6), Foto-Schweigmann (1), Bruno Torricelli „Blick" (1), Wolf-Hinrich Groeneveld „Gong" (1), K. H. Vogelmann (1), Werner Fritsche (1), Privatarchiv der Autorin (23)

Das Gedicht „Rodegrütt" von Hermann Claudius wurde mit freundlicher Genehmigung des Autors entnommen: Hermann Claudius - Jubiläumsausgabe III, Verlag Rudolf Schneider, München.

Lektorat: Rudolf Kinzel

Druck: Buch- und Offsetdruckerei Ernst Kabel, Hamburg
Buchbinderische Verarbeitung: Clausen & Bosse, Leck
Schutzumschlag: Martin Lehnen
ISBN 3 921909 15 5

Es war eine abgemachte Sache zwischen meinen Eltern und mir, daß ich Pianistin werden sollte. Konzertpianistin. Schon mit acht Jahren hatte ich Klavierunterricht bekommen und hatte für das tägliche Üben mehr Zeit aufgewendet, als für meine Schulaufgaben. Es fiel mir darum nicht sehr schwer, meine Eltern zu überzeugen, daß es für eine Klavier-Virtuosin nicht von Belang sein konnte, ob sie nun das Abitur habe oder nicht und so waren sie damit einverstanden, daß ich mit 16 und der mittleren Reife die Emilie-Wüstenfeld-Schule verließ, um mich ganz dem Klavierspiel zu widmen. Ich übte bis zu acht Stunden am Tag.

Zweimal in der Woche ging ich zu meinem Lehrer Paul Strecker zum Unterricht. Er brachte mir nicht nur das Klavierspielen bei, sondern lehrte mich das Dirigieren, die Harmonielehre und ließ mich auf Schallplatten die großen Pianisten anhören. Serge Rachmaninow, Maurice Ravel und Elly Ney. Meine Mutter, die selber sehr gut Klavier spielte, ging mit mir fast in jedes Konzert großer Pianisten, aber aus diesen Konzerten und aus dem Unterricht kam ich immer bedrückter nach Hause zurück. Ich spürte nach und nach, daß es nicht genügte, das Instrument zu beherrschen und Etuden und Tonleitern zu üben, sondern man mußte auch die Musik begreifen um all das, was der Komponist gefühlt hat, auch bei den Zuhörern zum Schwingen zu bringen. Und meine Musikalität reichte nicht aus. Ich spielte fehlerfrei und es klang auch gut, aber es reichte eben nur für den Hausgebrauch und nicht für den Konzertsaal. Zuerst sprach ich mit Paul Strecker darüber. Er meinte, was ich mit meinen 17 Jahren schon musikalisch ausdrücken könnte, sei weit über dem Durchschnitt und all das, was ich noch vermissen würde, käme mit zunehmender Reife.

»Du mußt dich erst einmal richtig verlieben«, sagte er lachend zu mir, »dann wirst du schon sehen, wie du mit einem Mal spielen kannst.«

Auf dem Nachhauseweg dachte ich darüber nach, welcher Zusammenhang wohl zwischen der Liebe und dem Klavierspiel bestehen könnte, aber ich fand ihn nicht heraus.
Meine Eltern danach zu fragen, wagte ich nicht und meine Freundin, Eva Stolze, war zwei Jahre jünger als ich. Die wußte von der Liebe genau so wenig wie ich.
Eine große Enttäuschung kam über mich, mir wurde ganz klar, daß ich es nicht schaffen würde, Konzert-Pianistin zu werden. Noch an dem selben Abend wollte ich mit meinen Eltern darüber sprechen. Ich hatte Angst vor dem Gespräch und vor ihrer Enttäuschung. Hatten sie doch viel Geld und Hoffnung in meine Ausbildung investiert, und nun sollten sie von mir erfahren, mein Talent langte nicht.
Das war im Frühjahr 1932. In ganz Deutschland grassierte die Arbeitslosigkeit. Mein Vater hatte auch viele seiner Drucker entlassen müssen und brachte seinen Druckerei-Betrieb mit Mühe über die Runden. Die meisten Maschinen standen still im Hinterhaus in den Großen Bleichen Nr. 30, so daß der eine Setzer, den er noch beschäftigte, die meiste Zeit darauf verwendete, Kunden zu besuchen, um Aufträge zu ergattern. Ich mußte also einen Beruf erlernen, um meinem Vater nicht länger auf der Tasche zu liegen.

Zu Hause setzte ich mich gleich ans Klavier, um bis zum Abendessen nicht mit meiner Mutter sprechen zu müssen. Als wir dann zu dritt um den ovalen Tisch beim Abendbrot saßen, platzte ich damit heraus: »Ich schaffe es nicht. Ich bin nicht begabt genug. Seit einem Jahr übe und übe ich und mache keine Fortschritte mehr.« Verblüfft sahen meine Eltern erst mich und dann einander an und flüchteten sich in ein Lachen. Sie waren ganz und gar nicht meiner Meinung. »Du mußt Geduld haben, es ist noch kein Meister vom Himmel gefallen,« meinte mein Vater und tätschelte meine Hand. Weinend erwiderte ich: ,,Wie lange soll ich denn noch Geduld haben? Seit ich aus der Schule bin, fast zwei Jahre sind es nun her, übe ich jeden Tag von morgens bis abends und ich werde nicht besser. Ich mag nicht mehr.«
Ich heulte hemmungslos und war verzweifelt und nun waren

meine Eltern auch betroffen. So hatten sie mich noch nie erlebt. Sie versuchten, mich zu trösten und sagten, ich solle doch ihrem Urteil mehr vertrauen als dem meinigen, und meine Mutter fügte noch hinzu: »Morgen werde ich mal mit Herrn Strecker telefonieren und 'mal hören, was der dazu meint.« »Ach der«, konterte ich trotzig, »der hat gesagt, ich soll mich 'mal verlieben.« Meine Mutter konnte gerade noch ein »wie bitte« hervorstoßen, hinein in das Gelächter meines Vaters. »Vielleicht hat Strecker gar nicht so unrecht«, sagte mein Vater, »und bis du dich verliebt hast, übst du fleißig weiter.«
Meine Mutter schüttelte nur mit dem Kopf. Sie stand auf und begann damit, den Tisch abzuräumen, was für mich das Zeichen war, ihr dabei zu helfen. In der Küche versuchte sie, mir zu erklären, was mein Lehrer wohl mit seinem Ausspruch gemeint haben könnte. »Du mußt jetzt auf deinen künstlerischen Durchbruch warten, und du wirst sehen, der kommt.« »Ist der denn bei dir gekommen?« fragte ich schüchtern, und sie antwortete: »Nein, aber vielleicht wäre er gekommen, wenn ich mehr Zeit zum Üben gehabt hätte und so begabt gewesen wäre, wie du es bist.« Mir kamen wieder die Tränen. Selten hatte sie mich so sehr gelobt. »Wie lange muß ich denn noch warten?« »Das weiß keiner«, sagte sie und goß dabei heißes Wasser in die Abwaschschüssel, »das kommt meistens über Nacht, aber bei dir bin ich ganz sicher, daß du es erleben wirst, mein Deern, und nun trockne dir erstmal die Tränen ab und dann mir das Geschirr.«
Also übte ich weiter und wartete auf meinen Durchbruch. Aber er kam weder bei Tag noch bei Nacht. Ich wurde immer mutloser und verzagter. Langsam begrub ich die Hoffnung, am Flügel die Konzertsäle zu erobern.
Mir wurde auch klar, daß meine pädagogischen Fähigkeiten nicht ausreichen würden, um Klavierunterricht geben zu können, und ich machte mir Sorgen um meine Zukunft. Womit sollte ich mein Geld verdienen? Wenn ich wirklich eine Lehrstelle finden würde, als Kontoristin vielleicht, so war es doch die Regel, daß man gleich nach der Lehrzeit wieder entlassen wurde, weil man ja dann als Gehilfin Anspruch auf mehr Gehalt hatte.
Und waren nicht gerade erst die Beamtengehälter gekürzt wor-

den aufgrund einer Notverordnung der Regierung! Ich hatte über den »Abbau der Beamten-Gehälter« im »Hamburger Fremdenblatt« gelesen und auch immer wieder im Bekanntenkreis gehört, wer davon betroffen und »abgebaut worden war«.
Ich hatte Existenzangst. Ich sprach mit meiner Freundin Eva über meine Sorgen. Aber die erging sich nur darin, mir ein farbenfrohes Gemälde an die Wand zu malen über mein Debut als Konzertpianistin im Großen Saal des Conventgartens. Sie ging so weit, das Kleid für mich zu entwerfen, daß ich auf dem Podium tragen sollte. Aus blaßblauem, glänzendem Atlas sollte es sein mit einer weißen Blume am Ausschnitt. Und in meine kurzen, blonden Haare sollte ich dann auch eine weiße Blume stecken.
Ich blieb mit meinen Zukunftssorgen allein.
Meine Mutter telefonierte mit Paul Strecker und berichtete meinem Vater, was mein Lehrer über meine Begabung gesagt hatte. Davon schnappte ich nur einen Satz auf, mit dem ich nun erst recht nichts anzufangen wußte. »Das ist die Pubertät« hatte Paul Strecker gesagt und damit waren offensichtlich meine Schwierigkeiten für meine Eltern und für meinen Lehrer abgetan. Pubertät? Was war nun um Gotteswillen das? Sicher etwas Unanständiges, denn es wurde ja nicht mit mir darüber gesprochen. Ich durfte es ja nicht einmal hören, wie ich aus den Mienen meiner Eltern schließen konnte. Was ich dann im Lexikon unter diesem Begriff las, machte mich noch verwirrter. Das war doch längst alles mit mir passiert. Ich hatte Busen, wenn auch nicht allzuviel, und ich wußte schon, was junge Männer von einem wollten. Ich wußte sogar, was in der Hochzeitsnacht passiert, denn das hatte ich auf dem Schulhof und auch auf der Straße längst mitgekriegt. Auch in Romanen hatte ich gelesen: »Sie umarmten sich, und die Wogen der Leidenschaft schlugen über ihnen zusammen, und ein dreiviertel Jahr später bekam sie ein Kind.« Als ich mit 16 meinen ersten Kuß bekommen hatte, wußte ich nicht genau, bekomme ich nun ein Kind oder nicht. Ich wagte auch nicht, jemanden zu fragen. Wen auch? Geschwister hatte ich keine, und meinen Eltern konnte ich damit nicht kommen. Da schämte ich mich viel zu sehr.
Im Biologie-Unterricht hatte ich nur gehört, daß die Bienen die

Blumen befruchten, mehr nicht. Aber ich war ja schließlich keine Tulpe.
Und ich weiß es noch genau, als ich mit 23 Jahren meinen ersten Jungen erwartete, mußte ich die Hebamme fragen, wie nun eigentlich so eine Geburt vor sich geht. Ich wußte nur, daß es unter Schmerzen vor sich gehen sollte, aber wo und wie die Schmerzen eigentlich waren, wußte ich nicht.
Daher finde ich es richtig, daß heute den Kindern rechtzeitig durch die Schule und die Eltern gesagt wird, was da vor sich geht. Nicht hinter vorgehaltener Hand und nicht von Gleichaltrigen in einer Vulgär-Sprache.
1932 konnte ich mit meiner Lexikon-Weisheit über die Pubertät nicht viel anfangen. Ich war der festen Meinung, die Pubertät sei bei mir längst vorbei. Was aber diese Pubertät mit dem Klaverspiel zu tun haben sollte, blieb mir ganz und gar verborgen.
Ich war wütend auf meine Eltern, auf meinen Lehrer, auf mich selbst. Lustlos und unverstanden klimperte ich auf dem Klavier. Alle lobten meinen Fleiß und mein Können. Nur mir gefiel nun nicht einmal mehr, wie ich Franz Schuberts Werke zu Gehör brachte, die ich jahrelang mit Inbrunst immer wieder geübt hatte, und die ich laut Aussagen meiner Eltern und meines Lehrers schon fast meisterhaft beherrschte. Wenn doch meine Eltern nur endlich einsehen wollten, daß aus mir nie eine Konzert-Pianistin werden würde, und wenn doch meine Mutter nur endlich aufhören würde, mir beharrlich zu erklären: »Du mußt diese Zeit durchstehen und wirst sehen, aus dir wird noch eine große Künstlerin.«

Mein Vater, Ernst Eduard Kabel, hatte sich 1900 im Hinterhaus in Hamburgs Großen Bleichen Nr. 30 als Buchdrucker selbständig gemacht. Mit 21 Jahren. Sein Vater, der auch Ernst hieß, war sein Kompagnon und hatte bis dahin eine Buch- und Stein-Druckerei am Neuen Wall / Ecke Schleusenbrücke betrieben. Heute ist in den einstigen Betriebsräumen meines Großvaters eine Bank-Filiale.

Mein Vater und mein Großvater druckten Vereins-Zeitungen, Plakate für Konzert-Direktionen zur Ankündigung von Veranstaltungen, Eintrittskarten, auch Broschüren und Prospekte.

Abends nach Feierabend und an den Sonntagen fuhr mein Vater mit seinem Fahrrad in den Stadtpark und trainierte für Radrennen. Bei schlechtem Wetter und im Winter fand das Training auf einem Speicherboden im Freihafen statt. Er muß sogar ein erfolgreicher Radrennfahrer gewesen sein, denn ich besitze noch heute etliche Pokale, die er für seine Siege bekommen hat.

Sein zweites Hobby war das Rezitieren. Dazu hatte ihn sein Schullehrer Otto Ernst gebracht. Otto Ernst hatte viele Erzählungen, Gedichte und Bühnenstücke neben seiner Lehrtätigkeit an der Jungenschule in der Hamburger Poolstraße verfaßt, sein erfolgreichstes Bühnenstück war wohl »Flachsmann als Erzieher«. Als Zehnjähriger nun wollte mein Vater zum Gaudium seiner Mitschüler beitragen und sagte im Unterricht Goethes »Erlkönig« im Pathos und mit den weitausholenden Gebärden seines Lehrers auf. Seine Klassenkameraden wieherten in den Bänken vor Lachen. Als der Vortrag zu Ende war, sagte Otto Ernst: »Das ist das schönste Geschenk für mich. Das hast du großartig gemacht. Du bist eine große Begabung. Nun habt ihr anderen endlich einmal gehört, wie man Gedichte aufsagt.« Fortan mußte mein Vater bei Schulferien immer Gedichte aufsagen, und bald machte es ihm soviel Spaß, daß er von sich aus viele Gedichte auswendig lernte und ganze Passagen aus den Erzählungen von Fritz Reuter in plattdeutscher Sprache. Dennoch kam er nicht auf die Idee, etwa Schauspieler zu werden, sondern er erlernte das Drucker-Handwerk. Doch er trat während seiner Lehrzeit dem Theaterverein Urania bei und spielte dort Laien-Theater. Als er fünfundzwanzig Jahre alt war, trat er mit Hans Langmaack und Rudolf Möller auf plattdeutschen Abenden im Kleinen Saal der Musikhalle auf. Rudolf Möller sang plattdeutsche Lieder zur Laute und Hans Langmaack und mein Vater rezitierten. Das Plattdeutsche begeisterte meinen Vater mehr und mehr, und sein Erfolg bestärkte ihn, seine Auftritte nur noch der Pflege der niederdeutschen Sprache zu widmen.

Als ich 1914 geboren wurde, hatte mein Vater schon einen guten Namen als Rezitator. In der Wintersaison trat er an fast allen Wochenenden in Hamburg auf. Mal im Kleinen Saal des Conventgartens, der an der Fuhlentwiete lag, ungefähr dort, wo heute das Springersche Verlagshaus steht, und mal im Weißen Saal des Curiohauses an der Rothenbaumchaussee, oder auch bei Sagebiel an der Drehbahn.

Ich erinnere mich noch ganz genau an einen Abend im Hamburger Bildungsverein in der Böhmkenstraße unterhalb des Michels am Schaarmarkt. Mein Vater war Mitglied dieses Vereins, der nicht nur die niederdeutsche Kultur pflegte, sondern auch Arbeitern und Angestellten die Möglichkeit bot, in Abendkursen das Abitur zu machen.

Mein Vater bestritt den Abend allein und rezitierte aus den Werken von Gorch Fock, Fritz Lau, Rudolf Kinau und brachte zum Schluß ein Gedicht von Hermann Claudius, das ich von ihm am liebsten hörte.

Rodegrütt! Rodegrütt!
Kik mal, wat lütt Hein hüt itt.
Allns rundüm hett he vergeeten.
Rodegrütt, dat is en Eten!
Rodegrütt!
In de Schol de letzte Stünn
kunn he sick op niks besinn,

un int Bookstabeern un Lesen
is he lang so dumm nich wesen.
Man he keem bi't dat un düt
jümmer mank de Rodegrütt,
Rodegrütt!
– »Na, lütt Heini, noch en beten?«
Mudder het hüt veel to möten.
Hans un Hein un Stin un Gret
eet, as güng dat üm de Wett,
Rodegrütt!
Leddig is de grote Grapen.
Greten ilt, em uttoschrapen.
Heini man, de lütte Deef,
hölt mit beide Hann den Sleef:
Wat dor allns noch binnen sitt!
Rodegrütt!

Als die Zuhörer danach applaudierten, war ich so stolz auf meinen Vater, daß ich gerne mitgeklatscht hätte. Aber meine Mutter saß neben mir und sie hatte mir jegliche Beifallskundgebung bei Auftritten meines Vaters verboten. In ihren Augen schickte es sich nicht, zu applaudieren, wenn Familienangehörige etwas vortrugen. Man kam sonst schnell in den Verdacht, Claqueur zu sein. Auch durfte man bei einer Pointe nicht laut lachen, sondern höchstens hinter der vorgehaltenen Hand in sich hineinkichern. Lautes Lachen war auch bei uns zu Hause verpönt, und als ich später Theater spielte, habe ich das laute Lachen, das meine Rollen oft erforderlich machten, erst lernen müssen. Gefühle zu zeigen und zu äußern, galt in den Augen meiner Mutter als überschwenglich, als unerzogen, ja als richtig unfein. Mein Vater dachte darüber ganz anders, konnte sich aber ihr gegenüber nicht durchsetzen, zumal meine Mutter bei Jungen und Männern schon mal eine Gefühlsäußerung und einen Zornesausbruch durchgehen ließ, aber niemals bei Mädchen, denn die sollten ja einmal Damen werden. Dabei wollte ich als kleines Mädchen gar keine Dame werden, sondern wäre viel lieber ein Junge gewesen, und noch heute höre ich sie drohen: »Wenn du noch einmal so schmutzig nach oben kommst, ziehe ich dir einen Sack an«. Sie ahnte nicht,

welchen Gefallen sie mir damit getan hätte, denn ich fand Röcke und Haarschleifen beim Spielen auf unserem Hinterhof nur lästig.
Während des Ersten Weltkriegs trat mein Vater, der wegen eines Nierenleidens nicht als Soldat eingezogen worden war, auch im Kleinen Lustspielhaus auf, wo man zu der Zeit Nummern-Kabarett spielte. Das waren Programme mit Sketchen, Chansons und Rezitationen. Mein Vater brauchte zu seinen Auftritten dann nur über die Großen Bleichen in die Kaiser-Galerie zu gehen, denn das Kleine Lustspielhaus befand sich an der Stelle und in den Räumen, in denen heute das Ohnsorg-Theater untergebracht ist.
Durch meinen Vater wurde mir nicht nur die plattdeutsche Sprache und deren Literatur geläufig, sondern schon sehr früh ging ich auch, meistens mit meiner Mutter, in Konzerte. Die Konzert-Direktion Viktor Fischer war ein Hauptkunde meines Vaters. Für deren Veranstaltungen druckte er die Programme, die Eintrittskarten und die Plakate. Für jede Veranstaltung gingen an die Druckerei zwei Freikarten. So hörte ich, schon mit zwölf, dreizehn Jahren Leo Slezak und Franz Voelckers singen, Wladimir Horowitz und Serge Rachmaninow als Pianisten und all die vielen Solisten der Staatsoper, die ja damals noch oft und gern Konzertabende gaben. Paul Schwarz, den umjubelten Lyrischen Tenor, lernte ich sogar durch meinen Vater kennen. Wir besuchten ihn nach einem Konzert im Conventgarten in seiner Garderobe. Stumm bestaunte ich die vielen Blumenkörbe und die riesigen Bouquets, die dort herumstanden, und als er mich dann fragte, was ich einmal werden wollte, antwortete ich: »Pianistin«. »Dann wirst du mich ja eines Tages am Flügel begleiten können,« witzelte Paul Schwarz, aber ich enttäuschte ihn und sagte: »Eigentlich möchte ich Konzert-Pianistin werden und allein auf dem Podium sitzen.« Sofort hatte ich eine Ohrfeige von meinem Vater eingefangen, Paul Schwarz aber ging zu den Bouquets und pflückte mir einen herrlichen Strauß. Das waren die ersten Blumen, die ich von einem Herrn geschenkt bekam.
Im Verein geborener Hamburger war mein Vater Mitglied, später wurde er sogar in den Vorstand gewählt. Durch diese Vereins-

arbeit, seine Rezitations-Abende und vor allem durch die Gastspiele der Niederdeutschen Bühne im Rahmen des Veranstaltungs-Kalenders des Vereins geborener Hamburger lernte mein Vater Dr. Richard Ohnsorg kennen.
Gegenüber dem Hansa-Theater, am Steindamm Nr. 14, war Richard Ohnsorg am 3. Mai 1988 geboren worden. Ein paar Jahre besuchte er die Realschule in der Seilerstraße auf St. Pauli und machte auf dem Weg nach Hause oft Umwege über die benachbarte Reeperbahn. Seine Sonntagnachmittage verbrachte er meist auf den Stehplätzen des Carl Schultze-Theaters, das in einem Innenhof an der Reeperbahn nahe dem Nobistor lag, wo damals deftige Hamburger Lokalpossen wie »Hamburger Leiden« von Julius Stinde und »Hamburg an de Alster« von O. Schreyer und H. Hirschel gespielt wurden. Lotte Mende und Carl Schultze waren die Zugkräfte des Ensembles, das damals in Missingsch und Plattdeutsch das Publikum begeisterte. Als dann die Primaner der Realschule St. Pauli den Verein Hamburger Privat-Theater gründeten, wählten sie den 13jährigen Richard Ohnsorg zum Regisseur und Hauptdarsteller.
Er bearbeitete frei nach dem Gedächtnis Nestroys »Lumpacivagabundus«, indem er das Singspiel radikal kürzte, und es seinem jugendlichen Publikum als Extrakt bot und inszenierte auch den ersten Akt von Lessings »Minna von Barnhelm«. Er mimte sogar die Titelrolle selber.
Als er seinen Eltern dann mit Sechzehn erklärte, er wolle Schauspieler werden und mit dem »Einjährigen« die Schule verlassen, rang Familie Ohnsorg einschließlich Großmutter nur noch die Hände. Auch das noch.
Richard wurde auf das Johanneum am Steintorplatz geschickt und mußte dort sein Abitur machen, das er auch 1896 bestand. Danach entschied der Ohnsorgsche Familienrat, daß ein Philologie-Studium vielleicht das Richtige wäre, um Jung-Richard auf den rechten Weg zu bringen. Zuerst wurde er zum Studium nach Marburg und später nach Berlin geschickt. Dort verbrachte er mehr Zeit in den Theatern, als über seinen Lehrbüchern. Dann schickten ihn seine Eltern zur Vorbereitung auf sein Examen nach Rostock. Für seine Doktorarbeit wählte er ein Thema aus

der englischen Dramatik und kehrte 1900 als Dr. phil. Richard Ohnsorg zurück nach Hamburg.
Hier begann er als Volontär in den Öffentlichen Bücherhallen an der Mönckebergstraße. Er stieg bis zum Leiter der Bücherhallen auf, aber seine Liebe gehörte dem Theater. Mit seinem Freund Henry Schaper schrieb er die Posse »Rentier Brenzlich's Abenteuer«, die am 1. August 1902 im St. Georg-Tivoli-Theater am Besenbinderhof uraufgeführt wurde. Der Erfolg dieses Werkes hielt sich in Grenzen und Ohnsorg erkannte, daß seine Begabung mehr im Schauspielerischen lag. Noch im selben Jahr, am 12. Oktober, gründete er mit theaterbegeisterten Freunden die „Dramatische Gesellschaft". Diese Gesellschaft wollte Stücke herausbringen, die wegen ihrer Besonderheit, ja Ausgefallenheit sogar, keine Chancen hatten, in das Repertoire der großen Bühnen aufgenommen zu werden. So wollte Ohnsorg junge Autoren fördern, wie Max Halbe und Max Dreyer. Mit dessen hochdeutscher Komödie »Liebesträume« trat die Dramatische Gesellschaft am 3. Dezember 1902 zum erstenmal öffentlich auf. Richard Ohnsorg spielte in diesem Stück eine Rolle, die schon in plattdeutscher Sprache geschrieben worden war. Aber noch fehlte das plattdeutsche Drama, die plattdeutsche Komödie, und Ohnsorg spielte in seiner Gesellschaft für dramatische Kunst, wie er sie 1906 umbenannte, weiter nur hochdeutsche Stücke. Mit Laien-Schauspielern brachte Ohnsorg an Leseabenden Max Halbes »Das tausendjährige Reich« und dann Christopher Marlowes »Doctor Faust« heraus. Der »Faust« des schon 1593 verstorbenen englischen Dramatikers war erst 1818 ins Deutsche übersetzt worden und hatte auch durch Ohnsorgs Aufführung keine Chance die deutschen Bühnen zu erobern. Es ist heute kaum zu begreifen, daß Ohnsorg nicht auf Fritz Stavenhagen aufmerksam wurde, diesen Wegbereiter des plattdeutschen Dramas. Der Sohn eines Kutschers hatte sich nach einer Drogistenlehre ganz dem Schreiben gewidmet. 1900, mit 24 Jahren, schrieb er zwei hochdeutsche Trauerspiele »Die Steininger« und »Der Verfluchte«, für die er in dem Hamburger Buchhändler August Harms einen Verleger fand, aber aufgeführt wurden beide Stücke nicht. 1903 schrieb er das plattdeutsche Drama »Mudder Mews«, das aber auch erst 1905

in einer Matinee der Literarischen Gesellschaft im Hamburger Stadttheater zur Uraufführung kam. Paul Wegener spielte damals den Willem Mews.
Zum 1. September 1906 wurde Fritz Stavenhagen von Direktor Meyerer an das Schiller-Theater in Altona als Dramaturg verpflichtet. Im ehemaligen Circus Busch an der Amselstraße hinter dem Neuen Pferdemarkt wollte Meyerer mit einem plattdeutschen Ensemble alle Stücke von Fritz Stavenhagen herausbringen. Das waren »Jürgen Piepers«, der Einakter »Der Lotse«, »De ruge Hoff« und »De dütsche Michel«.
Aber Stavenhagen konnte seinen Posten am Schiller-Theater gar nicht mehr antreten. Er starb am 9. Mai 1906, noch nicht einmal dreißig Jahre alt, an einem Gallenleiden.
Bis auf den »Dütschen Michel« wurden noch alle Stücke Stavenhagens nach seinem Tod am Schiller-Theater gespielt. Aber Ohnsorg war noch immer nicht auf Stavenhagens Werk aufmerksam geworden. Erst 1909, am 2. Oktober, führte er den »Lotsen« auf, der zu einem großen Erfolg wurde und Ohnsorg den entscheidenden Anstoß gab, sich ganz dem plattdeutschen Drama zu widmen. 1912 brachte er Gorch Focks Erstlingswerk »Die Doggerbank« zur Aufführung, und es entstand eine Zusammenarbeit zwischen dem Dichter aus Finkenwerder und dem Schauspieler Ohnsorg, die entscheidend für Ohnsorgs weitere Theaterarbeit sein sollte. Es folgte 1914 die Aufführung von »Cilli Cohrs« von Gorch Fock, und dann inspirierte Ohnsorg den Dichter zu dem Volksstück »Die Königin von Honolulu«. Beide verbrachten zusammen viele Nächte auf St. Pauli bei angeblichen Milieu-Studien, von denen Ohnsorg später immer wieder gern erzählte. Ohnsorg reichte es, daß sich Direktor Chéri Maurice, so nannte der sich wirklich, vom Thalia-Theater bereit erklärte, sein Haus für die Uraufführung der »Königin von Honolulu« bereitzustellen. Ohnsorgs Gesellschaft für dramatische Kunst bestritt die Aufführung nur mit Laiendarstellern. Die Uraufführung am 18. 9. 1916 wurde zu einer Gedenkfeier für Gorch Fock, der im selben Jahr in der Schlacht bei Skagerrak als Matrose auf See geblieben war. Publikum und Kritik waren von der »Königin von Honolulu« begeistert und das Stück mußte im Thalia-Theater 25 mal wiederholt werden. Das

war für eine Laien-Aufführung ein beachtlicher Erfolg.
Das Stück lebt von der Echtheit seiner Rollen und dem Humor in den kraftvollen Dialogen seiner plattdeutschen Sprache. Als wir das Stück am 26. Februar 1977 als Auftakt der Fernseh-Lotterie im Fernsehen in Missingsch spielten, stellte sich heraus, daß die Dialoge durch die Übersetzung an Saft verloren hatten. Die Dürftigkeit des roten Handlungsfadens trat zu Tage, man kann die Prallheit der Schiffergestalten und der Köksch Antje nicht in Missingsch über die Rampe schicken.
1920 taufte Richard Ohnsorg seine Gesellschaft um. Er nannte sie von da an »Niederdeutsche Bühne«, und 1922 fand er auch im Wandsbeker Theater eine Heimstatt, in der er an drei oder auch vier Tagen in der Woche regelmäßig spielen konnte. Dennoch bereitete ihm der Mangel an geeigneten Stücken in Plattdeutsch Sorge.
Aber inzwischen war ein niederdeutscher Dichter herangereift, durch dessen Werk das niederdeutsche Drama in das Bewußtsein einer breiten Publikumsschicht eindringen konnte. Dem Postbeamten Hermann Boßdorf gelang auf Anhieb mit seinem Erstling »De Fährkrog« am 5. April 1918 ein Sensations-Erfolg. Ohnsorg hatte das Stück wieder im Thalia-Theater herausbringen können und schob am 21. Februar 1919 Boßdorfs zweites Werk »Bahnmeester Dod« hinterher. Der Erfolg dieser beiden Stücke gab für andere plattdeutsche Dichter den Anstoß, Ohnsorg mit neuen Stücken zu versorgen, und schon mußte Ohnsorgs Laienspiel-Truppe mit Boßdorfs Stücken in Flensburg, Bremen, Lübeck und Oldenburg gastieren.
Boßdorf schrieb nach seinen beiden erschütternd dramatischen Stücken dann die Volkskomödien »Kramer Krey« und »De rode Ünnerrock«, die noch heute nichts von ihrer Zugkraft eingebüßt haben. Als Hermann Boßdorf 1921 plötzlich starb, fanden sich in seinem Schreibtisch noch ein paar Fragmente von Stücken, darunter auch der Anfang eines Störtebeker-Dramas. Vielleicht wäre es die größte dramatische Dichtung in plattdeutscher Sprache geworden.
Die Niederdeutsche Bühne war und blieb bis heute ein Wandertheater. So kann man Richard Ohnsorg verstehen, daß er immer

wieder seinen Autoren sagte: »Schreibt mir Stücke mit einer Dekoration und vier, höchstens fünf Rollen.« Dieser Satz wird auch heute noch von den meisten Gastspiel-Direktoren ausgesprochen, wenn sie ihre Tourneen planen.
In den zwanziger Jahren bekamen nun die Dichter der großen Volks-Komödien bei Ohnsorg ihre Chance. Paul Schurek schrieb seinen »Snieder Nöhrig«, »Stratenmusik« und »Lünkenlarm«. Wilfried Wroost schrieb 1922 seinen »Peter Pink«, und Dr. Bruno Peyn schrieb das Märchen von »De Fischer und sine Fru« zu einem erfolgreichen Bühnenstück um.
Dr. Ohnsorg hatte inzwischen auch beim Hamburger Staat einen finanziellen Zuschuß locker gemacht, aber ein festes, eigenes Haus war noch nicht zu finden. So fanden zwar die Premieren regelmäßig im Wandsbeker Theater statt, dann aber ging es über die Dörfer zwischen Emden und Königsberg und zwischen Flensburg und Hannover. Regelmäßig gastierte die Niederdeutsche Bühne auch beim Verein geborener Hamburger, der durch seine Mitglieder an solchen Abenden sogar den Großen Saal des Conventgartens füllte. Als ich so zwölf oder dreizehn war, sah ich im Conventgarten Wilhelm Scharrelmanns »Hochtied in den Pickbalje«.
Es war das erste Mal, daß ich eine Aufführung der Niederdeutschen Bühne sah. Danach sah ich fast alle Inszenierungen, weil sie regelmäßig im Rahmen der Vereins-Veranstaltungen geboten wurden, und meine Eltern mich zu diesen Abenden immer mitnahmen.
Die Eltern meiner Freundin Eva Stolze waren auch im Verein geborener Hamburger. Der Verein hatte ein Kinder-Erholungsheim in Weihe in der Lüneburger Heide gebaut, wo ich immer meine Schulferien verlebte. In den vielen Ferienwochen dort hatte ich mich mit Eva angefreundet, und 1932 kam Eva zu meinem Vater mit der Bitte, ihr doch bei Dr. Ohnsorg einen Termin zum Vorsprechen zu verschaffen. Sie wollte Schauspielerin werden.
Mein Vater meinte, das Beste sei, wenn Eva im Anschluß an eine Vorstellung mit ihm hinter die Bühne gehen würde, wo er sie dann Dr. Ohnsorg vorstellen wollte. Dann könnte sie selbst den Termin mit ihm ausmachen.

Das ganze sollte dann im Conventgarten vor sich gehen, nach einer Aufführung von August Hinrichs »Swienskomödie«. Dieser Renner wurde übrigens 1934 unter dem Titel »Krach um Jolante« auch ein großer Kino-Erfolg mit Marianne Hoppe und Carsta Löck.
Die Tage vorher war Eva schon sehr aufgeregt und nur mit dem Lernen des Textes beschäftigt, den sie Dr. Ohnsorg vorsprechen wollte. Sie hatte die Rolle der Elsbe aus Stavenhagens »Mudder Mews« einstudiert. Ich mußte ihr immer die Stichworte des Hugo Mews im ersten Akt geben, und mein Vater gab ihr Tips für Aussprache und Ausdruck. Obwohl Eva alles perfekt konnte, hatte sie Angst vor dieser Prüfung, Angst vor dem Urteil von Dr. Ohnsorg, den wir beide bisher nur als Schauspieler auf der Bühne gesehen hatten. So versprach ich ihr mitzukommen. Ich wollte auch mal den legendären Dr. Ohnsorg kennenlernen, von dem ich zu Hause immer wieder sprechen gehört hatte.

Meine beruflichen Ambitionen aber gingen damals noch ganz in die Richtung des Klavierspielens. Außerdem wußte ich, daß ich als Laien-Schauspielerin in Ohnsorgs Truppe nicht meinen Lebensunterhalt verdienen konnte und immer noch einen Beruf hätte lernen müssen, um meinen Eltern nicht noch länger auf der Tasche zu liegen. Meine Mutter hielt Evas Plan, Schauspielerin zu werden, sowieso für abstrus. In ihren Augen war der Beruf einer Schauspielerin eine höchst unsichere Angelegenheit.

Ihre Meinung faßte sie mit dem Wort »Backfisch-Laune« zusammen. Wir saßen also in der »Swienskomödie«, Eva immer nervöser, je mehr sich das Stück seinem Ende näherte, ich aber wurde immer vergnügter, weil ich mich darauf freute, endlich einmal hinter eine Bühne blicken zu können und vielleicht auch dem einen oder dem anderen Schauspieler einmal von Angesicht zu Angesicht gegenüberzustehen.
Schon seit längerer Zeit war mir im Ohnsorg-Ensemble ein Schauspieler aufgefallen, der mir besonders gut gefiel und der an diesem Abend in der Rolle des Knechts Hinnerk meine ganze Aufmerksamkeit in Anspruch nahm. Er hieß Hans Mahler. Das war

das Einzige, was ich von ihm wußte. Ich hätte gern mehr über ihn gewußt, und vielleicht würde ja der Ausflug hinter die Bühne ein zufälliges Zusammentreffen ergeben. Wie oft hatte ich schon gehört, daß Schauspieler in ihrem privaten Leben ganz anders waren, als sie dem Publikum in ihren Rollen erschienen, aber das stellte man ja letztendlich erst fest, wenn man sie näher kannte. Ich war neugierig auf Dr. Ohnsorg und Hans Mahler. Verständlich, ich war ja erst siebzehn.
Noch während sich die Schauspieler auf der Bühne verbeugten, führte mein Vater Eva und mich hinter die Bühne. Meine Mutter hatte mir noch nachgerufen: »Heidi, du aber nicht!« und lachend hatte ich geantwortet: »Ich geh doch nur mal so mit, weil Eva nicht allein sein mag und ich ihr die Stichworte geben muß.« Mein Vater stellte uns dann Dr. Ohnsorg vor, der noch in Kostüm und Maske war und der die 15jährige Eva belustigt musterte. »Ja, begabten Nachwuchs können wir immer gebrauchen«, sagte er, »aber bevor du dich entscheidest, ob du wirklich Schauspielerin werden willst, sieh dir erst einmal eine Probe an, damit du eine Ahnung davon bekommst, wieviel harte Arbeit dahintersteckt. Arbeit, die du neben deinem Beruf machen mußt und für die wir nicht viel bezahlen können Gehst du noch zur Schule?« »Nein, ich werde als Kontoristin ausgebildet«, brachte Eva mit rotem Kopf hervor. »Und du, willst du auch Schauspielerin werden?« wandte sich Ohnsorg an mich, und ich antwortete ganz entschieden: »Nein. Ich werde Konzert-Pianistin«, obwohl ich schon selber nicht mehr daran glaubte.
Von Vorsprechen war überhaupt nicht die Rede. Wir sollten uns an einem der nächsten Nachmittage einmal im Probenraum der Niederdeutschen Bühne im Schopenstehl einfinden und dort zuschauen, wie die Theaterarbeit so vor sich geht. Wenn wir dann einen Einblick bekommen hätten, sollte sich Eva wieder bei ihm melden. Wir knicksten beide und waren entlassen. Dr. Ohnsorg zog sich in die Herren-Garderobe zurück, um sich umzuziehen, und mein Vater führte uns wieder in den Zuschauerraum. Außer Dr. Ohnsorg hatte ich niemanden gesehen.
Wir berichteten meiner Mutter die wenigen Sätze, die wir zu hören bekommen hatten und sie schmunzelte. »Na ja, dann geh'

du da man 'mal hin in den Schopenstehl, Eva,« war ihr Kommentar.
Eva war ein bißchen entmutigt, weil Ohnsorg nicht sofort eine Probe ihrer Kunst hören und sehen wollte, und auf dem Nachhauseweg, wo wir wie immer ein paar Schritte vor meinen Eltern zusammen gehen mußten, einmal, damit wir nicht zuhören konnten, worüber die Erwachsenen sprachen und zum zweiten, damit sie uns immer im Auge hatten und wir nicht von »frechen Bengels« angesprochen werden konnten, wollte sie schon wieder aufgeben. Eva hatte den Jungmädchen-Traum von der Entdeckung geträumt. Der verlief ungefähr so: Ohnsorg würde sie sehen, sie sofort auffordern, ihm vorzusprechen, vor Begeisterung in die Hände klatschen und sie dann gleich in einer Hauptrolle herausstellen. Ich machte ihr klar, daß Ohnsorg sie mit der Einladung zu einer Probe erst einmal prüfen wolle, ob es ihr auch richtig ernst sei mit der Schauspielerei und daß wir da nun schon hingehen müßten. Wer a sagt, muß auch b sagen. So in diesem Tenor sprach ich auf sie ein. Natürlich nicht ganz uneigennützig. Zu gern wollte ich auch einmal so eine Probe sehen. Eva und ich verabredeten, schon in zwei Tagen zum Schopenstehl zu gehen. Als wir bei unserer Verabschiedung unsere Verabredung vor meinen Eltern noch einmal wiederholten, kam von meiner Mutter wieder der Satz: »Heidi, du aber nicht!« Ich rief meinen Vater und Eva als Zeugen, daß Dr. Ohnsorg mich in seine Einladung mit einbezogen hatte und Eva bekundete: »Allein geh ich ganz bestimmt nicht.« Mein Vater gab dann den Ausschlag und sagte: »Hergott, Agnes, laß doch die Deern mitgehen. Dümmer wird sie ja davon nicht, wenn sie so 'was mal sieht.« Aber meine Mutter mußte noch hinzufügen: »Gut, wenn du meinst, dann laß sie, aber damit ihr es wißt, recht ist es mir nicht.« Sie war eine Frau mit Prinzipien.

Am nächsten Tag holte ich Eva vom Büro ab, um mit ihr zu besprechen, was wir wohl anziehen sollten, wenn wir zu der Probe gingen. Eva wollte ein kariertes Schottenkleid anziehen, weil es gut zu ihrer einstudierten Rolle der Elsbe paßte, ich entschied mich für einen engen dunkelblauen Rock, der seitlich geknöpft war und zu einer weißen Bluse. Wie alle meine Kleidungsstücke hatte auch diese meine Mutter für mich genäht. Ich machte mir nicht viel aus Kleidern und Mode, und ich überließ das alles meiner Mutter. Mit meiner Figur konnte ich sowieso nicht viel hermachen, ich war knochig und dünn, das Beste, was ich vorzuweisen hatte, waren meine dichten, dicken blonden Haare. Die trug ich kurz als Bubikopf und kniff mir mit der Brennschere immer ein paar Wellen in die Stirn.
Tags darauf machten wir uns auf den Weg in den Schopenstehl. Es nieselte an diesem Märztag 1932 und wir hatten uns kleine Baskenmützen schief auf unsere wohlfrisierten Haare gesetzt. Eva trug noch hochhackige Lackpumps, auf denen sie graziös über das Pflaster trippelte, und konnte manchen Männerblick einheimsen. Nach mir in meinen flachen Spangenschuhen drehte sich keiner um. Warum auch? Ich hatte aber auch, weiß Gott, nichts an mir, was Männer auf den ersten Blick anziehen konnte. Aber vielleicht auf den zweiten.
In dem großen Bürohaus am Schopenstehl war damals das Büro der Niederdeutschen Bühne und dahinter befand sich ein großer Probenraum. In diesem Raum wurden alle Stücke bis zur Haupt-Probe durchprobiert. Dann erst, zwei Tage vor der Premiere, ging es ins Wandsbeker Stadttheater. Die Niederdeutsche Bühne brachte damals alle 14 Tage ein Stück heraus, und die Proben dauerten ungefähr acht bis zehn Tage. Das war schon eine Anstrengung für die Laien-Schauspieler, die ja tagsüber alle ihrem Beruf nachgehen mußten.

Es gehörte damals schon sehr viel Enthusiasmus dazu, diese Belastungen auf sich zu nehmen. Dieser Enthusiasmus der Schauspieler war es sicher, der den Funken zum Publikum überspringen und die Inszenierungen zu den Erfolgen werden ließ, die den Ruf der Niederdeutschen Bühne weit über Hamburgs Grenzen hinaustrugen.
Wir läuteten an der Bürotür und nichts passierte. Ich versuchte es dann noch einmal und klingelte gleich zweimal hintereinander. Da wurde uns geöffnet, und wir erkannten sofort Rudolf Beiswanger, der uns fragte, was wir wollten. »Wir möchten gern zu Dr. Ohnsorg.« »Der ist nicht hier und der kommt auch heute nicht mehr und da müssen sie sich sowieso vorher anmelden.« Resolut antwortete ich: »Das haben wir vorgestern auch getan, und Dr. Ohnsorg hat uns für heute hierher bestellt, damit wir uns mal eine Probe angucken können.« Beiswanger rief nach hinten: »Hannes, hest du dat hört? Wat uns hier de Ool mol wedder in't Huus schickt hett. De beiden Deerns hier wüllt nu tokieken, wat wi hier so moken dod.«
Hans Mahler erschien neben Beiswanger in der offenen Tür. »Nun lot jem doch wennigsens ersmol rin,« sagte er und musterte uns grinsend. Ich kannte ihn ja nur in seinen Rollen, im Kostüm von der Bühne. Zum erstenmal sah ich ihn ungeschminkt und er gefiel mir auch so. Eigentlich sogar etwas besser. Er stellte sich dann vor und ich sagte: »Kabel und das ist meine Freundin Fräulein Stolze.« Wir wurden nun auch mit den anderen Schauspielern bekanntgemacht, mit Aline Bußmann, Liesel Pockrandt und Rudolf Beiswanger. Auch mit dem Regisseur Dr. Bruno Peyn. Dann fragte mich Hans Mahler unvermittelt: »Und wie heißen Sie vorneweg Fräulein Kabel?« »Heidi«, sagte ich und Mahler fing an zu lachen. »Heidi! Fabelhaft. Paßt zu Ihnen. Wirklich gut erfunden. Aber nun sagen Sie 'mal, wie heißen Sie wirklich?« »Heidi. Heidi Kabel. Ganz bestimmt.« Eva nickte und sagte: »Wirklich wahr. Sie heißt Heidi.« Mahler sah mich mit großen Augen an: »Das müssen Sie mir beweisen. Haben Sie Ihren Meldeschein bei sich?« »Nein. Ich trag doch nicht immer meinen Meldeschein (damaliger Personal-Ausweis) mit mir herum.« Mahler wandte sich an die Runde: »Wer glaubt, daß sie Heidi getauft wurde?«

Keiner. »Vielleicht heißen Sie Heidemarie, oder Hedwig, aber Heidi bestimmt nicht. Das haben Sie als Künstlernamen erfunden.« Ich war ein bißchen pikiert. Was ging das den Mahler an, wie ich mit Vornamen hieß? »Beim nächstenmal bringen Sie Ihren Meldeschein mit und wenn das stimmt, gebe ich einen aus.« Kess erwiderte ich: »Sie können gleich einen ausgeben, es stimmt nämlich. Ich heiße Heidi Bertha Auguste Kabel und damit basta.« Dr. Peyn machte unserem Disput ein Ende und führte uns in den Probenraum. Probiert wurde ein Lustspiel mit Musik, daß Bruno Peyn selbst geschrieben hatte. Es hieß »Die kleine Clorinde«. Walter Bullerdieck hatte dazu eine hübsche Musik komponiert.
Der Probenraum hatte keine Bühne und auch keine Dekoration. Nur ein paar dringend notwendige Versatzstücke, wie Tisch und Stühle, standen herum. Wir saßen neben Dr. Peyn an der Wand und wagten nicht einmal miteinander zu sprechen. Längst hatten wir mitgekriegt, daß wir nicht sonderlich erwünscht waren. Wer probt auch schon gern in Gegenwart von zwei so jungen Gänsen? Da wir uns überhaupt nicht muckstem, hatten die Schauspieler aber doch bald unsere Anwesenheit vergessen und agierten wie gewohnt.
Wir waren aufgeregter als die Darsteller, litten, wenn einer sein Stichwort nicht brachte, und als alles zuende war, kamen wir uns vor wie Profis.
Als wir uns verabschiedeten, fragte Eva Dr. Peyn, wann sie wohl Dr. Ohnsorg vorsprechen könnte. »Ja vielleicht morgen oder auch übermorgen, Sie müssen es jeden Tag versuchen. Der Doktor spielt abends und kommt nur mittags ins Büro.« Mahler mischte sich ein: »Am besten ist es, wenn Sie morgen noch einmal zur Probe kommen, ich glaube morgen Nachmittag ist er hier.« Und dann zu mir: »Soll ich Sie nach Hause bringen, Fräulein Kabel?« Schnippisch antwortete ich: »Nein, ich finde den Weg schon allein. Wir haben ja schließlich auch hergefunden.« »Gut,« lachte er frech, »dann bis morgen und vergessen Sie nicht ihren Meldeschein, Heidi Bertha Auguste.« Wortlos zog ich meinen Mantel an und sagte nichts mehr. Erst im Treppenhaus sagte ich zu Eva: »Dummer Kerl, was bildet der sich eigentlich ein?«
Eva tat lebenserfahren und sagte: »Gott, was sie sich eben alle

einbilden. Sie glauben, man wartet nur auf sie.« Worauf ich wartete, wußte ich damals noch nicht. Nur fühlte ich, daß irgendetwas mit mir passiert war und sagte zu Eva: »Theater ist eigentlich etwas Wunderbares.«
Am Rathausmarkt, wo Eva die Straßenbahn nehmen mußte, verabredeten wir uns für den nächsten Nachmittag. Es war schon gar keine Frage mehr, daß ich wieder mitkommen würde.
Durch die Poststraße lief ich den kurzen Weg bis nach Hause, hörte dann im Treppenhaus, daß meine Eltern noch in der Druckerei arbeiteten, stürmte durch die Tür, rief meinen Eltern zu: »Theater ist knorke« und ließ mich erschöpft auf einen Stuhl fallen.
Meine Mutter, die beim Falzen von Vereinszeitungen war, blickte auf und sagte: »Heidi, wo hast du bloß diese Ausdrücke her!«
Mein Vater beschwichtigte: »So sprechen die jungen Leute heute nun 'mal,« und meine Mutter sagte: »So? Ich dachte schon, das hätte sie bei den Schauspielern aufgeschnappt.«
Beim Abendbrot erzählte ich lang und breit, was ich alles gehört und gesehen und wen ich dazu noch alles kennengelernt hatte.
Zum Schluß erwähnte ich auch, daß niemand es glauben wollte, daß ich Heidi hieß und es alle für einen Künstlernamen hielten.
Nun aber drehte meine Mutter den Spieß um und sagte: »Künstlername? Wer kommt denn bloß auf so was? Wir sind doch nicht vom Zirkus.«
Ich sagte, daß ich versprochen hätte, am nächsten Tag meinen Meldeschein mitzubringen, und mein Vater gab ihn mir und dazu noch meine Geburtsurkunde. Halb und halb hatten meine Eltern damit die Erlaubnis gegeben, daß ich am nächsten Tag wieder in den Schopenstehl gehen konnte.
Hans Mahler erwähnte ich nur beiläufig.

Wir trafen Dr. Ohnsorg nicht am nächsten und auch nicht am übernächsten Tag. Und als er nach ungefähr einer Woche bei den Proben kurz hereinschaute, und Eva ihm erklärte, daß sie schon eine Woche auf ihn warten würde, sagte er nur: »Hoffentlich habt ihr euch in der Zwischenzeit hier etwas nützlich gemacht.« Und Eva kam leider nicht zum Vorsprechen. Er ließ uns stehen und wir sinnierten, was heißt wohl ‚nützlich machen'?
Inzwischen hatte ich natürlich meinen Meldeschein und meine Geburtsurkunde vorgezeigt, und das hatte Hans Mahler eine Runde gekostet. Eva und ich tranken kein Bier wie die Männer, sondern eine Waldmeister-Brause. Wir fühlten uns in der Niederdeutschen Bühne schon fast wie zu Hause. Wir kannten die Lieder und ganze Passagen der Hauptrollen auswendig.
Wenn wir am Abend zusammen bis zum Rathausmarkt gingen, sangen wir sie auf dem Weg und sprachen die Dialoge.
Zu Hause trug ich meinen Eltern die Lieder vor und begleitete mich dazu auf dem Klavier. Zwei Duette sang ich mit meinem Vater und brachte ihm die entsprechenden Tanzschritte bei. Dazu spielte meine Mutter Klavier.
Ich berichtete auch, was Dr. Ohnsorg gesagt hatte und daß Eva noch nicht zum Vorsprechen gekommen war. Mein Vater versprach, bei nächster Gelegenheit Dr. Ohnsorg noch einmal anzusprechen.
Ihre Zustimmung, daß ich weiterhin die Theaterproben besuchen durfte, machte meine Mutter davon abhängig, daß ich täglich meine acht Stunden am Klavier übte und nicht meinen Unterricht bei Paul Strecker versäumte. So stürzte ich mich mit Eifer in das Klavierspiel, übte bis meine Finger erlahmten, nur, um mir damit die Erlaubnis zu erkaufen, in den Schopenstehl gehen zu können.
Es waren die schönsten Nachmittage meines bisherigen Lebens.

Die Hauptprobe in Kostüm und Dekoration im Wandsbeker Theater stand bevor. Inzwischen war es schon selbstverständlich, daß wir auch dort dabeisein würden. Eva und ich fuhren mit der Straßenbahn zum Wandsbeker Markt und betraten zum erstenmal das bezaubernde Wandsbeker Theater. Viele meiner Generation werden sich sicher noch an das Theater erinnern, das zu dem Komplex von »Reisner's Ballsälen« gehörte, wo im Februar und März die damals so beliebten Maskeraden »Die Allbekannte« und die »Weltbekannte« stattfanden.
Der Theatersaal hatte zwei Ränge und war in ein warmes, dunkles Rot getaucht. Der spät-klassizistische Stil der Gründerjahre kam nur spärlich zum Zug. Sicherlich hatten die Stadtväter mit goldverziertem Stuck sparen müssen, was dem Innern fast etwas Rührendes gab. Man spürte, wenn sie gekonnt hätten, wäre der Saal sicher prunkvoll-protziger ausgefallen. Doch die Minimal-Lösung war von Vorteil, weil alles einen naiven Charme bekommen hatte.
Das Wandsbeker Theater war ohne ein eigenes Ensemble. Der Spielplan wurde mit Gastspielen bestritten. Niederdeutsches Theater und Operetten-Aufführungen wechselten mit Konzerten und »Bunten Abenden«, Bälle und Vereinsfeste mit Opern- und Ballettaufführungen. Leider fiel auch dieses Haus später dem Bombenkrieg zum Opfer.
Bei der Hauptprobe von »Die kleine Clorinde« stellte sich nun heraus, daß Aline Bußmann und Liesel Pockrandt einen so schnellen Kostümwechsel hatten, daß sie den Weg in ihre Garderobe hin und zurück nicht schaffen konnten. Und nun sollten Eva und ich uns nützlich machen. Auf jeder Seite der Bühne, Eva links und ich rechts, sollten wir mit den Kleidern hinter der Dekoration stehen und den Damen beim Umziehen helfen. Eva sollte Aline Bußmann und ich Liesel Pockrandt zur Hand gehen. Dann mußten wir die vorher getragenen Kleider zurück in die Garderobe bringen.
Herrgott waren wir aufgeregt. Plötzlich gehörten wir zum technischen Personal. Alles klappte, alle waren mit uns zufrieden und wir hatten uns auch große Mühe gegeben, die langen Kleider zu halten, so, daß sie am Saum nicht schmutzig wurden, was

beim An- und Ausziehen gar nicht so einfach war.
Wir hatten uns richtig nützlich gemacht.
Nach der Probe fragte mich Hans Mahler, ob er mich nach Hause bringen dürfe, und ich willigte ein, auch, um dann noch einmal vielleicht von ihm zu hören, wie gut wir es beide gemacht hätten.
In der Linie 4 auf der Fahrt zum Hauptbahnhof schlug er dann Eva und mir vor, wir sollten uns mit ihm duzen und ihn Hannes nennen. Und dabei kam es heraus: Er hatte einen Künstlernamen, nannte sich Hans und hieß eigentlich Johannes Matthäus. Wir kicherten darüber bis zum Hauptbahnhof, wo Eva umsteigen mußte. Auf der Weiterfahrt zum Rathausmarkt erzählte mir Mahler, daß er in Bergedorf bei seinen Eltern wohnte. »Dann hättest du doch eben am Hauptbahnhof gleich in den Zug steigen können«, sagte ich und war ein bißchen irritiert, als er dann aber sagte: »Ja, das hätte ich, aber ich will mir noch den Bruderschaftskuß von dir holen«, da war ich sprachlos.
Als wir dann die Poststraße runtergingen, nahm er meinen Arm und hakte ihn behutsam unter den seinen. So bogen wir links in die Großen Bleichen, und als wir über die Straße gehen wollten, bemerkte ich vor dem hellerleuchteten Eingang des »Trocadero« den livrierten Portier, Herrn Otto. Er stand dort, wie jeden Abend, half den Gästen beim Ein- und Aussteigen und eilte vor ihnen durch die Passage, um ihnen die Tür in das elegante Tanz-Cabaret offen zu halten. Er gehörte nicht nur zum Inventar des »Trocadero«, sondern er gehörte einfach zu den nächtlichen Großen Bleichen. Wir kannten ihn, und er kannte uns, und es war mir nicht peinlich, als er mir lachend, mit dem weißbehandschuhten Finger drohend, zurief: »Fräulein Kabel! Fräulein Kabel!« Im Gegenteil, ich rief zurück: »Herr Otto! Herr Otto!« und blieb mit Mahler vor unserem Torweg Große Bleichen 30 stehen. Ich wollte es kurz machen. »Bis morgen dann und vielen Dank und komm gut nach Haus.« »Und was ist mit dem Bruderschaftskuß?« wollte Mahler wissen. Ich blickte zu Herrn Otto, der aber gerade damit beschäftigt war, Gäste in das teure Etablissement hinein zu komplimentieren, und auf die vielen anderen Leute, die durch die Straße schlenderten und sagte dann: »Aber doch nicht hier, mitten auf der Straße.« »Dann da«, sagte Hans und schob mich sacht in

den dunklen Torweg, der in den Hinterhof führte, in dem wir wohnten.
Wir küßten uns. Zum erstenmal. Nach dem dritten Kuß, der zweite war für den Weg zum Hauptbahnhof und der dritte für die Fahrt nach Bergedorf, rannte ich über den Hof nach oben.
Meine Eltern saßen im Wohnzimmer und voller Stolz erzählte ich ihnen, wie wir uns nützlich gemacht hatten. Morgen zur Generalprobe würde nun auch Dr. Ohnsorg ins Theater kommen, und dann endlich könnte Eva ihm auch vorsprechen. Beruhigend auf meine Mutter wirkte, daß unsere nützliche Anziehhilfe ja nur für die wenigen Vorstellungen notwendig war, die im Wandsbeker Theater stattfanden. An den anderen Spielstätten würde sicher der Weg zwischen Bühne und Damengarderobe nicht ganz so weit sein und somit auch unsere Hilfe überflüssig. Heute finde ich es bemerkenswert, daß meine Mutter an diesem Abend nichts mehr zu meiner Theatertätigkeit sagte. Damals habe ich das gar nicht so registriert. Meine Gedanken waren ganz woanders. Als ich im Bett lag, dachte ich über diesen ereignisreichen Tag nach und darüber, wie wohl alles weitergehen würde. Ich war ganz froh gestimmt, fühlte mich federleicht und hätte, wenn ich damit nicht meine Eltern aufgeschreckt hätte, am liebsten getanzt. Aber erst ein paar Wochen später habe ich herausgefunden, was an diesem Abend mit mir los war, an dem Abend eines Tages, an dem soviel begonnen hatte.
Ich war verliebt.

Die Generalprobe am nächsten Tag verlief nicht ganz reibungslos, weil Dr. Ohnsorg ein paar Umstellungen anordnete. Eva und ich aber machten unseren Part hinter der Bühne ohne Beanstandungen. Niemand nahm mehr Notiz von uns, und auch als wir am Ende des zweiten Aktes unsere Aufgabe schon erledigt hatten, blieben wir hinter der Bühne. Wir fühlten uns nicht mehr als Gäste, sondern als Mitarbeiter.

Erst am Ende der Probe beim Hinausgehen entdeckte uns Dr. Ohnsorg. Er hatte schon erfahren, wie genau wir es genommen hatten mit dem Nützlichmachen und fragte: »Na, habt ihr auch schon Lampenfieber? Morgen ist Premiere.« Im Chor sagten wir: »Nö, haben wir nicht.« »Dann werdet ihr auch keine Schauspieler, wenn ihr kein Lampenfieber habt,« sagte er und verschwand. Eva hatte ihm wieder nicht vorsprechen können.

Mittlerweile hätten wir ihm schon fast die ganze »Kleine Clorinde« vorspielen können, einschließlich der Männerrollen, aber er wollte von uns nichts hören.

An diesem Abend fuhren wir wieder zu dritt zum Hauptbahnhof. Ich stieg auch mit Eva und Hans Mahler aus der Linie 4 am Hauptbahnhof aus. Absichtlich vor Eva, weil ich nicht wollte, daß Mahler den Weg von den Großen Bleichen zum Bahnhof zurückgehen mußte und dann über eine Stunde hätte warten müssen, bis der Zug nach Bergedorf abfahren würde. So würde er bequem einen Zug vorher bekommen.

Eva stieg in ihre Straßenbahn Linie 33, und Hans und ich gingen langsam auf Bahnsteig 2. Auf dem Nebengleis stand schon der D-Zug nach Berlin, während der Vorortszug nach Bergedorf noch nicht eingelaufen war. Wir mischten uns unter die vielen Reisenden nach Berlin und konnten uns dort unentwegt verabschieden. So, wie man es eben tut, wenn man eine so weite Reise nach Berlin antritt.

Der Fernbahnsteig war damals einer der wenigen Plätze, wo man es riskieren konnte, sich in der Öffentlichkeit zu küssen. Wir taten es. Und als der Zug nach Bergedorf abfahren sollte, stieg Mahler nicht ein, sondern brachte mich erst nach Hause. Und da wir nun viel Zeit hatten, bis der nächste Zug fuhr, gingen wir langsam eingehakt den Glockengießerwall hinunter bis zum Alsterdamm und dann auf der Wasserseite bis zum Jungfernstieg.

Vor dem Alsterpavillon verabschiedeten wir uns, ich wollte das letzte Stück, die Großen Bleichen hinunter, allein gehen. An diesem, unseren zweiten Abend, wollte ich nicht schon wieder von dem wachsamen Herrn Otto erspäht werden. Als ich kurz vor unserem Torweg angekommen war, winkte Herr Otto und rief: »Na, heute so allein Fräulein Kabel?« Ich war wütend und rief zurück: »Wie sie sehen, Herr Otto. Ganz allein.« Als ich schon in den Torweg eingebogen war, steckte ich die Zunge heraus und rief noch ein »Bäh!«

Als junge Dame konnte man damals in den Großen Bleichen kein verschwiegenes Privatleben führen.

Endlich war der Premieren-Abend da. Als sich der Vorhang gehoben hatte, bekam ich doch so ein merkwürdiges Gefühl im Magen. Im zweiten Akt würde es soweit sein. Hoffentlich würde ich keinen Patzer machen. Gleich nach Beginn des zweiten Aktes ging ich schon in die Damen-Garderobe und holte das Kleid von Liesel Pockrandt. Damit stellte ich mich auf meinen Platz hinter der Dekoration und wartete. Zum erstenmal vernahm ich das seltsame Geräusch, das jedes Publikum machte, auch wenn es ganz still zu sein glaubt. Bei jeder Pointe kicherte ich leise mit und dann kam der Umzug.

»Schnell, schnell,« flüsterte Liesel Pockrandt, aber das galt nicht so sehr mir, sondern sie sagte es zu sich selber. Premieren-Fieber! Lampenfieber!

Sie ging wieder auf die Bühne und meine Mission war damit für diesen Abend beendet. Aber jetzt erst fühlte ich mein Lampenfieber. Lampenfieber für die anderen, für die Schauspieler, mit denen ich mich schon so verbunden fühlte.

Eva und ich blieben hinter der Bühne auf unserem Platz. Als

dann der Schlußbeifall aufbrauste, fielen wir uns hinter der Bühne in die Arme. Wir lachten und freuten uns. Unsere erste Premiere.

Im Theater-Restaurant fand dann eine kleine Premieren-Feier statt. Alle an der Vorstellung Beteiligten und auch viele Mitglieder des Vereins Niederdeutsche Bühne nahmen daran teil. Ich saß an einem Tisch neben Hans Mahler. Ich sagte nicht viel, hörte aber auch nicht, was die anderen sagten. Zu gern hätte ich meinen Kopf auf seine Schulter gelegt, meine Hand in seine. Zum erstenmal bekam ich Angst bei dem Gedanken, ich könnte ihn jemals verlieren.

Es wurde spät. Wir mußten uns beeilen, um noch rechtzeitig zum Hauptbahnhof zu kommen, damit Hans Mahler seinen letzten Zug nach Bergedorf noch erreichen konnte.

Die Zeit wurde knapp. Ich blieb an der Bahnsteig-Sperre zurück und Hans rannte zu seinem Zug.

Ich ging allein nach Hause. In 18 Stunden erst würde ich ihn wiedersehen.

Am Abend im Theater hatten wir uns für den nächsten Nachmittag, es war ein Sonnabend, im Café Vernimb in der Spitalerstraße verabredet. Wir wollten allein miteinander reden. Ohne immer auf die Uhr zu sehen, damit Hans seinen Zug nur nicht verpaßte, ohne immer darauf zu achten, wer von den Kollegen zuhören konnte, ohne es zu wollen.

Zu Hause hätte ich sagen können, ich wolle schon früher ins Theater und hätte heimlich ins Café Vernimb gehen können. Aber mir widerstrebte es. Ich hatte meinen Eltern noch niemals etwas verschwiegen und so überlegte ich, wie ich ihnen beibringen könnte, daß ich mein erstes Rendezvous hatte. Wenn man sich damals mit einem Mann traf, nannte man das »Rendezvous«.

Als ich nach dem Mittagessen den Tisch abdeckte, sagte ich beiläufig: »Übrigens, ich gehe heute Nachmittag Kaffeetrinken mit einem Kollegen.« »Kollegen? Das hört sich ja an, als ob du schon ein Mitglied der Niederdeutschen Bühne wärest,« stellte mein Vater fest und meine Mutter fragte: »Und wer ist dieser Kollege?« Ich nahm das Tablett mit dem Geschirr und sagte im Hinausgehen: »Hans Mahler.«

Als ich wieder ins Eßzimmer zurückkam, foppte mich mein Vater mit dem Missingsch-Wort: »So, dann hast du also heute deine erste Bestellung.« Ich mußte lachen und antwortete: »Jawohl. Hans Mahler hat mich ins Café Vernimb bestellt.«
Ich schälte Obst zum Nachtisch und wir sprachen, wie immer, über belanglose Alltäglichkeiten. Dann stand ich auf und sagte: »So, nun will ich mich umziehen.« Lächelnd sagte mein Vater: »Und nun mach dich auch 'mal 'n büschen hübsch.« Und zu meiner Mutter sagte er: »Agnes, hilf ihr mal dabei.« Dann sah er mich wieder an: »Und wenn du fertig bist, stellst du dich nochmal bei mir vor.« Ich fiel meinem Vater um den Hals, was er gar nicht von mir gewohnt war, und gab ihm einen ganz dicken Kuß. Dann rannte ich in mein Zimmer. Kurz danach klopfte meine Mutter an die Tür. Aus meinem Kleiderschrank kramte sie ein Kleid hervor, daß ich kaum getragen hatte. Es war dunkelblau, hatte ein weißes Jabot und Manschetten aus Pikée. Nachdem ich meine Haare gewaschen hatte, gingen wir zusammen in die Küche, um mich zu frisieren. Mit der Brennschere, die in der Gasflamme erhitzt wurde, war es gar nicht immer so einfach, die Nackenhaare zu ondulieren, ohne daß ich mich verbrannte. Meine Mutter half mir. Dabei klöhnten wir, aber kein Wort fiel über »meine Bestellung«. Ich war ganz platt. Was war in meiner Mutter vorgegangen? Sie mußte unter Schock stehen, aber dafür war sie wieder zu gelassen.
Als ich fertig angezogen war, ging sie mit mir die Treppe hinunter in die Druckerei, wo mein Vater in seinem Büro arbeitete. Als wir reinkamen, sagte meine Mutter: »Guck mal, Erne, sieht unsre Deern nicht ganz niedlich aus?« In gespieltem Stolz ging mein Vater um mich herum und lobte: »Bis heute hab ich nicht gewußt, daß ich so eine hübsche Tochter habe.« Was meine Mutter animierte, hinzuzufügen: »Das liegt nur daran, daß sie keine hübschen Kleider anziehen will, obwohl die alle im Schrank hängen.« Da ich unter anderem auch nach dem Motto »Fünf Minuten vor der Zeit ist des Soldaten Pünktlichkeit« erzogen worden war, haßte ich es, zu spät zu kommen. Ich finde das übrigens auch heute noch nicht sehr ladylike.
Ich wollte also zu meiner Bestellung.

Meine Mutter ging mit mir ins Treppenhaus und auch gegen ihre Gewohnheit mit mir die zwei Treppen bis in den Hof hinunter. Unten im Hauseingang kramte sie aus ihrer Schürzentasche ein Fünfmarkstück und drückte es mir mit den Worten in die Hand: »Das legst du dann bei Vernimb auf den Tisch und sagst dazu Herrn Mahler einen schönen Gruß von mir, und er soll dir einen schönen Nachmittag bereiten.«
Mit offenem Mund stand ich da vor meiner Mutter.
Die aber tippte nur noch mit ihrem Zeigefinger unter meine Kinnspitze und sagte: »Mach'n Mund zu, mein Deern«. Dann drehte sie sich um und stieg die ersten Stufen hinauf. Ich hinterher. Spontan tat ich etwas, daß seit meinen Kindertagen nicht mehr vorgekommen war: Ich drückte sie ganz fest, gab ihr einen Kuß und sagte: »Mami, ich hab dich lieb.« Sie sah mir lächelnd nach, bevor ich im Torweg verschwand.
Hans Mahler saß schon im Café, als ich dort ankam.
Er hatte mich wohl nicht so pünktlich auf den Glockenschlag erwartet, denn ich mußte erst gegen seine Zeitung tippen, damit er mich bemerkte. Er bemerkte auch nicht, daß ich mich besonders feingemacht hatte. Bevor er die Serviererin rufen konnte, legte ich das Fünfmarkstück von meiner Mutter auf den Tisch und sagte dazu, was sie mir aufgetragen hatte. Mahler fing laut an zu lachen. Dann sagte er: »Hast du denn deiner Mutter erzählt, daß wir uns hier treffen?« »Ja, meiner Mutter und meinem Vater.« Er schmunzelte, nahm meine Hand, zog sie über die Tischplatte zu sich heran und sprach leise: »Du bist ein wunderbares Mädchen. Das erste wunderbare Mädchen, das ich kenne.« Plötzlich interessierte mich, wer wohl die anderen Mädchen waren, die er kannte. Aber ich fragte nicht. Wenigstens nicht direkt, sondern ich sagte: »Erzähl mir von dir, ich weiß so wenig von dir,« und im Stillen hoffte ich, er würde auch von den Mädchen erzählen, die er so kannte. Aber er begann mit seinen Eltern und damit, daß er in Rothenburgsort aufgewachsen war. Dort hatte er die Volksschule besucht und war danach auf die Selecta gegangen, eine Einrichtung, auf der Volksschüler nach ihrem Abschluß, wenn sie besonders gute Zensuren hatten, noch die mittlere Reife nachholen konnten. Er war am 15. August 1900 geboren

und hatte noch zwei ältere Schwestern und einen Bruder. Sein Vater war Meister an den Rothenburgsorter Gaswerken gewesen. Als sein Vater versetzt wurde, waren sie nach Bergedorf in die Hermann-Löns-Höhe umgezogen.
Nach seiner Schulzeit in der Selecta lernte er Buchhändler und als 1925 junge Männer als Nachwuchs-Schauspieler von der Niederdeutschen Bühne gesucht wurden, nahm ihn sein Schwager Adolf Johannesson mit zu Dr. Ohnsorg. Schon nach kurzer Zeit setzte ihn Ohnsorg als Laien-Schauspieler ein, und da er musikalisch war und auch Klavierspielen gelernt hatte, zuerst meistens als Liebhaber in Singspielen. Johannesson spielte auch als Laie im Ohnsorg-Ensemble, allerdings knorrige Waterkant-Typen.
Als dann die Buchhandlung, in der Mahler gelernt hatte, pleite ging, versuchte er sich als Vertreter über Wasser zu halten und ging schließlich in den Hafen als Stauer. Dort nun konnte er täglich aus nächster Nähe die Hafentypen studieren, die er später oft bei Ohnsorg darstellen sollte. Sein Tagesablauf war auch für einen jungen Mann ziemlich anstrengend. Oftmals mußte er schon um 4 Uhr morgens raus, um zur Schicht von Bergedorf in den Hafen zu fahren. Nachmittags waren die Proben, und wenn keine waren, mußte er abends spielen. Selten war er dann vor Mitternacht zu Hause.
Schon bald erkannte Ohnsorg seine Stärke als Schauspieler und setzte ihn vorwiegend in Charakterrollen ein. In »Dat anner Leben« von Walter Looschen als Partner von Aline Bußmann spielte er seinen Lebensjahren nach einen viel älteren Mann, die Rolle des älteren und alten Mannes mußte er in vielen Stücken spielen.
Schon als ich ihn kennenlernte, hatte er ein ganz besonderes Talent entwickelt: Er konnte mit Schminke und Perücken seinem Gesicht von Rolle zu Rolle ein völlig unterschiedliches Aussehen geben, so daß ihn auf der Bühne oft seine Fans nicht auf Anhieb erkannten.
Dann erzählte er mir, daß er sich ein Paddelboot leistete und damit gern auf der Bille paddelte. Er versprach: »Im Sommer bringe ich das Boot auf die Alster. Du mußt paddeln lernen, das bringe

ich dir bei, und dann machen wir lange Bootsausflüge.« Ich freute mich auf einen Sommer mit ihm. Er machte Pläne für eine Zukunft, die in diesem Jahr 1932 bestimmt nicht rosig erschien. Aber in all seine Pläne bezog er mich mit ein. Mit einem Besitzanspruch, der mir Vertrauen einflößte. Ich faßte zum erstenmal Vertrauen zu jemandem, außer zu meinen Eltern. Er hat mein Vertrauen nie mißbraucht und nie enttäuscht.

Aus diesem Vertrauen heraus, daß mich bei Kaffee und Kuchen ganz plötzlich ergriffen hatte, nahm ich auch den Mut, mit ihm über meine Berufsprobleme zu sprechen. Über meine Angst vor der Enttäuschung meiner Eltern, wenn ich ihnen gestehen würde, daß ich keine Konzert-Pianistin werden würde, weil mein Talent nicht ausreichte und auch darüber, daß ich die Besessenheit, nur noch Klavier zu spielen, nicht in mir fühlte. Und ohne diese Besessenheit, das hatte mir immer wieder mein Lehrer Paul Strecker erklärt, würde ich nie über eine Virtuosität »für den gehobenen Hausgebrauch« hinauskommen.

Meine Eltern und mein Lehrer warteten damals auf meinen Durchbruch und verwechselten mein braves Üben mit Besessenheit.

Hans Mahler hörte mir ernsthaft zu und unterbrach mich nicht. Als ich ihn dann ratsuchend anblickte, sagte er: »Warte ab. Übe noch solange, bis uns etwas einfällt, was du sonst machen könntest, und strecke solange noch ohne Hemmungen deine Füße unter deines Vaters Tisch.«

Obwohl auch er mir keine Lösung meines Problems anbieten konnte, tröstete es mich. Mit einemmal blickte ich wieder ganz fröhlich in meine Zukunft.

Wir mußten zur Vorstellung ins Wandsbeker Theater. Mahler half mir beim Weggehen in meinen Mantel und streifte dabei unbewußt mit seiner Hand meinen Hals. Ich drehte mich um und ohne auf die anderen Gäste und das Personal Rücksicht zu nehmen, küßte ich ihn auf den Mund. Er brauchte ein paar Sekunden, dann zog er mich ganz fest an sich und erwiderte meinen Kuß.

Schnellen Schrittes verließen wir das Café. Draußen lachte ich schallend los, nicht weil ich es komisch fand, was ich getan hatte, sondern, weil ich den Mut gefunden hatte, es zu tun.

An diesem Wochenende ging die Aufführungs-Serie der »Kleinen Clorinde« im Wandsbeker Theater zu Ende. Die Niederdeutsche Bühne ging nun mit dem Stück auf Abstecher. Jeden Abend in einem anderen Saal. In Eppendorf und in Barmbek, in Hammerbrook und auf Finkenwerder, in Bergedorf und in Harburg, und dann ging es in die weitere Umgebung. Quickborn, Rendsburg, Lüneburg, Husum, Bremen und Wilhelmshaven.
Bei diesen Abstechern nun wurden Eva und ich als Anziehhilfen nicht mehr benötigt und so gingen wir weiter auf die Proben des nächsten Stücks in den Probensaal am Schopenstehl.
Eva zitterte nach wie vor jeden Nachmittag vor Hoffnung, vielleicht doch Dr. Ohnsorg vorsprechen zu können. Mein Hauptanliegen aber war es, mich dort am Schopenstehl mit Hans Mahler zu treffen. Wenn er von seiner Arbeit im Hafen kam, ging er in den Probenraum, um sich umzuziehen und zu waschen und dann fuhr er von dort zu den Abstecher-Spielstätten.
Andere Ensemble-Mitglieder probierten das nächste Stück und wer Pech hatte, mußte erst probieren und dann gleich von der Probe in die Straßenbahn oder in den Zug, um rechtzeitig wieder an der abendlichen Spielstätte einzutreffen. Die Laien-Darsteller erhielten RM 4,50 Abendgage, mußten davon aber ihr Fahrgeld selbst bezahlen. Da wir in Deutschland 1932 fast 6 Millionen Arbeitslose hatten, ein Ei 6 Rpf. und ein Viertel Butter 28 Rpf. kosteten, war es nicht so niedrig bezahlt, wie es sich heute anhören mag.
Wenn Hans Mahler jeden Abend spielte, verdiente er bei der Niederdeutschen Bühne fast das gleiche, wie mit seinen Schichten im Hafen. Dennoch, Sprünge, wie sie sich die Jugend von heute erlauben kann, konnten wir nicht machen.
Hans Mahler und ich sahen uns täglich. Einen Tag ohne ihn konnte ich mir schon nicht mehr vorstellen.
Meinen Eltern erzählte ich davon, aber zu meinem Erstaunen stellten sie keine Fragen und gaben auch keine Kommentare. Hans Mahler gehörte zu unserem Gesprächsstoff wie das tägliche Wetter. Meine Mutter kannte ihn nur von der Bühne, und mein Vater hatte auch nur wenige Sätze mit ihm gewechselt, wenn er ihn zufällig hinter der Bühne traf, und das war ja nur der Fall,

wenn die Niederdeutsche Bühne im Verein geborener Hamburger gastierte.
Am stärksten wunderte ich mich über das Verhalten meiner Mutter. Hellhörig achtete ich auf versteckte Andeutungen und auf Versuche ihrerseits, von mir Näheres über ihn zu erfahren oder ihn gar kennenlernen zu wollen.
Ich hatte ihr zwar erzählt, daß er im Hafen arbeiten würde und ein Paddelboot hätte. Auch, daß er an einem Tag Früh- und an einem anderen Spät-Schicht gehabt hätte, aber sie fragte nicht nach. Das wurde mir langsam unheimlich, obwohl es mir angenehm war, keine Fragen beantworten zu müssen.
Als Eva und ich in den Proben für die nächste Premiere saßen, sahen wir täglich Dr. Ohnsorg, der in diesem Stück eine Rolle übernommen hatte. Eva hatte ihm natürlich immer noch nicht vorgesprochen. Dann eines Nachmittags, als ich gerade mit Hans Mahler im Gang stand und ein bißchen herumkicherte, rief er aus dem Probensaal mit seiner unverkennbaren Stimme: »Heidi, Schluß da mit dem Poussieren, komm 'mal her.« Ich ließ Mahler stehen und rannte mit knallrotem Kopf in den Probensaal. Feixend sagte Ohnsorg und hielt mir dabei einen Ordner hin: »Hier, du kannst dich mal wieder nützlich machen und heute mal soufflieren.« Voreilig deutete ich auf den Ordner und sagte: »Gern, Herr Doktor, aber den Ordner brauche ich nicht, ich kann das Stück auswendig.« Ohnsorg zog seine buschigen Augenbrauen in die Höhe und belehrte mich: »Eine Souffleuse hat immer ihr Textbuch vor sich liegen, auch, wenn sie bei der 485. Aufführung desselben Stückes im Kasten sitzen muß und das Stück mittlerweile schon singen kann. Sie muß es sogar vor sich liegen haben, damit die Schauspieler wissen, daß dort unten eine Souffleuse sitzt und nicht aus Versehen ein Zuschauer.« Ich mußte mich seitlich an einen Tisch setzen und nun natürlich ganz genau auf den Textablauf achten.
Nach einer Stunde war endlich Pause und mein Kopf schwirrte. Das war ganz schön anstrengend. Aber ich ließ mir nichts anmerken. Bis zur Hauptprobe mußte ich jeden Nachmittag soufflieren, dann war die hauptamtliche Souffleuse von ihrer Erkältung genesen und kam wieder. So kam ich im Wandsbeker Theater

nicht in den Souffleur-Kasten. Das aber hatte ich als das eigentlich Aufregende an der der ganzen Geschichte empfunden, die Aussicht, da unten ganz allein in dem Kasten zu sitzen im Mittelpunkt des Geschehens und trotzdem für das Publikum unsichtbar.

Bei den Proben im Wandsbeker Theater fand ich natürlich die Stimme der Souffleuse viel zu laut. Zu Eva sagte ich: »Die spricht so laut, daß man die Schauspieler gar nicht mehr verstehen kann,« womit ich ihr natürlich Unrecht tat. Aber auch ich war nicht frei von jugendlichen Übertreibungen.

Bei der Generalprobe wurde Eva auf die Bühne zu Ohnsorg gerufen. Mit weichen Knien ging sie nach oben, blickte sich ein paarmal nach mir um und dann bekam sie von Dr. Ohnsorg eine Reichsmark überreicht. Dazu donnerte er: »So, das ist dein Fahrgeld. Hast du das verstanden?« Eva nickte. »Und mit diesem Fahrgeld fährst du sofort nach Harburg und meldest dich im Harburger Theater. Dort machst du heute Abend Requisite. Was das ist, wird man dir da erklären. Und nun ab marsch, marsch.«

Eva rannte von der Bühne. Sie wagte nur noch, sich winkend von mir zu verabschieden, ließ sich schon in Hut und Mantel noch schnell vom Inspizienten erklären, wie sie fahren mußte, und verschwand.

Ich beneidete sie.

Im geheimen wünschte ich der Souffleuse einen Rückfall. Ich wollte auch zu etwas nutze sein.

Am nächsten Nachmittag erzählte mir Eva ausführlich, was Requisite war, und was sie alles zu tun gehabt hatte. Sie mußte alle beweglichen Gegenstände an den rechten Platz stellen, wenn die Dekoration aufgebaut war. Während der Aufführung dann mußte sie immer im richtigen Augenblick vor dem Auftritt den jeweiligen Schauspieler das entsprechende Requisit in die Hand drücken. Einen Besen, einen Handkarren, einigen auch nur eine Pfeife oder einen Fächer. Untereinander sinnierten wir darüber, welche Tätigkeit wohl für den Spielablauf verantwortlicher und wichtiger wäre: die Souffleuse oder die Requisite. Ich hielt die Souffleuse für wichtiger. Nur eine Woche brauchte ich zu warten, da wurde die andere Souffleuse krank. Influenza ist eben an-

steckend. Das Büro der Niederdeutschen Bühne rief schon vormittags bei meinem Vater in der Druckerei an und ließ mir ausrichten, ich müßte einspringen und abends in Quickborn »Die kleine Clorinde« soufflieren.
Mit einem Gesicht wie Weihnachten bei der Bescherung, überbrachte mir mein Vater die Nachricht. Ich saß am Klavier, wie auch sonst am Vormittag, und haute dann vor Freude so laut in die Tasten, daß meine Mutter ins Zimmer trat, um nachzusehen, was mit mir los war. Schreiend nannte mein Vater ihr den Grund, warum ich so laut auf dem Klavier intonierte: »Ich küsse ihre Hand Madame.«
An diesem Abend in Quickborn fiel nur ein einziger Wermutstropfen in den Becher der Freude: Der Tanzsaal, in dem die Niederdeutsche Bühne gastierte, hatte wohl eine Bühne, aber die hatte keinen Souffleurkasten. So stand ich auf der linken Bühnenseite vor einem Stehpult. Vor lauter Freude in einer Vorstellung mit Publikum mitmachen zu dürfen, sprach ich nicht nur den ganzen Sprechpart auswendig mit, sondern sang auch die Couplets und Duette mit. Verwundert war ich nur über die Spiellaune der Schauspieler. Die Aufführung war bedeutend lustiger und spritziger als im Wandsbeker Theater. Erst als wir nach Hause fuhren, klärte mich Mahler auf. Die Schauspieler hatten sich auf der Bühne halbtot gelacht, wenn sie in die linke Ecke blicken konnten. Ich hatte nicht nur Texthilfe gegeben, sondern auch welche in Mimik und Ausdruck. Für alle Rollen, auch für die der Männer. Aha, ich hatte es für Spiellaune gehalten, aber die hatten sich über mich lustig gemacht. Ich würde schon noch Gelegenheit finden, ihnen zu zeigen, was eine richtige Souffleuse ist. Aber dazu brauchte ich eigentlich einen Kasten. Ich fragte Mahler, ob es wohl in Stade, wo wir am kommenden Abend gastieren sollten, einen Kasten gäbe, und es beruhigte mich sehr, als er antwortete: »Dazu noch einen mit allen Schikanen«.
Bevor Mahler und ich am nächsten Abend in den Zug nach Stade stiegen, hatte ich mir am Hauptbahnhof noch ein Magazin gekauft. Darin wollte ich während der Gesangseinlagen in meinem Souffleurkasten gelangweilt blättern. Heute sollte die Schauspieler keinen Grund zum Lachen über mich haben.

Der Saal in Stade war ein Mehrzweck-Gebäude, aber in der Mitte der Bühnenrampe entdeckte ich ein kreisrundes Loch, das mit einer Metallplatte abgedeckt war. Sofort erkundigte ich mich, ob das nicht der Souffleurkasten sei. Achselzucken. Niemand wußte etwas von einem Souffleurkasten. Ich stieg in den Keller und gelangte in den Raum unter der Bühne, an den sich ein schmaler Orchestergraben anschloß, der aber oben zum Zuschauerraum hin mit Stoff bespannt war. Ich fragte, warum unser kleines Begleitorchester nicht in diesem dafür vorgesehenen Orchestergraben sitzen sollte, anstatt auf der winzigen Seitenbühne. Da das Klavier unten in diesem Orchestergraben stand und durch meinen Vorschlag nicht hochgetragen zu werden brauchte, hatten die Bühnenarbeiter wenig dagegen einzuwenden und bauten die Stoffbespannung ab. Während sie damit beschäftigt waren, entdeckte ich in dem Keller auch eine muschelartige, halbkreisförmige Metallhaube und erkannte auf den ersten Blick, daß die sicher dazu dienen sollte, das Loch im Boden der Rampe gegen die Sicht des Publikums abzuschirmen. Ich lotste Mahler in den Keller, der stieg auf eine Tapezierleiter und drückte die Metall-Platte heraus. Inzwischen raste ich mit der Muschelhaube nach oben auf die Bühne und entdeckte, daß in der Haube an beiden Seiten sogar zwei Soffitten-Lampen angebracht waren. Als ich die Muschel aufgestellt hatte, fand ich in der Rampenbeleuchtung auch eine Steckdose für die Soffitten. Die eine Hälfte meines Souffleurkastens war fertig, jetzt ging ich daran, die zweite Hälfte zu lösen. Mahler und mir fiel nichts Besseres ein, als daß ich mich oben auf dem Scheitelpunkt der Tapezierleiter niederlassen und mich mit jedem Bein recht und links auf eine der Leitersprossen abstützen mußte. Mahler zog seinen dicken Rollkragenpullover aus, den ich mir als Sitzkissen zurechtlegte. Er brachte, mit mir obendrauf, die Leiter in die richtige Position und so konnte ich, die Ellbogen auf den Bühnenboden gestützt, bequem aus dem Kasten herausgucken. Soweit war alles klar, ich stieg wieder herab.
Kurz vor der Vorstellung erklomm ich wiederum meine Leiter, legte das Magazin vor mich hin und darauf das Textbuch. Ich genoß es, da unten zu hocken und jedesmal, wenn die Musik ein-

setzte und die Schauspieler zu singen anfingen, hielt ich mir das Magazin vor die Nase und blätterte darin. Daß ich damit erneut ihre Spiellaune förderte, hatte ich allerdings nicht erwartet.
Zwischen meiner Leiter und unserem Drei-Mann-Orchester war ein Vorhang, der den Orchestergraben von dem Keller abtrennte. Nach der Pause im zweiten Teil kam als Gesangseinlage eine Polka »Deerns von de Woterkant«, die ich wegen ihres Rhythmus besonders gern hatte.
Während ich wieder in der Illustrierten blätterte, um die Akteure durch mein gespieltes Desinteresse zu strafen, summte ich die Melodie mit. Unbewußt muß mir dabei der Rhythmus in die Glieder gefahren sein, denn plötzlich verlor ich den Halt unter den Füßen, stemmte dadurch meine Handflächen fest auf den Bühnenboden, hörte einen Knall und hing in der Luft. Als gute Turnerin ließ ich mich langsam herunter und erblickte unter mir im Dunkel nichts. Die Leiter war umgekippt und gegen den Vorhang und die Rückseite des Klaviers gefallen.
Nun konnte ich mich nur noch loslassen und auf den Zementboden des Kellers springen. Das tat ich auch und packte dann sofort die Leiter, um sie wieder aufzustellen. Gott sei Dank paßten Fröhlichkeit und Lachen zu den »Deerns von de Waterkant« und so merkte das Publikum, das wohl den Knall gehört hatte, nicht, daß die Schauspieler Mühe hatten, das Lachen zu unterdrücken. Aus Angst vor den Folgen schweißgebadet, stieg ich vorsichtig wieder die Leiter empor. Aber ich hatte in der Eile und im Dunkel des Kellers nicht die richtige Position für die Leiter wiedergefunden und erschien dadurch oben im Souffleurkasten im Profil, weil, wenn ich mich wieder auf dem Scheitelpunkt gesetzt hätte, ich meinen Kopf nicht hätte durch das Loch im Boden stekken können. Mir zitterten die Kniee vor Aufregung. Mit beiden Händen hielt ich mich nun oben an der Leiter fest und sprach dabei unentwegt den Text des Stückes, den ich ja gottlob auswendig kannte.
Endlich fiel der Vorhang. Mit den Musikern war auch Mahler schon im Keller. Er hob mich herunter, ich heulte vor Scham und sank in seine Arme. Er lachte und strich mir dabei übers Haar. Um uns herum standen schmunzelnd die Musiker. Nun war es

aus mit der heimlichen Liebe. Ich hatte uns kompromitiert, für alle, die es bisher nur ahnten, war es jetzt offenbar: Wir hatten was miteinander.
Was ich befürchtet hatte, traf nicht ein. Ich verlor meinen Job als Souffleuse nicht. Nur war ich in der nächsten Zeit nicht mehr so unbedingt erpicht darauf, im Kasten zu sitzen. Ich war ganz froh, wenn ich auf der Seitenbühne an einem Pult oder Tisch sitzen konnte.
Zu Hause erzählte ich meinen Eltern, was mir passiert war. Über die Reaktion meiner Mutter aber war ich dann total aus dem Häuschen. Sie sagte: »Heidi, ich glaube es ist an der Zeit, daß wir Herrn Mahler 'mal zum Mittagessen einladen. An einem Sonntag vielleicht. Sprich mal mit ihm darüber, wann es passen würde.«
Ich war sprachlos.
An einem der kommenden Sonntage war es dann soweit. Meine Mutter hatte Mahlers Lieblingsgericht, Rouladen mit Speck, dazu Makkaroni, gekocht. Zum Nachtisch gab es Schokoladenpudding mit Vanillesoße.
Pünktlich traf Hans Mahler bei uns ein. Weder hatte er sich besonders angezogen, an Sonntagen trugen Herren damals einen Anzug mit Schlips und steifem, weißen Kragen, noch hatte er eine Blume in der Hand. Er kam so, wie er auch immer von der Arbeit ins Theater kam, in blauem Pullover mit Rollkragen und in dunkelblauer Joppe. Vor meiner Mutter war es mir etwas peinlich, ich wußte ja, sie legte Wert auf ein gewisses Zeremoniell. Aber sie ließ sich nichts anmerken.
Bevor das Essen auf den Tisch kam, durchstöberte Mahler mit meinem Vater dessen umfangreiche Bibiliothek plattdeutscher Literatur. Das Tischgespräch war eine Fachsimpelei über Dramaturgie, plattdeutsche Stücke und über den herrschenden Publikumsgeschmack. Das mit Liebe von meiner Mutter zubereitete Essen war Nebensache und wurde auch mit keinem Wort erwähnt, nur aufgegessen wurde es. Wir konnten gerade noch einen Schluck Kaffee trinken, dann mußten wir zur Nachmittagsvorstellung. Ich diesmal als Requisite. Mein Aufgabengebiet war schon gewachsen. Mit viel Geschick und Mühe konnte ich Mah-

ler zwischen den Vorstellungen dazu bringen, auf einen Zettel zu schreiben »Vielen Dank für die Einladung und das wunderbare Mittagessen«.
Heimlich schlich ich am Montagmorgen in ein Blumengeschäft, steckte den Zettel in einen Umschlag und ließ den mit einem Strauß meiner Mutter schicken. Da ich aber nicht mehr genügend Geld für die Blumen hatte, ich bekam ja für meine Tätigkeit als Souffleuse und Requisite nur eine Mark Fahrspesen, ganz gleich, wie weit ich zu den einzelnen Spielorten zu fahren hatte, mußte ich bei meinem Vater Vorschuß auf mein Taschengeld nehmen. Als dann ein paar Stunden später der Blumenstrauß abgegeben wurde, lachte mein Vater nur, verriet aber nichts von seiner richtigen Vermutung.
Meine Mutter war entzückt. Sie setzte sich sofort hin und schrieb einen Dankesbrief, den sie mir für Hans Mahler mitgab.
Der fiel aus allen Wolken, als er las, was ich in seinem Namen veranlaßt hatte. »Ich will doch nur, daß du einen guten Eindruck auf meine Mutter machst,« sagte ich zu meiner Rechtfertigung und wurde dann noch von ihm angefahren: »Und woher hattest du das Geld für die Blumen? Hast du etwa anschreiben lassen?« Nun mußte ich auch noch eingestehen, daß ich drei Mark Vorschuß von meinem Vater bekommen hatte.
»Sag' mir in Zukunft vorher, wenn ich so etwas vergesse und korrigiere es nicht heimlich hinter meinem Rücken.« Auf dem Nachhauseweg gab er mir dann in der Hochbahn einen Brief für meinen Vater. Sofort bemerkte ich, daß darin ein Zwei- und ein Ein-Markstück lagen. Beschämt legte ich am nächsten Morgen den Brief an den Büroschreibtisch meines Vaters. Seine einzige Reaktion darauf war, daß ich in der nächsten Woche mein Taschengeld ohne Abzug ausgehändigt bekam.
Inzwischen näherte sich der Schluß der Spielzeit.
Die Sommerpause der Niederdeutschen Bühne war damals nur vier Wochen im August. Wie in jedem Sommer war meine Mutter schon Mitte Juni in unser Ferienhaus nach Weihe in der Lüneburger Heide gefahren. Ich sollte dann gleich nach Schluß der Saison nachkommen und den August über dort bleiben. Mein Vater wollte mit mir kommen und auch vier Wochen dort blei-

bleiben und nicht nur, wie in besseren Geschäftsjahren, uns an den Wochenenden besuchen. Er wollte seine Druckerei, in der er damals nur noch einen Setzer beschäftigte, für einen Monat schließen.
Zum erstenmal fiel es mir scher, Hamburg zu verlassen und nach Weihe zu gehen, wo ich mich immer so wohl gefühlt hatte. Der Gedanke, Hans Mahler vier lange Wochen nicht zu sehen, war mir unerträglich. Bis zu unserer Abfahrt genoß ich jede Stunde mit ihm, wagte aber nicht ihm zu sagen, wie schwer es mir fiel, mich für einen Monat von ihm zu trennen.
Aus Weihe schrieb ich ihm jeden Tag einen Brief. Ein-, zweimal schrieb er auch und dann in der dritten Ferienwoche kam ein Brief von ihm, den ich lange aufbewahrt habe. Er schrieb, daß im Hafen keine Arbeit für ihn war und daß er am kommenden Sonnabend nach Weihe kommen würde, um mich abzuholen. Er wollte mit mir, bevor die Spielzeit wieder anfangen würde, eine Woche in Hamburg verleben und mir auf der Alster das Paddeln beibringen. Ich war verrückt vor Freude. Als ich meine Eltern um Erlaubnis fragte, ob ich mit Hans Mahler zurückfahren dürfte, sagte meine Mutter nur: »Du bist ja inzwischen alt genug, um zu wissen, was du zu tun und zu lassen hast.«
Das wußte ich zwar nicht so ganz genau, wie sie es voraussetzte, aber ich nickte zu ihren Worten, und sie ließ es auch dabei bewenden.
Mit meinem Fahrrad fuhr ich am Sonnabend zur Bahnstation nach Holm-Seppensen, um meinen Hans dort abzuholen. Zu Fuß brauchte man für den Weg eine dreiviertel Stunde.
Für den Rückweg auf dem Rad brauchten wir eine Stunde. Ich saß hinten auf dem Gepäckträger und Mahler trat in die Pedale. Ein paarmal hielten wir unterwegs an, um auf den Wiesen für meine Mutter einen Blumenstrauß zusammenzupflücken, aber nicht nur deswegen. An diesem Sommertag in der Heide sagte mir Hans Mahler zum erstenmal, daß er sich sein Leben ohne mich nicht mehr vorstellen könnte. Ich hatte so etwas ja noch nie vorher gehört und konnte es nun auch nicht oft genug hören. An diesem und an den nächsten Tagen machten wir uns keine Gedanken darüber, wovon wir unsere Heiratspläne in die Tat um-

setzen sollten. Wenigstens ich dachte damals, daß es völlig genügen würde, wenn man sich liebte und daß die Liebe allein als Grundlage für eine Ehe ausreichen würde. Illusionen eines Teenagers würde man heute vielleicht dazu sagen, damals nannte man das Backfisch-Träume.

Mit meinen Eltern verlief der Sonnabend und der Sonntag voller Harmonie. Abends sangen und musizierten wir gemeinsam, und als wir am Sonntagabend mit vielen Ausflüglern im Zug nach Hamburg saßen, durchströmte mich ein Glücksgefühl, das ich bis dahin nicht gekannt hatte. Wir konnten auf der Fahrt wenig miteinander sprechen, weil der ganze Waggon im Chor Wanderlieder und Schlager sang. Wir stimmten mit ein. Von »Oh Donna Clara« bis zu »Das Wandern ist des Müllers Lust« und von »Ramona« bis »Stadt Hamburg an der Elbe Auen«, das angestimmt wurde, als wir über die Elbbrücken ratterten.

Wer es sich damals erlauben konnte, an einem Sommer-Sonntag in die Heide zu fahren, der war so frohgemut wie jemand, der heute vierzehn Tage nach Mallorca düsen kann.

Ich hätte an diesem Sonntagabend nicht nur singen und tanzen, sondern sonst 'was vor Freude darüber tun können, daß ich wußte, daß es einen Menschen gab, der mich nicht mehr verlassen wollte.

Bis vor unsere Haustür begleitete Hans mich. Dann mußte er sich beeilen, um rechtzeitig wieder am Hauptbahnhof zu sein, um seinen Zug nach Bergedorf noch zu bekommen.

Ich war zum erstenmal seit langer, langer Zeit wieder allein in der Wohnung, denn das war seit meinem vierten Lebensjahr nicht mehr vorgekommen. Damals im November 1918 hatten meine Eltern mich einmal allein zu Hause gelassen, um den Geburtstag meines Großvaters zu feiern.

Am Abend jenes 7. November 1918 war vom Arbeiter- und Soldatenrat verfügt worden, daß niemand zwischen 21 Uhr und 5 Uhr morgens auf der Straße sein dürfte. Weder am Tag noch in der Nacht durften Fenster geöffnet werden, und ab 21 Uhr mußten die Fenster zur Straßenseite sogar verdunkelt werden.

Meine Eltern riskierten es damals, während der Zeit des Straßenverbots in der Wohnung meiner Großeltern zu bleiben, um dort

zu feiern. Als sie unsere Wohnung verließen, schlief ich ruhig und fest.
Um 21 Uhr aber wurde damals auch die Straßenbeleuchtung ausgeschaltet und das wiederum machten sich die Einbrecher zunutze, um auf nächtliche Raubzüge zu gehen, wobei sie zur Hauptsache Geschäfte plünderten.
Mein Vater erzählte mir später immer, daß in dieser Nacht das Herren-Bekleidungsgeschäft Dyckhoff, Ecke Große Bleichen und Poststraße, dort wo heute das Alsterhaus steht, ausgeraubt werden sollte und es zu einer Schießerei zwischen Einbrechern und den Ordnungshütern des Arbeiter- und Soldatenrat gekommen war, die das Standrecht verhängt hatten.
Als Vierjährige war ich von den Schüssen aus dem Schlaf gerissen worden. Schreiend schüttelte ich von innen an der verschlossenen Wohnungstür. Unsere Nachbarn in der Etage über uns wurden aufgeweckt und kamen herunter. Durch die Tür konnten sie mich mit Worten ein bißchen beruhigen, aber immer wieder rief ich nach meinen Eltern. Selbst wenn unsere Nachbarn bei meinen Großeltern hätten anrufen können, meine Eltern hätten ja durch das Straßenverbot nicht nach Hause kommen können. Da aber zu der Zeit unsere Nachbarn kein Telefon hatten, blieb ich allein und weinte und heulte, bis meine Eltern frühmorgens zurückkehrten. Danach haben sie mich nachts niemals mehr allein gelassen. Und nun an diesem August-Abend im Jahre 1932 kam ich allein in unsere Wohnung. Ich fürchtete mich nicht, riß alle Fenster auf und wenn es nicht schon so spät gewesen wäre, hätte ich vor Freude mein Klavier malträtiert.
Vor dem Einschlafen malte ich mir unsere Hochzeitsfeier aus. In den rosigsten Farben. Nichtsahnend, daß ich noch Jahre darauf warten mußte.

Am anderen Morgen kaufte ich Rundstücke, Brot, Butter, Wurst und Eier ein. Obst und eine Flasche eingekochten Kirschsaft nahm ich aus den Vorräten meiner Mutter. Alles kam in einen Spankorb, mit dem ich mich auf den Weg zur »Alsterlust« machte. Dort wollte Hans mich erwarten, nachdem er sein Paddelboot von der Bille in Bergedorf auf die Alster überführt hatte.

»Die Alsterlust« lag an der Außenalsterseite der alten Lombardsbrücke, die neue Brücke wurde ja erst nach dem Zweiten Weltkrieg gebaut. In gerader Linie mit der Kunsthalle lag das Café-Restaurant in einer geschützten Ecke der Alster. Es war ein Holzbau und sah von der Straßenseite damals etwas schäbig aus. Aber zum Wasser hatte es eine riesige Fensterfront und bot einen herrlichen Blick über die Alster. Die Attraktion des Lokals waren zwei hölzerne Ponton-Arme, die in die Alster griffen, aber in der Mitte eine schmale Durchfahrt freiließen, durch die kleine Boote und Schwimmer hinaus- und hineinkonnten in den Kreis, der als Badeanstalt installiert war. Hölzerne Umkleide-Kabinen säumten die Ponton-Arme, davor standen Liegestühle für die Sonnenhungrigen. In der Mitte vor dem Lokal standen weißgedeckte Tische an denen man essen und trinken konnte, und ab 16 Uhr spielte dort auch eine Kapelle zum Tanz auf.

Abends war das Ganze mit bunten Glühlampen beleuchtet, wer also genügend Zeit und Geld hatte, konnte damals dort den ganzen Tag verbringen und sich wie in einem Ferienort fühlen.

Die »Alsterlust« wurde 1939 gleich nach Beginn des Krieges abgerissen, zur selben Zeit, als man anfing, die Binnenalster mit einem dunkel gefleckten Tarnnetz zu überziehen, um damit feindliche Flugzeuge zu irritieren. Dieses Tarnnetz verbreitete in den Kriegs-Sommern immer einen pestilenzartigen Gestank, es stank fürchterlich, wenn man an den drei Uferpromenaden oder über die Lombardsbrücke ging.

Mein Vater Ernst Kabel

Meine Mutter Agnes, geb. Oelckers

Und das bin ich . . . als dreijährige . . .

. . als neunjährige . . .

. . . und als zwölfjährige Deern.

Das Sommerhaus, das mein Vater in Weihe baute.
Hier in der Heide habe ich als Kind fast alle meine Ferien verbracht.

Meine Liebe zur Musik, zum Tanz und zur Schauspielerei zeigte sich schon früh.
In Weihe habe ich mit meinen Freundinnen oft Lieder, Tänze und kleine Stücke einstudiert.
Hier als 15-jährige mit meiner Freundin Käthe Kühne.

eine große Liebe: Hans Mahler.
932 war er stellungslos und half seinem Schwager
dessen Drogerie.

1934 – aus dem Backfisch
ist eine junge Dame geworden.

eeperbahn-Bummel 1937 – mit unseren Freunden Lotti und Jonny Meyer.

Meine Hochzeit mit Hans Mahler am 17. April 1937

Unsere Kinder Heiko, Jan-Rasmus und Heidi – aufgenommen 1948

Ohne Eintritt zu bezahlen, kam ich an diesem Montagmorgen durch das Lokal, weil ich wahrheitsgemäß erklärt hatte, ich suche nur jemand und wäre nicht sicher, ob ich ihn auch finden würde. Mit meinen Spankorb stolzierte ich über einen der Pantonarme, Ausschau haltend nach meinem Hans. Als ich am Ende angelangt war, entdeckte ich ihn in seinem Boot im Wasser. Er kam herangepaddelt aber der Ponton war zu hoch, als daß ich ihm hätte den Korb herunterreichen können. Es gelang selbst dann nicht, als ich mich lang auf den Bauch legte, zumal es für ihn schwierig war, sich in dem Paddelboot hinzustellen, ohne die Balance zu verlieren. Ich warf ihm nun von oben einzeln die Pakete mit den belegten Brötchen zu, dann das Obst in der Tüte und zuletzt den Spankorb. Nur die verkorkte Glasflasche mit dem Kirschsaft behielt ich noch. Dann flogen mein Kleid, meine Schuhe und meine weißen Socken in das Boot. Wie ein Jongleur fing Mahler alles auf. Nichts fiel in die Alster. Mit der Saftflasche in der Hand stieg ich dann im Badeanzug auf der anderen Pontonseite über eine Eisenleiter ins Wasser und schwamm durch den Durchlaß zum Boot von Mahler. Dadurch hatten wir die 10 Pfennige gespart, die wir hätten bezahlen müssen, wenn Hans mit seinem Boot in die Badeanstalt gepaddelt wäre, wo ich über einen Steg hätte mühelos einsteigen können. Außenbords hing ich an dem Boot. Die Saftflasche hatte Mahler mir schon abgenommen und verstaut, jetzt aber mußten wir das Boot langsam unter den Ponton manöverieren, damit Hans sich an einem der Stützpfeiler festhalten konnte, um das Boot in der Balance zu halten. Mit einiger Mühe gelangte ich in das Boot und auf den Vordersitz. Bevor mir das gelang, hatte ich genug Zeit gehabt, am Bug des Bootes etwas zu entdecken. Nur flüchtig war dort mit weißer Farbe ein Name übermalt worden, den ich genau darunter noch entziffern konnte: Ilse.

Schlagartig war meine Fröhlichkeit verflogen. Ich wurde einsilbrig, ja geradezu wortkarg, weil ich überlegen mußte, wie ich mich nun verhalten sollte. Ilse also! Da ich nicht paddeln konnte, ja überhaupt zum erstenmal in einem Paddelboot saß und es im Augenblick auch gar nicht lernen wollte, mußte Mahler allein für den Antrieb sorgen. Er paddelte in Richtung der nahen

Dampfer-Anlegestelle am Hotel Atlantic und durchschnitt dabei die Heckwellen eines vorüberfahrenden Alsterdampfers, sodaß das Boot an zu schaukeln fing. Nicht aus Angst vor der Schaukelei, sondern aus Wut über Ilse nahm ich das Paddel, das ich tatenlos in der Hand hielt, und schlug damit nach ihm. »Hab doch keine Angst, ich paß' schon auf, daß nichts passiert,« mißdeutete Hans meine Reaktion. »Für heute ist schon genug passiert«, rief ich ihm zu, indem ich mich umdrehte und mit dem Finger nach vorn zeigte, »ich sage nur Ilse, in letzter Minute überschmiert.« Mahler paddelte weiter und lachte und lachte. »Du brauchst gar nicht so zu lachen,« rief ich und war kurz davor loszuheulen, »Ilse, Inge, Martha und Trude, wieviele gibts noch?« »Gar keine«, war das einzige, was ihm dazu einfiel, und das war mir zu wenig. So weinte ich, bis wir auf der anderen Alsterseite am Harvestehuderweg unter einer riesigen Trauerweide stoppten. »So, nun zeig ich dir das Paddeln,« begann Mahler. Da ich vor ihm saß, hatte er nicht sehen können, daß ich weinte, und als ich mir nun mit dem Handrücken die Tränen fortwischte und er sich dabei vorsichtig, um das Boot nicht umkippen zu lassen, in das flache Wasser gleiten ließ und sich dann am Bug des Bootes festhielt und nun meine verweinten Augen entdeckte, fragte er noch: »Warum weinst du denn?« Ich blickte aufs Wasser hinaus und blieb stumm. Er schwamm zum Heck und kletterte von dort vorsichtig wieder ins Boot hinein. »So, ich werde das jetzt auf der Stelle reparieren«, hörte ich ihn hinter mit sagen, und schon paddelte er los zur Anlegestelle Neue Rabenstraße, wo eine Bootswerft war, die unter Sonnenschirmen auch ein paar Tische aufgestellt hatten und wo man Getränke kaufen konnte. Wir stiegen aus. Er kramte unsere Brote hervor und das Obst, wir setzten uns unter einen der Schirme und er holte aus der Verkaufsbude für mich eine Waldmeister-Brause und für sich ein Selterswasser. Er trank einen Schluck, nahm ein halbes Rundstück mit Wurst und war dann aus meiner Sichtweite.

Nicht lange saß ich allein an meinem Tisch. Zwei Halbstarke mit Bierflaschen in der Hand setzten sich zu mir, bevor ich auf das gemurmelte »Gestatten?« hatte antworten können. Sofort begannen sie mit den Sprüchen, die Männer jeder Altersklasse von sich

geben, wenn sie Bekanntschaften machen wollen. Von »So allein heute bei dem schönen Wetter« bis zu »Möchten sie etwas trinken« und »Welch hübschen Badeanzug sie doch anhaben« hörte ich mir alles stumm an, ohne zu antworten.
Ich konnte ein Gefühl des Ausgeliefertseins nicht unterdrücken, und fast hätte ich wieder zu heulen angefangen. Da plötzlich tauchte Mahler wieder auf. »Die Plätze sind besetzt! Macht, daß ihr wegkommt, aber dalli,« pfiff er die beiden an, die aber ungerührt hocken blieben. Um eine Prügelei zu verhindern, schaltete ich mich ein, aber auch ich bekam von Mahler zu hören: »Halt' du dich da 'raus, das ist Männersache!« Die beiden Jungen erhoben sich und ich sprang auch von meinem Stuhl hoch, aber dann trollten sie sich, in dem sie Mahler noch ein paar Frechheiten zuriefen.
Mir machte er jetzt Vorwürfe, warum ich nicht aufgestanden wäre, als sich die beiden zu mir setzten. »Ich wußte ja nicht, wo du abgeblieben warst«, entgegnete ich. »Wo soll ich schon gewesen sein? Unten beim Boot natürlich, und nun pack' alles zusammen, damit ich dir zeigen kann, was ich da gemacht habe.« Ich wickelte die belegten Rundstücke und den Rest des Obstes wieder ein und ging mit ihm zum Bootssteg. »Bist du nun beruhigt?« fragte er und zeigte auf den Bootsbug. Wo noch vor einer halben Stunde schwach der Name Ilse zu entziffern war, prangte nun in roter Farbe mein Name. Heidi. Ich mußte lachen, sagte dann aber: »Ach, so schnell und einfach ist das für dich. Ein Name wird einfach gelöscht und der nächste darübergepinselt.« Besser wäre gewesen, ich hätte meinen Mund gehalten, denn nun bekam ich all das zu hören, was Männer sich einfallen lassen, um ihr typisch männliches Verhalten zu erklären. »Das ist doch alles längst vorbei. Es war auch nichts Ernstes. Nur ein Jux mehr oder weniger. Jetzt liebe ich nur dich. Das ist doch nicht so schwer zu verstehen.«
Ich verstand und begriff, ohne mir damals darüber klargeworden zu sein, daß »der kleine Unterschied«, von dem man seit Jahren soviel lesen und hören kann, als Begriff eigentlich nur in der Mehrzahl verwendet werden sollte. Denn es gibt so viele kleine Unterschiede zwischen Mann und Frau im Fühlen und Denken,

und es wird wohl den Frauen vorbehalten bleiben, die Männer darüber aufzuklären, wie eine Frau denkt und fühlt. Sie werden es nicht nachvollziehen können, weil sie als Männer nun einmal von der Natur anders geschaffen wurden, und sie sollen auch Männer bleiben, sonst könnten wir sie wahrscheinlich nicht lieben, aber ab und an sollten sie ein bißchen mehr Verständnis für die Frauen haben, als sie im allgemeinen aufbringen.

Ich habe in meiner Gemeinschaft mit Hans Mahler auch fast fünfzehn Jahre benötigt, ehe ich erste Anzeichen von Verständnis spürte.

Damals im August 1933 bei unserer ersten Paddeltour legte sich meine Eifersucht erst, als Mahler mir im Befehlston ankündigte: »Damit du siehst, wie ernst ich es mit dir meine, werde ich dich am Sonntag mitnehmen zu meinen Eltern und dich ihnen vorstellen.«

Es wurde so doch noch ein wunderschöner, unvergeßlicher Tag auf der Alster. Überzeugt, daß er doch »mein Hans« war, begriff ich sogar ganz schnell das Paddeln und konnte ihn am Nachmittag schon unterstützen, als wir die Alster in Richtung Uhlenhorster Fährhaus überquerten.

Dort war vor dem großen Kaffeegarten ein von schwimmenden Blumenkästen umsäumtes Carrée, in dem mit uns noch viele Paddler in ihren Booten dümpelten, um der Musik des großen Orchesters, das im Garten aufspielte, zuzuhören. Zwischendurch badeten wir. Wir schwammen wie die anderen zwischen den Booten umher. Kurz vor dem Dunkelwerden paddelten wir zurück zur »Alsterlust«, wo wir das Boot auf Kiel legten.

Wir hatten wirklich Glück mit unserer Woche. An jedem Tag strahlte die Sonne über Hamburg. Wir waren täglich auf der Alster, hinauf bis zum »Winterhuder Fährhaus« und hinunter bis zum »Alsterpavillon«.

Keine Wolke und keine Meinungsverschiedenheit trübte unser Glück.

Dann kam der Sonntag. Hans kam von Bergedorf nach Hamburg, um mich von zu Hause abzuholen. Gegen seinen Willen kaufte ich am Hauptbahnhof zwei kleine Schachteln mit Pralinen. Eine für seine Mutter, die andere für seine Schwester Grethe. Ein wenig

Angst hatte ich schon vor der Begegnung mit Eltern und Schwester Mahler, aber sofort nach der Begrüßung machte die Angst einem anderen Gefühl Platz.
Ich glaubte, die Wohnung der Mahlers auf der Bergedorfer Hermann-Löns-Höhe schon einmal gesehen zu haben. Alles war mir vertraut, und Mutter und Schwester kamen mir vor wie ganz alte liebe Bekannte.
Vater Konrad Mahler und Schwager Willy Jürgens brachten mich in Verlegenheit, als sie mich fragten, was ich ihnen zum Geschenk mitgebracht hätte. Hilfesuchend blickte ich zu Hans, aber Mutter Mahler brachte die beiden schon zur Räson: »Nun laßt mir bloß die Deern in Ruh'. Die kommt ja sonst gar nicht wieder«.
Dann sollte ich mit den Männern Skat spielen, was ich gar nicht konnte. Sie wollten es mir beibringen, so auf die schnelle, aber nicht einmal die Spielkarten konnte ich wie einen Fächer in der linken Hand halten.
Frau Mahler nahm mir zuerst die Karten aus der Hand, dann ergriff sie meine Hand und ging mit mir in die Küche. »Pfui Deibel! Wie kann man bloß schon am frühen Morgen Karten spielen. Nee, düsse Mannslüd!«
Auf dem Küchenherd dampfte und brodelte es in Töpfen und mir wurde ganz schwummerig, wenn ich an meine Kochkünste und sonstigen hausfraulichen Fähigkeiten dachte. Ich beschloß, sofort einen Kochkursus zu belegen. Die einzige Peinlichkeit entstand, als mich Frau Mahler dann beim Essen nach meinem Lieblingsgericht fragte und ich »Kartoffelsuppe mit Knackwurst« antwortete, und sie dann wissen wollte, wie ich denn die Suppe zubereiten würde. Ich mußte gestehen, daß das Kochen bis dahin meine Mutter gemacht und ich keine Ahnung davon hätte. »Dafür aber spielt sie hervorragend Klavier und übt täglich acht Stunden«, rettete Hans für mich die Situation. Das beeindruckte sehr, und als ich dann erzählte, daß ich nicht mehr soviel Lust und Elan zum Klavierspielen hätte, weil ich der festen Meinung sei, daß mein Talent nicht ausreichen würde, um als Konzertpianistin Geld zu verdienen, meinte Frau Mahler: »Nachdem was Hans mir bis jetzt so über sie erzählt hat, da glaube ich doch, sie hät-

ten auch am Theater eine Chance. Sie sind noch so jung, warten sie doch 'mal ab.«
Er hatte also seiner Mutter von mir erzählt. Zu gerne hätte ich gewußt, was er wohl im einzelnen gesagt hatte, aber, daß er überhaupt über mich gesprochen hatte, erfüllte mich schon mit Freude. Nun war ich sicher, daß ich einen Platz in seinem Denken und Herzen gefunden hatte.
Am Nachmittag fuhren wir nach Hamburg zurück. Meine Eltern wollten am Abend aus Weihe zurückkommen, und ich wollte im Haus sein, wenn sie mit Sack und Pack eintrafen.
Als Hans und ich von der Poststraße in die Großen Bleichen einbogen, sahen wir schon den Dreirad-Lieferwagen, mit dem meine Eltern gekommen waren. Kisten, Koffer und Kästen wurden gerade ausgeladen und in den Hinterhof gebracht.
Wir trugen alles die drei Treppen mit nach oben und Hans blieb bei uns zum Abendbrot.
Wir erzählten meinen Eltern, wo wir mittags gewesen waren, und dann erklärte Hans: »Wir haben nämlich beschlossen, daß wir eines Tages heiraten wollen.«
Meine Mutter entfuhr ein »Wovon denn?«, das war aber auch alles, denn schon stoppte mein Vater sie mit: »Das wird sich alles finden. Hauptsache, die beiden sind sich einig.«
Das war unsere Verlobung.
Als Hans aufbrach, um nach Hause zu fahren, haben wir uns vor meinen Eltern zum Abschied geküßt.
Meine Mutter legte ihren Arm um meine Schulter und sagte: »Komm, wir gehen an das Stubenfenster, dann können wir ihm noch nachwinken.« In diesem Moment war ich meinem Schöpfer sehr dankbar für meine Eltern.

Am Montag begann die Vorspielzeit der Niederdeutschen Bühne auf der Freilichtbühne im Hamburger Stadtpark. Dort wurden die Erfolgs-Stücke der letzten Saison wiederaufgeführt und ich war von Dr. Ohnsorg zur Requisite eingeteilt worden. Inzwischen hatte ich soviel Routine bei der Requisite und als Souffleuse, daß alles wie am Schnürchen klappte. Bereits am Dienstag aber ging es wieder los mit den Proben für die nächsten Premieren. »Liebe unter'm Schutenhut«, ein Lustspiel von Dr. Bruno Peyn mit der Musik von Walther Bullerdiek wurde als erstes geprobt. Mahler spielte in diesem Stück, das die Geschichte von zwei Hamburger Senatoren erzählte, die jeder sechs Kinder hatten, nicht mit. Der eine Senator hatte allerdings nur Söhne, und der andere eben nur Töchter. Zum Schluß standen sechs Paare auf der Bühne, die sich gefunden hatten. Der rote Faden war nicht stark, aber das Stück hatte sehr viel Situations-Komik, die damals wie heute beim Publikum groß ankommt. Das Stück hatte viele Rollen und stellte Dr. Ohnsorg bei der Besetzung vor ein paar Probleme. Die beiden Hauptrollen spielten Elfriede Nissen und ihr Mann Hans Drewe. Beide waren keine Laien, sondern ausgebildete Schauspieler. Sie hatten jeder eine Gesangsausbildung, sie als Soubrette und er als Buffo-Tenor. Elfriede Nissen und Hans Drewe gehörten damals zu den ganz wenigen Darstellern der Niederdeutschen Bühne, die schon die Höchstgage von RM 6,— pro Abend, einschließlich Fahrgeld, erhielten.
Wie immer waren Eva und ich bei den Proben im Schopenstehl dabei. Das Stück war ein riesiger Erfolg. Elfriede Nissen und Hans Drewe waren Publikums-Lieblinge und sie brachten durch ihr hervorragendes Spiel, trotz der etwas dünnen Handlung, das Stück zum Erfolg. Es wurde ein großer Renner.
Eva oder ich soufflierten, oder wir machten Requisite. Immer noch ohne Gage, nur für eine Mark Fahrgeld. Doch das war uns gleich,

es machte uns soviel Spaß, überhaupt dabeisein zu können. Eva war allerdings noch immer nicht zum Vorsprechen gekommen und wir überlegten, wie wir Dr. Ohnsorg daran erinnern konnten. Aber bei seiner vielen Arbeit war es schwer, an ihn heranzukommen. Wir sahen ihn fast täglich, aber er schenkte uns kaum Beachtung.

Inzwischen war der Januar mit seinem typischen Hamburger Schmuddelwetter gekommen. Wir probten laufend, denn schon damals hatte die Niederdeutsche Bühne alle 14 Tage eine Premiere. Mittwochs und sonntags spielten wir im Wandsbeker Theater, an den anderen Tagen in der Hamburger Umgebung bis hinunter nach Hannover.

In diesen Januartagen 1933 rauschte einmal wieder eine Grippe-Welle über Hamburg hinweg. An einem Nachmittag fragte Dr. Ohnsorg Eva und mich, ob wir bei »Liebe unter'm Schutenhut« am nächsten Abend einspringen könnten. Durch die Grippe waren zwei Schauspielerinnen, die zwei der sechs Senatoren-Töchter spielten, ausgefallen und mußten ersetzt werden. Natürlich konnten wir, und da wir alle Rollen fast auswendig wußten, brauchten wir den Zettel mit unseren kurzen Dialogen natürlich nicht. Jede von uns hatte ein Duett mit einer Tanzeinlage und ein paar Sätze zu sprechen. Am Nachmittag des nächsten Tages sollte mit unseren Partnern eine kurze Probe stattfinden, bei der wir gleichzeitig die Kostüme anprobieren sollten.

Wir platzten vor Stolz.

An diesem Abend hatte ich es eilig, nach Hause zu kommen. Meine Eltern sollten doch erfahren, was geschehen war. Hans Mahler versprach, am nächsten Abend mitzukommen, um in Schnelsen mein Debut als Schauspielerin mitzuerleben.

Meine Eltern hatten »Liebe unter'm Schutenhut« schon gesehen, als die Niederdeutsche Bühne damit im Verein geborener Hamburger im Conventgarten gastiert hatte. Sie kannten also Evas und meine Rolle. Als ich alles erzählt hatte, sagte meine Mutter: »Na ja, wenn es dann beim Einspringen bleibt, kann man es ja wohl gutheißen.«

In dieser Nacht habe ich vor Freude über meine Aufgabe fast kein Auge zugetan. Immer wieder sprach ich mir meine paar

Sätze vor, in wechselnder Betonung.
Am nächsten Vormittag probte ich mit meinem Vater das Duett und die Tanzschritte sehr zum Gaudium meiner Mutter, die am Klavier die Musik improvisierte.
Meine Eltern wollten eigentlich am Abend dabeisein, wenn ich zum erstenmal als Edel-Statistin meine Künste zeigte, aber ich bat sie, doch lieber zu Hause zu bleiben. Meine Angst mich vor ihnen zu blamieren, war zu groß.
Am Nachmittag probierten wir erst einmal unsere Kostüme, die die beiden erkrankten Schauspielerinnen zum Schopenstehl geschickt hatten. Ich trug ein hellblaues Biedermeierkleid mit schwarzen Samtschleifen und einen hellblauen Schutenhut, der mit einem schwarzen Samtband gehalten wurde, das unter dem Kinn seitlich zu einer großen Schleife gebunden wurde. Eva hatte ein weißgrundiges, buntgeblümtes, langes Kleid an mit weißem Schutenhut. Dazu hatten wir jeder einen Beutel als Handtasche, den man »Pompadour« nannte und den wir beim Tanzen kreisen lassen mußten. Ein paar kleine Änderungen waren noch notwendig gewesen, aber dann saßen unsere Kleider wie angegossen. Mein Partner, Kurt Meyer, und Evas Partner, Jens Voß, waren bedeutend älter als wir. So Anfang bis Mitte vierzig, für uns also mit damals 16 und 18 Jahren geradezu Großväter. Wir probierten und alles klappte auf Anhieb. Als Hans Mahler zur Probe eines anderen Stückes kam, waren wir schon fertig. Er konnte mich aber noch in meinem Kostüm bewundern, das ich am liebsten gar nicht mehr ausgezogen hätte.
Wir fuhren mit der Straßenbahn nach Schnelsen und mußten noch ein langes Stück zu Fuß durch Regen laufen, bis wir zu dem Lokal kamen, in dessen Festsaal wir spielen mußten.
Elfriede Nissen trank heißen Tee und löffelte Honig mit Eigelb, als wir in die gemeinsame Damengarderobe kamen. Auch sie hatte die Grippe, mußte aber auftreten, weil es für sie keinen Ersatz gab.
Eva und ich begannen mit dem Schminken. Darin aber hatten wir überhaupt keine Erfahrung. Als wir damit fertig waren und zum Abschluß noch unsere Perücken, Eva eine brünette, ich eine blonde aufsetzten, lachten sich alle halbtot. Wir hatten in alle

Schminktöpfe gelangt, die vor uns aufgebaut waren und natürlich viel zu kräftig. Sämtliche Farben des Regenbogens hatten wir in unserem Gesicht untergebracht, wir fanden uns bildschön und waren auch der Meinung, es gehöre unbedingt zur Schauspielerei dazu.
Hinter meinem Rücken hatten die Kolleginnen Hans Mahler verständigt, der plötzlich vor mir stand und sagte: »Du bist nicht als Clown im Zirkus engagiert, sondern als Schauspielerin. Wisch das 'mal alles wieder ab und dann noch 'mal von vorn, aber mit der Hälfte.« Eva und ich waren den Tränen nahe. Nachdem wir abgeschminkt waren, halfen uns die Kolleginnen beim neuerlichen Schminken. Nach Meinung aller sahen wir dann doch sehr niedlich aus, aber wir gefielen uns gar nicht. Wir mochten viele und kräftige Farben, wagten aber nun nicht mehr, irgendetwas an unserem Aussehen zu verändern.
Die Vorstellung hatte begonnen. Es imponierte mir zu sehen, wie Elfriede Nissen arbeitete. Ihr war wirklich hundeelend und zwischen ihren Auftritten trank sie immer wieder frisch aufgebrühten Tee. In der Garderobe sank sie dann in sich zusammen. Aber draußen auf der Bühne spielte, sang und tanzte sie, als wäre ihre gesundheitliche Verfassung überhaupt nicht beeinträchtigt. Ihre Leistung beeindruckte mich sehr.
Dann kam unser Auftritt. Eva und ich mußten spazierengehend ein Gespräch mimen. Stumm. Auf der Vorderbühne lief die Handlung des Stückes weiter, dann in einem bestimmten Augenblick, mußten wir innehalten und mit gespielter Aufmerksamkeit auf die beiden Hauptdarsteller Elfriede Nissen und Hans Wrede blicken.
Das klappte alles mit Präzision. Während wir nun aufmerksam blickten, fiel mir ein, daß ich doch eigentlich meinen Blick vielleicht noch mit einer eleganten Geste unterstreichen könnte, indem ich mit einer Hand, in der anderen hielt ich ja den »Pompadour«, mit meinen angesteckten Schlangenlocken spielte, die rechts und links auf meine Schultern fielen.
Für ein paar Sekunden sah das auch recht anmutig aus, dann hielt ich das Lockenbüschel zwischen meinen Fingern. Blitzartig nestelte ich an dem Pompadour und ließ die Locken darin ver-

schwinden. Dann fiel auch schon das Stichwort, bei welchem Eva und ich uns erstaunt ansehen mußten. Evas Erstaunen war allerdings nur ein unterdrücktes Grinsen.
Sofort nach unserem Abgang reparierte ich den Schaden und rammte für alle Fälle zwei Haarnadeln mehr in die Perücke. Schon mußten wir wieder raus. Die Gesangs- und Tanznummer war fällig. Auch sie klappte wie am Schnürchen, und als dann das Publikum applaudierte, fühlten wir uns im siebenten Himmel. Am liebsten hätten wir natürlich eine Zugabe gegeben, aber wir mußten ja das Feld räumen. Nun hatten wir nur noch am Schluß jeder zwei Sätze zu sprechen, um dann mit den anderen vier Paaren unseren Partnern in die Arme zu sinken.
Nachdem der Schlußapplaus verebbt war und die Kollegen uns gratuliert hatten, lobte uns Dr. Ohnsorg. Das machte das Maß voll. Er hatte uns gelobt! Vor Glück sank ich Hans Mahler in die Arme. Freudentränen liefen über mein Gesicht und lösten die Wimperntusche auf. Mir war es gleich. Ich glaubte, jetzt hätte ich alles überstanden, nicht ahnend, wieviel ich noch lernen mußte, um in dem Ensemble bestehen zu können.
Als ich abgeschminkt und umgezogen war und aus der Damen-Garderobe heraus auf den Flur trat, sah ich Mahler mit Kurt Meyer und Jens Voß zusammenstehen. Bevor Mahler auf mich zukam, hörte ich gerade noch, wie beide hinter ihm herriefen: »Nun hab dich bloß nicht so. Jeder spielt eben seine Rolle so gut er kann und gibt sein Bestes!« Ich schaute etwas verdutzt, konnte Mahler aber nicht mehr fragen, was zwischen den Dreien vorgefallen war, weil Evas Eltern kamen, um zu gratulieren und uns Blumen schenkten.
Bevor wir uns auf den Weg zur Straßenbahn-Haltestelle machten, rief ich meine Eltern an, um ihnen zu sagen, wie alles verlaufen war. Meine Mutter beauftragte mich, Eva und ihre Eltern und auch Hans mitzubringen, damit wir gemeinsam unser Bühnen-Debut bei uns feiern konnten.
In der überfüllten Straßenbahn mußten Hans und ich auf der hinteren, offenen Plattform des Wagens stehenbleiben. Eva und ihre Eltern konnten sich gerade noch in den geschlossenen Wagenteil quetschen.

Mahler kam endlich damit heraus: »Ihr sollt euch auf der Bühne von den beiden nicht so abknutschen und angrapschen lassen. Wenn das noch einmal passiert, sagst du mir das und sie bekommen es mit mir zu tun.« Ich nickte. Ich hatte sehr wohl den Unterschied zwischen Probe und Auftritt im Spiel von Kurt Meyer festgestellt. Bei der Probe war die Kußszene von ihm nur angedeutet, auf der Bühne aber voll ausgespielt worden. Dabei stand ich mit dem Rücken zum Publikum, hatte dazu noch den Schutenhut auf, sodaß man sowieso nicht wahrnehmen konnte, ob und wie geküßt wurde.

Mir war das auch nicht besonders angenehm gewesen, aber ich nahm es in Kauf, weil ich dachte, es gehöre zu einer guten Darstellung. Ich fragte Mahler um Rat, wie ich mich bei den kommenden Vorstellungen dagegen wehren könnte, aber ihm fiel auch nur graue Theorie ein. Nach den beiden nächsten Vorstellungen sagte ich zu Mahler, unsere Partner hätten sich gebessert und den Kuß nur noch angedeutet. So blieb der Friede gewahrt. Unsere Unerfahrenheit wurde von unseren Partnern dennoch weidlich ausgenutzt. Auch Mahlers Drohung hatte nichts bewirkt. Sie packten zu, wo sie uns zu fassen kriegen konnten. Im Gegensatz zu Eva bemerkte ich bald den Unterschied im Spielen, denn Kurt Meyer bekam die Grippe und wurde gegen Erich Töpfer getauscht. Nun bekam ich mit, was Mahler gemeint hatte, wie man die Rolle auch spielen konnte, ohne die Situation voll auszunutzen. Mahlers Reaktion auf meinen ersten Bühnenauftritt erfüllte mich mit Stolz. Seine Eifersucht war für mich ein Gradmesser seiner Zuneigung zu mir. Im Gedränge auf der Straßenbahn-Plattform fiel es nicht auf, wie eng ich mich an ihn schmiegte. Ohne miteinander zu sprechen, fühlte ich Wärme, Schutz und Geborgenheit von ihm ausstrahlen, und ich war froh und dankbar, daß es ihn gab und daß wir uns gefunden hatten.

Bei uns zu Hause gerieten Eva und ich außer Rand und Band. Das Lampenfieber und die Spannung vor unserem Auftritt waren weggefegt von der Freude über unseren Erfolg und von dem Lob aus dem Mund von Dr. Ohnsorg.

Meine Mutter, die eigentlich Rücksicht auf unsere Nachbarn nehmen wollte, nötigten wir dennoch an das Klavier. Wir tanzten

und sangen, mit Hans Mahler und meinem Vater als Partner, immer wieder unseren Bühnenpart.
In eine der nächsten Vorstellungen gingen dann auch eine Eltern. Nach der Vorstellung, während ich mich abschminkte und umzog, setzten sie sich mit Dr. Ohnsorg zusammen. Ich war gespannt, was bei dieser Unterredung herauskommen würde.
Auf der Rückfahrt im Zug von Pinneberg nach Hamburg konnte ich aber von meinen Eltern noch nichts erfahren, weil die Kollegen um uns herumsaßen.
Meine Spannung erreichte ihren Höhepunkt, als mein Vater am Hauptbahnhof, wo Eva in die Straßenbahn umsteigen mußte, ihr zum Abschied sagte: »Sag bitte deinem Vater, daß ich ihn morgen einmal anrufen werde«.
Auf dem Weg in die Großen Bleichen erfuhr ich dann, was Dr. Ohnsorg gesagt hatte. Sicher sei bei uns beiden eine gewisse Begabung vorhanden, aber ohne eine schauspielerische Ausbildung würde die nicht ausreichen für das Niveau, das Ohnsorg mit seiner Niederdeutschen Bühne ansteuern wollte. Dr. Ohnsorg gab den Rat, Eva und mir Unterricht geben zu lassen, erst dann könne man nach einer Zeitspanne beurteilen, ob unser Talent sich mit unserer Begeisterung die Waage hielt.
Für meine Eltern bedeutete das, zusätzlich zu den Kosten für meine Ausbildung als Pianistin, auch noch das Geld für den Schauspielunterricht aufzubringen. Denn auch wenn ich weiterhin in kleinen Rollen beschäftigt werden würde, die Gage als Anfängerin betrug eine Mark. Das war genausoviel, wie ich bisher als Fahrgeld bekommen hatte, wenn ich als Souffleuse oder in der Requisite aushalf. Als Anfängerin aber mußte ich, wie die anderen Darsteller, mein Fahrgeld von meiner Gage bestreiten.
Während meine Eltern mit mir hin- und herüberlegten, faßte ich den Mut, ihnen zu erklären, daß ich anstelle des Klavier-Unterrichts viel lieber Schauspielunterricht nehmen würde. Ich war davon überzeugt, daß ich das schaffen würde.
Meine Eltern aber blieben skeptisch. Meine Theaterbegeisterung hielten sie für ein Strohfeuer, das bei systematischer, harter Arbeit, wie sie Dr. Ohnsorg verlangte, sicher schnell verlöschen würde.

Nach nochmaliger Rücksprache mit Dr. Ohnsorg und mit Hans Mahler war mein Vater dann bereit, meinen Schauspielunterricht zu bezahlen, wenn ich weiterhin meinen Klavier-Unterricht nahm. Bei Käte Alving sollte ich dramatischen Unterricht bekommen und bei Hans Langmaack Sprech-Unterricht in Plattdeutsch. Eva Stolze sollte auch bei den beiden Unterricht bekommen, was für sie neben ihrer Berufsausbildung eine starke Anforderung bedeutete.

Eva und ich waren glücklich über den Entschluß unserer Eltern und wir gelobten alles zu tun, um unsere Eltern diese Entscheidung nicht bereuen zu lassen.

Als Dr. Ohnsorg erfuhr, zu welchen finanziellen Opfern sich unsere Eltern bereit erklärt hatten, ermahnte er uns eindringlich, fleißig zu sein, nichts auf die leichte Schulter zu nehmen und sagte zum Schluß: »Noch ist es ungewiß, ob ihr es jemals schaffen werdet, in Hauptrollen eingesetzt zu werden. Aber nicht nur die wenigen Hauptrollen sollen erstklassig besetzt sein, nein, bis in die kleinste Episode hinab soll jeder Darsteller dem Charakter seiner Rolle gerecht werden. Es wird euch eine große Liebe zur Kunst und eine hervorragende Selbstbescheidung abverlangt werden müssen, wenn ihr euer Leben lang nur Chargen spielen könnt und nach wenigen Worten auf der Bühne ohne Beifall wieder verschwinden müßt. Prüft euch, ob ihr so besessen vom Theater seid, daß auch ein Röllchen eure Spielfreude nicht trüben wird.«

Wir beteuerten, daß es uns genügen würde, wenn wir nur dabeisein dürften, und wir sagten die Wahrheit.

Vorlaut nahm ich die Gelegenheit wahr, um Dr. Ohnsorg zu fragen, ob ich nicht Mitglied des Vereins Niederdeutsche Bühne werden könnte. Ich wollte damit die Ernsthaftigkeit meiner Absicht, Schauspielerin zu werden und auch meine Verbindung, die ich zu dem Theater fühlte, unterstreichen.

Aber ich bekam einen Dämpfer. Dr. Ohnsorg lehnte meinen Eintritt ab mit den Worten: »Im Verein sind nur Herren und Damen der Gesellschaft.« Aha! Ich hörte damals zum erstenmal, daß ich keine Dame der Gesellschaft wäre.

Ich fragte sofort Hans Mahler, wer denn nun die Herren und Da-

men der Gesellschaft wären, die Mitglieder des Vereins Niederdeutsche Bühne waren. Und er sagte: »Wer immer das auch ist, du gehörst noch nicht dazu. Sieh' du nur zu, daß du eine gute Schauspielerin wirst.« Ich war so schlau wie vorher, aber ich hatte begriffen, zur Gesellschaft gehörte ich nicht. Nur wußte ich noch immer nicht, was denn nun eigentlich »Gesellschaft« war. Ich sinnierte, ob Gesellschaft wohl etwas mit Kaiser Wilhelm oder mit Hindenburg zu tun haben könnte und fragte meinen Vater. »Gesellschaft – Heidi? Das sind wir alle. Alle Deutschen bilden die deutsche Gesellschaft, also auch du und ich und deine Mutter, wir alle sind ein winziger Teil dieser Gesellschaft.«
Nun wußte ich es. Ich war ein winziger Teil und das war sicher der Grund für Ohnsorgs Ablehnung. Also mußte ich mich anstrengen, um ein größerer Teil zu werden, vielleicht würde eines Tages aus mir eine Dame werden und ich hätte dann eine Chance. Weil auch Mahler mir das alles nicht richtig beantworten konnte oder wollte, verwarf ich meinen guten Vorsatz, seinetwegen einen Kochkursus mitzumachen. Wenn ich noch keine Dame der Gesellschaft war, wollte ich erst recht nicht kochen können, denn Damen der Gesellschaft standen bestimmt nicht am eigenen Herd. Die ließen nämlich kochen.
Meine Eltern lebten mir vor, wie wichtig ein Vereinsleben ist. In einem Theater-Verein hatten sie sich kennengelernt und hatten 1907 geheiratet. In Vereinen hatten sie ihren Freundes- und Bekanntenkreis gefunden, hatten die Feste mitgefeiert und die vielen kulturellen Veranstaltungen besucht, die damals die Vereine ihren Mitgliedern boten. Meine Kinderjahre waren durch dieses gesellige Vereinsleben geprägt worden. Ich hatte dort Spielkameraden und Freundinnen gefunden und meine Ferien in einem Kinderheim des Vereins geborener Hamburger verlebt. Deshalb war mein Wunsch nur verständlich, dem Verein Niederdeutsche Bühne beitreten zu wollen, wo doch mein ganzes Streben darauf ausgerichtet war, ein vollwertiges Mitglied der Niederdeutschen Bühne zu werden.
Meine Mutter half mir darüber hinweg. »Eines nach dem anderen, Heidi. Ich bin noch gar nicht sicher, ob du überhaupt genügend Talent zur Schauspielerin hast, oder vielleicht gefällt dir

auf die Dauer der Theaterbetrieb gar nicht und du wirst zur Musik zurückkehren.«
Ob ich genügend Talent zur Schauspielerin hatte, konnte auch ich nicht beurteilen, aber daß ich nicht genügend Talent zur Pianistin hatte, das war mir inzwischen klargeworden.

Alle Glocken Hamburgs läuteten, als ich an einem Donnerstag, es war der 27. August 1914, als Hausgeburt zur Welt kam. Sieben Jahre war die Ehe meiner Eltern kinderlos geblieben, und so war die Freude besonders groß, als ich das Licht der Welt erblickte. Im Haus 2 des Hinterhofes der Großen Bleichen 30. Im dritten Stock über der Druckerei meines Vaters lag die Wohnung meiner Eltern. Später erzählte mir meine Mutter oft: »Du warst nur zwei Handvoll, pummlig aber winzig und hast nur 2 Kilo gewogen.«

An meinem zweiten Lebenstag kam die Hebamme, Frau Löwing, auf eine idiotische Idee. Sie hatte meiner Mutter eingeredet, da ich ja zweifelsohne ein Mädchen sei, würde ich sicher recht bald auch Ohrringe tragen wollen, und Babies würden nie etwas spüren, wenn man ihnen gleich nach der Geburt die Ohrläppchen durchstechen würde. Mit einem Korken und einer Stopfnadel bewaffnet ging sie ans Werk. Als das rechte Läppchen durchstochen war, schrie ich das Haus zusammen. Der ängstliche Protest meiner Mutter konnte aber die Hebamme nicht davon abhalten, ihr Werk zu vollenden. Auch das linke Ohrläppchen sollte eine Aufhängevorrichtung bekommen. Ich aber war nicht mehr zu halten. Mit allen Kräften wehrte ich mich. Vergebens. Das linke Ohrläppchen wurde schief durchstochen, und als ich später dann wirklich einmal Ohrringe tragen wollte, hatte der linke immer einen Drall nach außen. Wenn ich heute einmal in einer Rolle Ohrringe tragen muß, kann ich nur Clips benutzen.

Als mein Vater auf dem Standesamt mich anmelden und meinen Namen eintragen lassen wollte, weigerte sich der Standesbeamte. Er wollte Adelheid eintragen, weil er den Namen Heidi im Register nicht verzeichnet fand. Vorsorglich aber hatte mein Vater ein Exemplar von Johanna Spyris Jugend-Roman »Heidi's Lehr- und Wanderjahre« mitgenommen, der damals schon ein Besteller

war, und davon ließ sich der Standesbeamte nach Rückfrage bei seinem Vorgesetzten bewegen, mich ins Geburtsregister als Heidi Bertha Auguste einzutragen.
Durch die späte Schwangerschaft meiner Mutter war unsere Familie in Aufregung gewesen. Die vier Schwestern meiner Mutter und ihre zwei Schwägerinnen deckten sie mit guten Ratschlägen ein. Dazu kamen dann noch ihre Nichten, Agnes und Paula, zwölf und dreizehn Jahre alt, die gerade dabei waren, »Heidi's Lehr- und Wanderjahre« zu verschlingen. Sie gaben den Ausschlag, daß ich Heidi genannt wurde. Bertha und Auguste wurde dann darangehängt, um meinen Großmüttern, die so hießen, den gebührenden Respekt zu erweisen.
Meine Mutter war 31, als ich zur Welt kam und hatte schon schlohweißes Haar. Bis zu ihrem 28. Lebensjahr war sie weißblond gewesen, so wie auch ich es dann als Kind und junges Mädchen war. Mein Haar wurde später dann aber leider nicht weiß, sondern scheckig. Blond, rötlich, grau und weiß, keine einheitliche Farbe, sodaß ich es seit ein paar Jahren färben muß.
Meine Mutter hieß Agnes und war in der Hamburger Katharinenstraße groß geworden. Ihr Vater Heinrich Oelkers hatte dort eine Linierfabrik, die hauptsächlich in Schulhefte und auf Briefpapier Schreiblinien druckte. Ihre Mutter Auguste führte zu Haus ein strenges Regiment. Meine Mutter war das achte Kind, ein Bruder wurde noch nach ihr geboren. Oft erzählte sie mir, wie sehr sie darunter gelitten hatte, daß sie und ihre Schwestern sich immer mit irgendetwas beschäftigen mußten. Für meine Großmutter aber hieß »sich beschäftigen« nicht etwa lesen, klönen, singen oder musizieren, sondern scheuern, putzen, nähen, schneidern, sticken, abwaschen und kochen. Alles andere war Müßiggang und somit aller Laster Anfang.
»Das tut man nicht«, war ein Satz, den meine Mutter von ihrer Mutter übernommen hatte. Man durfte gerade noch irgendwelche Gefühle haben, sie aber nicht zeigen oder darüber sprechen. Man weinte nicht, und man lachte nicht, und mich wunderte es nicht, daß meine Großmutter uns allen ein Leiden vererbte, das mir noch immer schwer zu schaffen macht. Migräne.
Alles, was einen bewegte, hatte man herunterzuschlucken. Still

mit sich selbst abzumachen. Was einem Spaß machte, wurde als Eitelkeit und Firlefanz abgetan. Dazu gehörte auch, daß man sich nicht fotografieren ließ. Nur mein Vater hatte es vermocht, sie noch vor ihrer Hochzeit einmal zu einem Fotografen zu schleppen und auch von mir gibt es nur ein Kinderfoto, daß mein stolzer Großvater Kabel machen ließ. Sonst blieb es bei zufälligen Schnappschüssen, weil meine Mutter Fotografieren als »Tütelkram« abtat. Tütelkram war auch zum Schulanfang eine Schultüte oder ein Kinderregenschirm. Kinder hatten bei Regen zu Hause zu bleiben, und für meinen weiten Weg zur Schule in die Rentzelstraße wurde mir bei Regen ein Gummicape angezogen. Zu meinem Glück war mein Vater ein starkes Gegengewicht zu den Erziehungsprinzipien meiner Mutter. Nur seinem Einfluß war es zu verdanken, daß ich nicht zu streng erzogen wurde. Er sang und tanzte mir mir und machte Späße.

Zum Entsetzen meiner Mutter brachte er mir schon sehr früh alle Gassenhauer bei, und als ich gleich nach meiner Einschulung meiner Lehrerin »Petrus schließt den Himmel zu« vortrug, bekam ich von ihr einen Brief mit nach Hause, in welchem sie meinen Vater um Rücksprache bat. Danach gab er mir den Rat, wenn ich wieder in der Schule aufgefordert werden sollte, etwas nach freier Wahl zu singen, sollte ich immer »Alle Vögel sind schon da« anstimmen. Das hinderte ihn jedoch nicht daran, sofort mit mir »Ganz ohne Weiber geht die Chose nicht« einzustudieren. Als wir dann diesen Operettenschlager gemeinsam meiner Mutter vorsangen, sagte sie nur: »Was soll nur aus dem Kind einmal werden, Ernst?« Und sie schüttelte resignierend den Kopf.
Später haben meine Eltern oft darüber gesprochen, was wohl meine Großmutter mütterlicherseits dazu bewogen haben könnte, dem Theaterverein Urania beizutreten. Gern besuchte sie nämlich an Sonntagnachmittagen mit der ganzen Familie die Laien-Aufführungen des Vereins, die im Conventgarten stattfanden. Sie hatte seltsamerweise auch nichts dagegem, daß ihre neun Kinder in diesen Aufführungen mitwirkten.
Da mein Vater meine Mutter in diesem Verein kennengelernt hatte, lag es nur nahe, daß er seiner Schwiegermutter posthum

noch unterstellte, sie hätte ihre Mitgliedschaft nur dazu benutzt, um ihre vier Töchter an den Mann zu bringen. Zwar stellte meine Mutter das dann in Abrede, die Wahrheit aber war, daß meine Großmutter doch wohl Ähnliches im Sinn gehabt hatte. Ihr früher Tod war der Grund gewesen, daß meine Eltern lange verlobt waren und erst 1907 geheiratet hatten. Solange hatte meine Mutter ihrem Vater den Haushalt führen müssen.

Schon an den Tagen vor meiner Geburt und auch an meinen ersten Lebenstagen läuteten Hamburgs Glocken unentwegt. Der Erste Weltkrieg war ausgebrochen und die Siegesmeldungen unserer Armeen überstürzten sich. Insgesamt 13 Kriegserklärungen hatte das Deutsche Kaiserreich abgegeben oder waren ihm übergeben worden. An meinem Geburtstag rückte unsere Armee in Frankreich auf Verdun vor und stand 120 km vor Paris. In Belgien waren die englischen Truppen bei Maubeuge entscheidend geschlagen worden, das Luftschiff »Graf Zeppelin« warf Bomben auf Antwerpen und General Paul von Hindenburg war dabei, die in Ostpreußen eingefallenen russischen Truppen in die Flucht zu schlagen. Das 76. Infanterieregiment wurde unter dem Jubel der Hamburger an die Front geschickt, und mein Vater mußte zur Musterung. Er wurde wegen eines Nierenleidens zurückgestellt und brauchte nicht als Soldat einzurücken. Später erzählte mein Vater oft, er war 1914 fünfunddreißig, daß er von Kunden und Bekannten gefragt wurde »Na, wann gehts denn los an die Front?«, und wenn er dann antwortete, daß er erst einmal seine Krankheit auskurieren müsse, klopfte man ihm meistens mitleidsvoll auf die Schulter und tröstete ihn. »Na ja, Kabel, dann werden sie wohl gar nicht mehr einrücken können, denn in ein paar Wochen ist der Krieg vorbei, und Weihnachten sind alle wieder zu Hause«. Weihnachten stimmte. Nur war es Weihnachten 1918 als die Überlebenden der Materialschlachten zurückkehrten, die deutschen Kriegsgefangenen wurden erst später nach und nach in die Heimat entlassen. Die zwei Millionen Gefallenen blieben für ewig in fremder Erde. Der Hurra-Patriotismus wilhelminischer Prägung war weggeblasen worden.
Ich merkte natürlich als Baby nichts vom Krieg und auch in mei-

nen ersten Kinderjahren entbehrte ich weder Milch, noch Schokolade, noch Bonbons, noch Südfrüchte. Den Geschmack von Schokolade, Apfelsinen, Bananen oder auch von Bonbons kannte ich gar nicht.

1915 wurde mein Vater zum Front-Theater kommandiert. Zur Unterhaltung der Soldaten machte er als Rezitator eine Tournee mit einem bunten Programm. Die erste Tournee führte ihn nach Belgien. Brüssel, Namur, Brügge und Charleroi waren die Stationen. 26 Jahre später machte ich dann auch mit einem bunten Hamburg-Programm eine Front-Tournee, die mich in dieselben Städte führte.

Aus Belgien schickte mein Vater Kakao und meine Mutter kaufte schwarz eine große Flasche dickflüssiger Kondensmilch, um für mich daraus Trinkschokolade zuzubereiten. Sie flößte mir mit einem Teelöffel diese zähflüssige Kondensmilch ein, während ich, noch etwas wackelig auf den Beinen, neben ihr am Herd stand und mich an ihre Schürze klammerte.

Mein Großvater väterlicherseits führte unsere Druckerei allein. Zum Essen ging er mittags nach Hause in die Blücherstraße in Eimsbüttel, und wenn er dann so gegen 15 Uhr in den Betrieb zurückkehrte, brachte er immer etwas für mich mit. Eine Flasche Saft, den Großmutter Bertha eingekocht hatte, oder ein kleines Spielzeug. An meinem ersten Geburtstag schenkte er mir ein Paar Korallen-Ohrringe. Die wurden mir durch die Ohrlöcher gezwirbelt und das nur, weil mein Großvater jeden Tag kontrollieren konnte, ob ich sie trug. Meine Mutter fand das »direkt affig«.

Noch bevor der schlimme Kriegswinter 1917 einsetzte, kehrte mein Vater zurück. Das Front-Theater war aufgelöst und mein Vater entlassen worden. Für ihn war der Kriegsdienst vorbei. Zu essen gab es fast nur noch Steckrüben. Kartoffeln auch noch ab und zu, und wenn man Glück hatte, ergatterte man manchmal einen Zipfel Fleisch. Meine Mutter erzählte mir später, wie sie mit den Lebensmittelmarken von Geschäft zu Geschäft ging, um noch irgendetwas zu bekommen. Alles war rationiert, doch es war 1917 auch schwierig, die Rationen kaufen zu können. Die Geschäfte hatten nichts in den Regalen oder rückten es nicht heraus.

Nun, wo mein Vater wieder im Betrieb mitarbeiten konnte, konzentrierte sich mein Großvater auf das Beschaffen von Lebensmitteln. Ohne ihn wären wir nicht über die Runden gekommen. Mittlerweile hatten wir nämlich einen zusätzlichen Gast bei uns tagsüber aufgenommen. Mein Vetter Wolfgang, einundeinhalb Jahre älter als ich, war der Sohn meiner Cousine Guschi. Sie, eine Nichte meiner Mutter, war geschieden und arbeitete als Schneiderin in einem Konfektions-Betrieb. Sie wohnte mit ihrem einzigen Sohn Wolfgang in der Gr. Bäckerstraße und Wolfgang kam jeden Morgen allein von der Bäckerstraße zu uns in die Großen Bleichen. Wenn seine Mutter ihn nicht abholte, was selten vorkam, ging er am späten Nachmittag auch allein wieder nach Hause.

Den ganzen Tag war er bei uns, und so hatte ich einen Spielkameraden, mit dem ich auf unserem Hinterhof spielen konnte. Dazu kamen noch die sechs von den neun Kindern der Familie Hansen, die im Haus 3 des Hinterhofes wohnten. Der älteste Hansen-Sohn war auf der Seefahrtsschule, um sein Steuermanns-Patent zu machen. Ein anderer Sohn war Taucher bei einer Schiffs-Bergungsfirma im Hafen. Vater Hansen arbeitete im Hafen und Mutter Hansen betrieb eine Vermietung von zweirädrigen Handkarren, die man in Hamburg »Schottsche Karren« nannte. Hansen hatten drei Mädchen, die aber älter waren als ich und die von den Brüdern beherrscht wurden. Bei uns Kindern gaben die Jungens denTon an, bestimmten, was wie und wo gespielt wurde und auch, wie gesprochen wurde. Nämlich Platt. Als Gegenpol zum Hof sprachen meine Eltern mit mir Hochdeutsch, und so wuchs ich zweisprachig auf. In unsere Kinderspiele waren die Schottschen Karren voll einbezogen. Man konnte sie nicht nur hin- und herschieben, sondern auch darauf wippen, und da diese Karren zur Hauptsache für den Transport von Hausbrand verwendet wurden, also für Kohlen und Briketts, waren sie auch dementsprechend mit Kohlenstaub versehen.

So kamen Wolfgang und ich dann nicht immer gerade propper nach oben, und manchmal schien meine Mutter zu verzweifeln. Täglich mußte sie meine weißblonden Haare waschen, weil sich in ihnen der Kohlenstaub mit schwarzem Schmierfett vermischt

hatte, das täglich für die Radachsen der Karren verwendet wurde.
Von dem vielen Waschen blieben meine Haar dünn und wuchsen nicht. Meine Mutter ging mit mir zum Arzt und der verordnete, daß meine Haar ganz kurz geschnitten werden müßten und daß sie nicht langwachsen dürften. So sollte ich langsam volles, kräftiges Haar bekommen. Mein Vater ging mit mir ins Vorderhaus, wo der Damenfriseur Winter seinen Salon hatte. Ich zitterte, weil ich dachte, ich bekäme eine Glatze geschoren, denn dann würde ich von den Jungens auf dem Hof verspottet werden.
So schlimm wurde es nicht. Mein Haar war sehr kurz und nach ein paar Tagen, durch das regelmäßige Waschen gefördert, stand es dann fast wie im heutigen Afro-Look vom Kopf. Die Jungen schrien natürlich Struwwelpeter hinter mir her, meine Mutter hörte das und hatte auch Mitleid mit mir, stellte mich aber dann vor die Wahl mit dem Satz: »Entweder sie sagen Struwwelpeter zu dir oder Glatzen-Königin. Wenn wir nämlich dein Haar nicht immer wieder schneiden lassen, bekommst du eine Glatze. Was willst du lieber?« Dann wollte ich schon lieber Struwwelpeter sein, aber es gab da noch eine Mittellösung. Zu gern hätte ich wie viele andere kleine Mädchen zwei Zöpfe gehabt, die rechts und links von meinen Ohren auf meine Schulter fielen. Aber da meine Mutter kategorisch befohlen hatten: »Schlag dir das aus dem Kopf, das geht mit deinem Haar nicht, und du hast doch gehört, was der Doktor gesagt hat, es muß immer wieder abgeschnitten werden«, bat ich meinen Vater, mir etwas zu kaufen, was ich bei dem Friseur Winter im Schaufenster liegen gesehen hatte. Dort prangte ein wunderbarer, dicker, blonder geflochtener Zopf. Für diesen Zopf hätte ich alles gegeben. Ich wollte so aussehen, wie andere Mädchen auch. Aber ich bekam keinen falschen Zopf und später auch keinen echten. Als junge Frau ließ ich mein Haar dann halblang wachsen und trug manchmal einen kleinen Nackenknoten. Mein Vater tröstete mich und sagte: »Du bekommst so schönes, kräftiges Haar wie deine Mutter, wenn du es jetzt immer schön abschneiden läßt.« Ich aber wolle nicht in einer ungewissen Zukunft schönes Haar haben, sondern jetzt mit vier Jahren. Um meine Eltern zu strafen, nahm ich immer wieder die Schleife aus

blauem, rotem, grünem oder gelbem Seidenband aus meinem Haar, die meine Mutter mir immer mühsam hineingebunden hatte und legte sie vor dem Hinausgehen unter ein Kissen der Korbsessel, die auf dem Flur unserer Wohnung standen. Wenn schon keine Zöpfe, dann auch keine Schleife.

Die für unseren Wohnbezirk zuständige Volksschule war im Bäckerbreitergang. Das war am Anfang des Hamburger Gängeviertels, das sich auf der rechten Seite der Kaiser-Wilhelm-Straße bis hinunter zur Michaeliskirche erstreckte.

Dieses Viertel, das zu einem Teil schon von den Nazis abgerissen wurde, fiel dann fast ganz dem Bomben im Zweiten Weltkrieg zum Opfer. Nur die Kramer-Amts-Wohnungen an der Michaelis-Kirche und der Teil des Bäckerbreitergangs zwischen Valentinskamp und Kaiser-Wilhelm-Straße sind erhalten geblieben und restauriert worden.

In dem alten Gängeviertel wohnten nun nicht gerade die feinsten Hamburger Kreise. 1920, als ich eingeschult werden mußte, war gerade dieses Viertel immer wieder Schauplatz von Machtkämpfen rivalisierender politischer Gruppen. Demonstrationszüge, die meistens in Schießereien ihr Ende fanden, waren dort an der Tagesordnung und der brave Bürger tat gut daran, dieses Viertel zu meiden.

Meine Eltern meldeten mich deshalb im damals noch als Privat-Institut geführten Emilie Wüstenfeld-Lyzeum an. Dieses Lyzeum, das in der Rentzelstraße lag, dort wo sich heute der Fernsehturm erhebt, wurde von Frau Direktor Itzkow geleitet, die sehr stolz darauf war, daß sie einst eine Prinzenerzieherin gewesen war. Welche Prinzen von ihr erzogen worden waren, habe ich nie in Erfahrung bringen können, aber schon nach ein paar Wochen in Frau Direktor Itzkows Lyzeum hatten die Prinzen, welche es auch immer sein mochten, mein volles Mitgefühl. Frau Itzkow war noch strenger als meine Mutter. Mich freute nur im geheimen, daß Frau Direktor Itzkow bei all ihrer Aufmerksamkeit, Strenge und Pedanterie ein Kuckucksei ins Nest gelegt worden war.

Als mein Vater mich anmelden wollte und das Schulgebäude durchquerte, um in das Büro der Frau Direktor zu gelangen, begegnete ihm eine junge Dame, die er kannte und die ihrerseits

ganz erschrocken fragte, was er in dieser Mädchenschule zu tun hätte. Mein Vater erklärte ihr den Grund seines Kommens und sie flehte ihn an, sie nicht zu verraten, wenn sie ihm inmitten des nur aus Damen bestehenden Lehrkörpers vorgestellt werden würde. Tagsüber war sie nämlich als Lehrerin, Fräulein Israel, unterwegs, und abends stand sie als Dolly Hart im Ensemble der Niederdeutschen Bühne als Laien-Darstellerin auf der Bühne.
Wenn damals irgendjemand in der Schule von ihrer Schauspielerei erfahren hätte, wäre ihr fristlos gekündigt worden. Es ging gar nicht einmal so sehr darum, das Dora Israel gern Theater spielte, sie inszenierte auch jedes Jahr in der Schule mit den Mädchen der oberen Klassen ein sogenanntes »Weihnachtsspiel«, es ging nur darum, daß sie plattdeutsches Theater spielte. Plattdeutsches Theater war nicht salonfähig, es galt als Volksbelustigung und für Frau Direktor Itzkow lag es auf derselben Ebene wie ein Tingel-Tangel in der Großen Freiheit.
Obwohl ich noch heute überzeugt bin, daß Frau Itzkow niemals einen Tingel-Tangel von innen gesehen hat. Ganz im Gegensatz sicher zu ihren Prinzen, die sich durch ihre strenge Erziehung bestimmt nicht davon abhalten ließen, an Volksbelustigungen teilzunehmen.
Frau Direktor Itzkow aber hat niemals etwas vom Doppelleben ihrer Lehrkraft erfahren, ich sprach darüber nicht einmal mit meiner besten Freundin. Mein Vater hatte mir absolutes Stillschweigen verordnet.
Ostern 1920 sollte ich nun eingeschult werden, aber da bekam ich erst einmal die Masern. Nachdem wir schon Keuchhusten, Mumps, Windpocken und Scharlach zusammen durchgestanden hatten, steckte sich mein Vetter Wolfgang auch diesmal wieder bei mir an, und so mußten wir sechs Wochen in einem abgedunkelten Zimmer unserer Wohnung verbringen. Wolfgang war dabei ganz guter Dinge, weil er nicht in die Schule gehen mußte, und ich war es eigentlich auch. Aus demselben Grund. Wolfgang hatte mir nämlich nicht sehr erfreuliche Dinge über die Schule erzählt. Vor allen Dingen ärgerten ihn die Hausaufgaben, mit denen man soviel Zeit vertrödelte, die man ja viel besser auf dem Hof nutzen konnte. Die Notwendigkeit Lesen, Schreiben und

Rechnen zu erlernen, sah er wohl ein, nur fand er die Methode nicht so gut. Warum mußte man dabei stillsitzen? Warum mußte man wissen, was man gefragt wurde, und warum durfte man nicht fragen, wenn man was wissen wollte? Nach sechs Wochen ging ich also zur Schule. Meine Mutter begleitete mich am ersten Tag, ohne Schultüte natürlich, um mir den Weg zu zeigen. Wegen des Verkehrs mußte ich durch die Fuhlentwiete und dann Bei den Kirchhöfen an der Rückfront des Zoologischen Gartens vorbei zur Rentzelbrücke. Heute ist auf dem Gelände des Zoologischen Gartens der Park Planten und Blomen.

Alle Schülerinnen mußten draußen vor dem Schuleingang warten. Kurz vor acht kam dann Frau Direktor Itzkow, blickte in die Runde, ob auch zu ihrer Begrüßung alle knicksten und schritt dann durch das Portal in das Schulgelände. Dann wurden die einzelnen Klassen von den Lehrerinnen nach drinnen gerufen und in die Zimmer geleitet.

Die Schülerinnen meiner Klasse waren ja nun schon sechs Wochen zusammen gewesen, kannten sich untereinander und hatten auch schon etliches gelernt. Fräulein Krüger war eine sehr einfühlsame Lehrerin und rief mich gleich nach der ersten Unterrichtsstunde in das Lehrerzimmer, um mir mein »Verkehrsheft« auszuhändigen. In dieses Verkehrsheft wurden Nachrichten für die Eltern über das Betragen vermerkt. Die Eltern mußten die Kenntnisnahme der Eintragungen durch ihre Unterschrift bescheinigen.

Schon am ersten Tag stand in meinem Verkehrsheft: Heidi muß Kamm und Bürste mit in die Schule bringen. Darauf rief meine Mutter bei Fräulein Krüger an, um ihr zu erklären, daß auch mit Kämmen und Bürsten meinen Haaren nicht beizukommen war. In den ersten Rechenstunden fragte mich Fräulein Krüger, wieviel sind eins und eins. Daß das zwei sind, hatte ich schon in unserem Hinterhof gelernt und sagte: »Zwei«. Aber dann fragte sie weiter: »Wieviel sind eins weniger eins?« und ich dachte, mein Gott das ist doch gar nichts, schämte mich aber, das zu sagen, weil ich dachte, die will mich foppen. Ich zögerte und als sie das merkte, sagte sie: »Sag es mir ins Ohr!« und ich flüsterte: »Nix.« »Richtig«, lobte sie mich, »und nichts ist Null.«

Nun kam Schönschreiben. Zu Hause hatte ich das während der Masern schon ein bißchen geübt, nur ich war Linkshänderin. Das ging ja nun wohl überhaupt nicht. Sofort mußte ich meine linke Hand hinten auf meinem Rücken unter das Schürzenband klemmen und rechts schreiben. Dementsprechend schön waren meine Buchstaben.
Zweite Eintragung ins Verkehrsheft: Heidi muß mit der rechten Hand schreiben lernen und darf in der Schule nicht plattdeutsch sprechen.
Schreiben kann ich heute nur noch rechts, aber es war schon eine Tortour, es einst zu lernen.
Die Schule machte mir gar keinen Spaß. Ich fand, daß Wolfgang untertrieben hatte, als er mir die Schule nur als eine langweilige fade Zeitschinderei geschildert hatte. Der Gedanke, dieses Martyrium von nun an jeden Tag aushalten zu müssen, schien mir unerträglich. An den herrlichen Nachmittagen, wenn draußen die Sonne schien, saß ich nun über meinen Hausaufgaben, meine Mutter neben mir und mußte Schreiben, Lesen und Rechnen üben, um das Pensum von sechs Wochen nachzuholen, daß ich durch die Masern versäumt hatte. Wolfgang war mit seinen Hausaufgaben immer sehr viel schneller fertig, und wenn er seine Hefte zusammenpackte und dabei »Fertig!« rief, war ich richtig wütend. Der hatte doch auch sechs Wochen versäumt, warum brauchte der nichts nachzuholen, war der etwa klüger als ich? Ganz sicher war er schlauer. Er tat auch so und grinste überlegen, wenn er mich büffeln sah. Sein erstes Zeugnis nach einem Schuljahr war nicht gerade so ausgefallen, daß man es einrahmen mußte, aber er war versetzt worden. Mich aber ärgerte, daß er soviel weniger Hausaufgaben zu machen hatte als ich. Meine Mutter erklärte mir, daß man in der Volksschule nicht so viel lernen müßte wie im Lyzeum, und ich fragte mich, warum ausgerechnet ich nun in ein Lyzeum gehen mußte.
Wegen der Eintragung in meinem Verkehrsheft durfte ich nun auch mit Wolfgang nicht mehr plattdeutsch sprechen, und oft kicherten wir albern, weil uns das Hochdeutsch, oder das, was wir für Hochdeutsch hielten, so geschraubt vorkam. Damals lernten wir ja auch noch zwei Schreibweisen der deutschen Sprache.

Es begann mit der deutschen Schreibweise, der dann nach ein paar Jahren die lateinische folgte.
Die ersten Schreibversuche hatte ich noch mit Griffel und Schiefertafel machen dürfen, nach einem Jahr aber mußte ich mit Federhalter und Tinte starten.
Bei einigen deutschen Buchstaben mußte man verschiedene Druckstärken anwenden, so auch bei dem sogenannten »langen Es«, im Gegensatz zum runden Schluß-Es.
Beim Üben des langen Es, von dem ich mehrere Reihen vollschreiben mußte, intonierte meine Mutter zu meiner Hilfe: »Schwach auf – kräftig ab!« Immerfort.
Plötzlich stoppte sie bei »Schwach auf« ihren monotonen Sprechgesang und schaute aus dem Fenster. Folgsam zog ich meinen Federhalter immer weiter schwach aufwärts, bis ich am oberen Rand der Heftseite angelangt war und mit »Die Seite ist voll Mammi«, meine Mutter auf mein Heft blicken ließ.
Wolfgang lachte über meine Folgsamkeit und natürlich auch darüber, daß ich nun von vorn beginnen mußte, dafür bekam er ein paar an die Backen, und ich streckte ihm hinter der vorgehaltenen Hand die Zunge heraus.
Und dann löste sich das Rätsel um seine Hausaufgaben. Als er an einem Mittag aus der Schule zu uns kam, brachte er einen Zettel mit, den er von seiner Mutter unterschrieben am nächsten Tag wieder in die Schule mitbringen mußte. Meine Mutter las: »Wolfgang macht seine Hausaufgaben unvollständig.« Als meine Mutter in ins Verhör nahm, stellte er sich unwissend, so als ob der Lehrer sich in der Person geirrt haben müßte. Mir fiel nur auf, daß er an diesem Tag viel länger über seinen Heften saß, und meine Mutter sich mit ihm abmühte, weil er seine Rechenaufgaben nicht lösen konnte. Zum erstenmal konnte ich vor ihm triumphierend »Fertig« rufen und spielengehen. Unten auf dem Hof konnte ich dann später aus ihm herauslocken, was geschehen war. An seinem Pech waren nur die Masern schuld, wenn auch diesmal die eines anderen. Bis dahin hatte er jeden Morgen einen Schulfreund zu Hause abgeholt. Er war immer rechtzeitig gekommen, so früh, daß er genügend Zeit fand, in der elterlichen Wohnung seines Freundes noch die Rechenaufgaben abzuschrei-

ben. An diesem Morgen nun lag sein Freund mit Masern im Bett und hatte wegen der Krankheit auch die Aufgaben nicht gemacht.
Fatalerweise wurde auch die Schule, in die Wolfgang ging, erst kurz vor Unterrichtsbeginn geöffnet, solange mußten die Schüler draußen auf dem Schulhof warten. Wie bei uns, wurden immer gleich nach dem Einlaß ins Klassenzimmer die Hefte mit den Hausaufgaben eingesammelt und in Wolfgangs Rechenheft hatte nun nichts dringestanden.
Anstelle seiner Mutter ging am nächsten Vormittag meine Mutter zu seinem Klassenlehrer. Sie fühlte sich verantwortlich für Wolfgangs schulische Leistungen.
Nun erhielt er zwar kein Verkehrsheft, wie ich es hatte, so aber doch ein Aufgabenbuch. Da mußte er nun seine Hausaufgaben eintragen und sein Lehrer zeichnete ab. Mithin konnte meine Mutter kontrollieren, welche Aufgaben ihr Neffe zu Hause zu machen hatte.
Ich war schon ein bißchen schadenfroh, daß sein Trick aufgeflogen war, andererseits überlegte auch ich, wie ich mir einen Teil der langweiligen Aufgaben vom Halse schaffen könnte. Aber mir fiel nichts Praktikables ein.
Nach einem Jahr trug ich mein erstes Zeugnis nach Hause. Darin war zwar keine Vier und auch keine Fünf, aber auch keine Eins. Wenigstens drei Einser hatte meine Mutter erwartet, nämlich im Betragen, Fleiß und Ordnung. Aber ich hatte nur jeweils eine Zwei in den drei »Verhaltens-Fächern«. Zweien hatte ich dann nur noch im Singen und im Turnen. Mein Vater hatte an dem Zeugnis nichts auszusetzen, Großvater Kabel schenkte mir zur Belohnung für meinen Spartopf 50 Pfg., nur meine Mutter fand meine Leistungen unterbewertet, und vor allen dingen störten sie die drei Zweien in Betragen, Fleiß und Ordnung. Für sie waren in diesen drei Fächern Einser eine Selbstverständlichkeit, besonders für ein Mädchen. An Wolfgangs drei Dreien in diesen Fächern hatte sie nämlich nichts auszusetzen gehabt. Ich wenigstens empfand mich als artig, fleißig und ordentlich.
Meine Mutter aber wollte es genau wissen. Wohl um ihrem Besuch mehr Bedeutung zu geben, schrieb sie einen Brief an meine

Lehrerin und bat um einen Termin für einen Meinungsaustausch über meine schulischen Leistungen.
Zu meinem Betragen erfuhr sie, daß ich vorlaut sei und manchmal ungefragt etwas sagen würde, beim Zuhören oft nicht die Hände gefaltet hielt und ab und zu mit meiner Nachbarin schwatzen würde. Mein mangelnder Fleiß zeige sich angeblich darin, daß ich mich sehr oft nicht durch Hochheben meiner Hand zu Wort melden würde, obwohl ich die richtige Antwort auf die Frage der Lehrerin wüßte. Zum zweiten darin, daß ich beim Schreiben einzelner Buchstaben auf einer Linie zu große Zwischenräume machte, so daß auf der Linie, die mindestens zwölf Buchstaben fassen würde, ich nur sieben oder acht unterbrächte. Daß ich es auch mit der Ordnung nicht so genau nähme, zeige sich darin, daß ich anstatt meine Bücher links und meine Hefte rechts geordnet, diese wahllos, so wie sie mir in die Hände fielen, in meinen Ranzen stopfen würde. Durch diese Behandlung waren die Heftseiten oft eingeknickt und wiesen Eselsohren auf.
Meine Mutter war sprachlos. Zwar erzählte sie in meiner Anwesenheit meinem Vater, »was sie sich habe anhören müssen«, aber sie machte mir weder Vorwürfe, noch drohte sie irgendwelche Strafmaßnahmen an.
An den Weihnachtsmann glaubte ich zu der Zeit schon nicht mehr und auch nicht an den Klapperstorch. Wolfgang und Hansens Jungen hatten mich auf ihre Art schon aufgeklärt, nur hatten sie mir verschwiegen, woher die Kinder kämen. Wahrscheinlich deshalb, weil auch sie es nicht so ganz genau wußten. Aber unerschütterlich glaubte ich an den lieben Gott. Im Religions-Unterricht hörten wir von Jesus und seinen Wundern, in der Vorweihnachtszeit auch von seiner Geburt im Stall von Bethlehem. Unsere Lehrerin erzählte uns, daß Maria die Mutter und Joseph der Vater von Jesus gewesen sei. Vorlaut, wie ich war, unterbrach ich unsere Lehrerin und sagte: »Das stimmt gar nicht. Der Vater von Jesus war der liebe Gott.« Darauf erwiderte die Lehrerin: »Jesus ist wohl Gottes Sohn, wie wir alle Gottes Kinder sind, aber seine Eltern waren Maria und Joseph. Gott hat uns alle geschaffen, er ist in uns, aber er lebt nicht.«
Ich war nun ganz durcheinander. Meine Eltern hatten mir erklärt,

Gott wohne im Himmel. Von dort aus würde er die Welt und jeden einzelnen führen. Er würde alles wissen, alles hören und alles sehen. Selbst wenn man lügen würde, sähe er es und würde uns dafür strafen. Nicht immer sofort, aber er würde es registrieren. Und wenn das Maß voll wäre, gäbe es ein Donnerwetter. Um das zu verhindern und um auch eines Tages zu ihm in den Himmel zu kommen, müsse man immer ganz genau die zehn Gebote befolgen. Jesus, seinen Sohn, habe er auf die Erde 'runtergeschickt, damit er die Menschen an Gott erinnere, die ihn schon fast vergessen hätten. Diese meine schlichte bildliche Vorstellung von Gott wurde nun in der Religions-Stunde erschüttert. Wenn Gott in mir lebte und nicht im Himmel, dann hätte ich ihn doch mal hören müssen und vielleicht auch sehen. Und wie konnte er in allen Menschen leben? Verstört kam ich nach Hause.

Meine Eltern haben Wochen gebraucht, um mir zu erklären, was die Lehrerin gemeint hatte, daß Gott in mir mein gutes und schlechtes Gewissen sei, daß meine körperliche Hülle das Gehäuse für meine Seele sei, mit der ich fühlen und empfinden könnte, Schmerz und Freude. Aber ich machte es ihnen schwer. Ich wollte mich von meinem kindlichen Gottesbild nicht lösen und erst als mein Vater mir die Bibel zum Lesen gab und mir wieder und wieder zu erklären versuchte, was dort geschrieben stand, formte sich ganz langsam in mir ein anderes Gottesbild. Aber erst während meiner Ehe, durch viele endlose Gespräche mit meinem Mann über Religion und Glauben, kam ich mit Gott ins Reine. Schule und Kirche haben mir dabei nicht helfen können, wahrscheinlich weil ich nicht fromm genug bin und nicht bedingungslos glauben kann.

Zu Weihnachten 1921 bekam ich einen Kaufmanns-Laden. Umrahmt mit einer Girlande aus Knackwürsten. Hamburger Knackwürste, heiß, aber auch kalt, waren meine Lieblingsspeise. Aus Schokolade, Bonbons und Pralinen machte ich mir gar nichts, auch nicht viel aus Apfelsinen und Bananen. Während des Krieges als Kleinkind hatte ich all diese Leckereien, die im Kinderleben eine große Rolle spielen, nicht probieren können und kannte alles nur vom Hörensagen. Als ich dann Apfelsinen, Bonbons, Schokolade, Lakritzen und was es sonst noch an »Schnopereien« gab, erwartungsvoll durchgekostet hatte, entsprach der Geschmack nicht meinen Vorstellungen. Zuviel hatte ich von Erwachsenen und älteren Kindern darüber gehört, wie wundervoll es wäre, zum Beispiel ein Stück Schokolade, die dazu noch mit Marzipan gefüllt war, auf der Zunge zergehen zu lassen. Gaumenfreuden dieser Art konnte ich nicht nachempfinden, aber Knackwürste konnte ich in unbegrenzter Anzahl täglich zu mir nehmen.
Anstelle eines Weihnachtsgedichtes mußte ich am Heiligabend immer ein Weihnachts-Lied vorsingen, auswendig mit allen Strophen. Mit Zwölf hatte ich dann ein riesiges Repertoire von Weihnachtsliedern. Nachdem mein Vater in Plattdeutsch die Weihnachtsgeschichte erzählt hatte, packten wir unsere Geschenke aus. Meine Puppen hatten neue Kleider bekommen, die meine Mutter selbst genäht hatte, meine Großeltern hatten mir ein dickes Märchenbuch geschenkt. Das schönste Geschenk aber sah ich erst am nächsten Tag und man hatte es auch nicht mir geschenkt, sondern Wolfgang. Es war eine Eisenbahn. Die schleppte er in unsere Wohnung, wo er sich ja die meiste Zeit aufhielt, und sie wurde mein Lieblings-Spielzeug. An diesem Weihnachten bestand die Gleisanlage zwar nur aus einem großen Oval und die Lokomotive zog nur drei Waggons, aber im Laufe

der Jahre wurde die Anlage größer und größer, und meine Eltern gaben uns das kleinste Zimmer unserer Wohnung, um dort die Anlage aufzubauen. Die Lokomotive mußte immer aufgezogen werden, damit sie fahren konnte, und oft mußte mein Vater die Feder erneuern, weil sie ausgeleiert oder zersprungen war. Viel, viel lieber als mit meinen Puppen spielte ich mit der Eisenbahn. Ursprünglich war vorgesehen gewesen, in dieses halbe Zimmer, das jetzt von der Eisenbahn beschlagnahmt war, mich einzuquartieren. Es sollte mein Spiel- und Jung-Mädchenzimmer werden. Es wurde nur mein Spielzimmer, für mein Bett fand sich kein Platz mehr, und so wurde das Bett in unserem Musikzimmer aufgestellt.

In diesem Zimmer stand ein runder Kachelofen mit weißen Kacheln, die rose und blau bemalt waren. Der Ofen war wunderhübsch anzusehen, nicht nur nützlich, sondern eben auch eine Zierde.

Am Geburtstag meiner Mutter, dem 20. Januar, erwarteten wir zum Kaffee unsere Verwandten und die Freundinnen meiner Mutter. Es war ein kalter Tag, meine Mutter hatte ihre Aufsicht über unsere Schularbeiten nicht ganz so streng durchgeführt, wie wir es sonst gewohnt waren, zu sehr war sie mit den Fest-Vorbereitungen beschäftigt gewesen.

Wolfgang und mir hatte sie aufgetragen, dafür zu sorgen, daß der Kachelofen regelmäßig mit Brennmaterial versorgt wurde, damit die beiden großen Zimmer gut geheizt wären. Wie alles, was uns aufgetragen wurde, so führten wir auch die Heizungs-Aufgabe gewissenhaft durch. Wir holten Kohlen und Briketts vom Hausboden und ballerten hinein, was nur in den Ofen reinpaßte.

Es war wunderbar mollig warm in beiden Zimmern, und schon konnten wir die Türen zum Flur öffnen, um auch den durchzuwärmen.

Wir waren gerade zu dritt dabei, das Kaffee-Service aus dem Buffet zu räumen, um den Tisch festlich zu decken, als es einen ohrenbetäubenden Knall gab und es stockschwarze Nacht um uns herum wurde.

Für Sekunden waren wir gänzlich benommen, dann schrien wir durcheinander und tasteten uns hinaus auf den Flur. Großvater,

Vater und Gesellen kamen in den Flur gestürzt um Hilfe zu leisten. Uns war nichts passiert, alles andere war nicht mehr zu retten gewesen. Als der erste Schreck, der erste Qualm und der Ruß verflogen waren, konnten wir erkennen, daß unser Ofen nur noch ein Haufen Kacheln war. Mein Vater und seine Gesellen bildeten eine Eimerkette und schütteten unaufhörlich Wasser in die gußeiserne Feuerstelle, in die zum Glück der größte Teil der Kacheln geflogen war. Dadurch war ein Brand verhindert worden.
Unsere beiden Zimmer waren durch die Explosion total verändert worden. Es gab nur noch eine Farbe in beiden Räumen: Schwarz.
Decke, Wände, Fußboden, Fenster, Möbel und Gardinen. Alles war schwarz. Wir blickten uns ratlos an. Mein Vater fing als erster an zu lachen. Drei Neger, schwarz gewandet, standen vor ihm. Nur unsere Zähne und die Netzhaut unserer Augen waren noch weiß. Alles andere war einheitlich schwarz.
Meine Mutter behielt die Nerven und führte das Kommando. Schnell und umsichtig dirigierte sie die Aufräumungsarbeiten. Als das Gröbste beseitigt war, wurden die beiden Zimmer erst einmal zugesperrt und wir drei stiegen in die Badewanne. Dann wurde eine Etage tiefer in meines Vaters Druckerei ein Kaffeetisch gedeckt. Alle Arbeit war geschafft, als die Gäste eintrafen. Bis zwei Uhr nachts wurde in der Druckerei gefeiert, gegessen und getrunken, getanzt und gesungen.
Das Schönste für mich war, daß ich am nächsten Morgen nicht in die Schule gehen mußte. Als Entschuldigung für mein Fehlen hatte meine Mutter auf einen Zettel an meine Lehrerin geschrieben: »Wegen einer Explosion in unserer Wohnung konnte Heidi gestern nicht am Unterricht teilnehmen. Ich bitte, ihr Fehlen zu entschuldigen.«
Mit ganz ernstem Gesicht übergab ich meiner Lehrerin am darauffolgenden Tag den Zettel. In der Hoffnung dadurch vielleicht etwas schonender im Unterricht behandelt zu werden, spielte ich die Überlebende einer Katastrophe. Obwohl ich meinen Mitschülerinnen draußen vor der Schultür schon alles in Einzelheiten berichtet hatte, mußte ich es jetzt im Klassenzimmer noch einmal

erzählen. Meine Klassenkameradinnen stellten mir dann ganz eifrig nebensächliche Fragen, um dadurch Zeit herauszuschinden. Sie hatten auch wenig Lust zum Unterricht. Zu gern hätte ich auch die Geschichte noch Frau Direktor Itzkow vorgetragen, nur um ihr damit zu beweisen, welchen Aufregungen auch Kinder schon ausgesetzt werden können. Aber ich hatte dazu keine Gelegenheit.

Wer es mir eigentlich gezeigt hatte, weiß ich nicht mehr, aber den Explosions-Knall konnte ich nicht zur Entschuldigung heranziehen, als ich einige Tage später einmal wieder eine Eintragung in mein Verkehrsheft zu Hause zur Unterschrift vorlegen mußte. Da war zu lesen: »Heidi hat nach der Pause zwei Damen des Lehrkörpers erschreckt und sich geweigert, sich für ihr boshaftes Verhalten zu entschuldigen.«

Vor meinen Eltern begann ich meinen Rechenschaftsbericht mit dem Satz: »Weil sie Spaßverderber sind.« Was war passiert? Mein Frühstücksbrot für die Schulpause wickelte meine Mutter immer zuerst in einen Bogen Pergament-Papier und steckte dann das Paket zusätzlich in eine Tüte. Das Pergament-Papier faltete ich nach Gebrauch zusammen und brachte es wieder mit nach Hause zurück. Die Tüte warf ich in den Abfallkorb. In der Regel. An diesem Tag nun nahm ich die Tüte mit in das Schulgebäude, und als ich vor mir auf dem Gang zwei Lehrerinnen in ein Gespräch vertieft entdeckte, pustete ich eine Lunge voll Luft in die Tüte, haute einmal kräftig drauf, so daß die Tüte laut zerknallte. In dem langen, breiten Flur, von dem die Klassenzimmer abgingen, ergab das ein ganz schön starkes Echo. Die Lehrerinnen schossen auseinander, ich rannte an ihnen vorbei in mein Klassenzimmer und hopste und lachte dort über meinen gelungenen Spaß. Allerdings nicht sehr lange. Kurz darauf stand ich schon im Zimmer von Frau Direktor Itzkow, direkt vor ihrem großen Schreibtisch. Nebeneinander, seitlich von mir, standen die beiden Lehrerinnen. Niemand sprach ein Wort. Frau Direktor Itzkow blätterte in Akten. Dann kam meine Klassenlehrerin ins Zimmer. Knicks an der Tür, ein zweiter Knicks beim Übergeben meines Verkehrsheftes. Frau Direktor holte Luft, ein tiefer Seufzer folgte, der mich Unheil ahnen ließ. Normalerweise hätte ich in dieser

Situation verängstigt und verschüchtert reagiert, aber mich packte ein Zorn, der mich bis zu meinem Haaransatz knallrot werden ließ. Frau Direktor begann im selben Augenblick mit ihrem Monolog, beherrscht und ruhig und mit ein paar mir unverständlichen Formulierungen. Am Schluß erging dann die Anweisung an meine Klassenlehrerin, mir eine angemessene Schreib-Strafarbeit aufzubürden, und die Aufforderung an mich, mich auf der Stelle bei den erschreckten Damen zu entschuldigen. Dann begann sie mit der Eintragung in mein Verkehrsbuch. »Ich wollte doch nur Spaß machen«, brachte ich trotzig hervor. »Das war kein Spaß, sondern eine ganz böse Tat,« lautete die Anwort. »Entschuldige dich sofort.« »Nein,« antwortete ich und ging hinaus. Geradewegs ohne die erforderlichen Knickse. In der Klasse gab mir meine Lehrerin mein Verkehrsbuch zurück und nannte mir die Strafarbeit. Ein mitleidsvolles Raunen ging durch die Klasse, als sie die Länge des Lesebuch-Textes verkündete, den ich bis zum nächsten Tag in Schönschrift abschreiben sollte. Dann wurde ich zur Strafe sofort nach Hause geschickt. Das war mir die angenehmste Strafe. Als ich zu Hause haarklein alles wiedergegeben hatte, unterschrieb mein Vater kommentarlos mein Verkehrsheft.

Nach den Hausaufgaben setzte ich mich an meine Strafarbeit und kam dadurch nicht zum Spielen. Mit mir am Tisch schrieb meine Mutter einen Brief an Frau Direktor Itzkow. Den sollte ich am nächsten Tag bei ihr abgeben, aber nichts dazu sagen. Und ausdrücklich wurde mir verboten, mich zu entschuldigen. Was meine Mutter geschrieben hatte, habe ich nie erfahren. In der Schule lieferte ich die Strafarbeit und den Brief ab. Der Vorfall kam nie wieder zur Sprache. Allerdings wurde fortan mein Frühstücksbrot nicht mehr zusätzlich in eine Tüte gesteckt, sondern in einen zweiten Bogen Papier eingewickelt.
Wolfgang hatte einen Blechrevolver und Knallplätzchen. Damit schoß er bei uns auf dem Hinterhof und auch in der Schule. Ich war fest überzeugt, daß ich zur falschen Schule ging.

Schon immer hatte ich für meine Mutter einkaufen müssen. Brot, Butter, Milch, Eier und was sonst noch im Haushalt vonnöten war. Eine Fahrbahn durfte ich nicht überqueren und hielt mich deshalb nur in den Läden der Großen Bleichen, dem Heuberg und der Königstraße auf. Der Teil der heutigen Poststraße, die zum Gänsemarkt führt, hieß damals noch Königstraße. Das Münzgeld zum Einkaufen wickelte meine Mutter immer in ein Stück Papier, damit ich es nicht verlieren konnte. Dann in den Inflations-Jahren 1922/23 hielt sie das Bündel der Tausend- und Zehntausend-Mark-Scheine mit einem Gummiring zusammen. In diesen Jahren kassierte mein Vater seine Rechnungen immer sofort bei Ablieferung der Drucksachen und meine Mutter und ich versuchten so schnell wie möglich für das Papiergeld irgendetwas zu kaufen, weil ja täglich die Preise stiegen. Mittags kurz nach zwölf wurde an der Börse der Kurs der Mark zum Dollar bekanntgegeben und schon zeichneten Händler und Geschäftsleute ihre Waren mit höheren Preisen aus. Beim Milchholen kam ich, wie auch die Erwachsenen, mit den vielen Nullen total durcheinander und in meinem Kopf spukte immer wieder der Satz meiner Lehrerin in meiner ersten Rechenstunde herum: »Eins weniger eins ist nichts und nichts ist null«.
Generationen waren zur Sparsamkeit erzogen worden. Spare in der Zeit, so hast du in der Not, war ihnen wieder und wieder eingetrichtert worden, aber plötzlich war alles auf den Kopf gestellt. Klug war, so schnell wie möglich sein Geld auszugeben und es gegen Waren einzutauschen. Vor allen Dingen Lebensmittel wurden gestapelt, eingekocht und eingeweckt. Die Erwachsenen sprachen nur vom Geld und von den Preisen. Bei meinem Vater entdeckte ich dann eines Tages eine Geste, die mir sehr imponierte. Ich beobachtete wie er aus der Innentasche seines Jacketts seine Brieftasche hervorholte, dieser ein Bündel Geldscheine entnahm, damit bezahlte und die Tasche zurücksteckte. So eine Brieftasche wollte auch ich für meine Einkäufe haben und dazu eine Innentasche im Futter meines Mantels. Allein die Geste des Bezahlens fand ich viel eindrucksvoller durch die Brieftasche, als meine Art, die gefalteten Geldscheine aus der Manteltasche zu kramen, abzuzählen und mit dem Gummiring zwischen den Lip-

pen auf die Herausgabe des Wechselgeldes zu warten.
Anstelle einer Brieftasche, die ich mir so sehr wünschte, bekam ich dann irgendwann nur ein kleines, grünes Portemonnaie aus Pappmachée, in dem die Geldscheinbündel noch nicht einmal Platz hatten.
An einem Nachmittag in der Vorweihnachtszeit 1922 riskierten Wolfgang und ich es, erst die Großen Bleichen und dann noch die Poststraße zu überqueren, um in das Warenhaus Tietz, das heutige Alsterhaus, zu kommen. Wir wollten dort den Tannenbaum und die Spielwarenabteilung bewundern. Der Tannenbaum stand im Lichthof, war an die 20 m hoch und reichte durch alle Stockwerke bis an die Glaskuppel des Kaufhauses. Unter dem mit bunten Kugeln und elektrischen Lichtern geschmückten Baum war auf einem Schild zu lesen, wo der riesige Baum gewachsen war. Meistens kamen diese Bäume aus dem schlesischen Erzgebirge. Wir fuhren in die einzelnen Stockwerke, stiegen aus und bewunderten den Baum von der ersten, von der zweiten und schließlich von der vierten Etage aus. Plötzlich bückte sich Wolfgang, hob etwas auf und schob es unter seinen Pullover. Mir flüsterte er zu: »Komm mit raus. Ich hab was gefunden.« Wir rannten in das nicht sehr belebte Not-Treppenhaus und dort zog Wolfgang eine wunderbare, schwarze Brieftasche hervor. Flink durchsuchte er alle Fächer, steckte das Geldscheinbündel ein, ließ alles andere darin stecken und gab mir die Brieftasche.
Endlich hatte ich eine. Mein schlechtes Gewissen wurde durch den Besitz der Brieftasche beschwichtigt, und wir machten uns sofort auf den Weg nach Hause.
Wir kletterten auf den Dachboden, zählten die Geldscheine und durchsuchten die Papiere. Wir betrachteten die Fotos, die wir fanden und versteckten dann alles, bis auf das Geld und die Brieftasche unter den Kohlen.
Ich mußte dann schwören, niemandem etwas von unserem Fund zu erzählen. Bevor wir das Geld ausgeben würden, wollten wir erst in Ruhe überlegen, was wir uns dafür kaufen wollten. Schokolade für Wolfgang und Knackwürste für mich hatten wir fest eingeplant. Für den Rest hätten wir sehr gern etwas zur Erweiterung unserer Eisenbahn erworben. Um Angebot und Preise zu

studieren, wollten wir am nächsten Tag wieder zu Tietz in die Spielwarenabteilung. Die Brieftasche nahm ich mit in die Schule. Da ich keine Innentasche hatte, klemmte ich sie, wie Damen es mit ihrer Besuchstasche taten, unter die Achsel und hielt sie mit der Hand fest. Ich bekam dadurch einen ganz anderen Gang, schritt einfach viel erwachsener aus.

Auf dem Weg nach oben in unsere Wohnung hatte ich die Brieftasche in meinem Ranzen verstaut.

Gleich nach dem Essen schickte mich meine Mutter zum Einholen. Als sie mir die Geldscheine ausgehändigt hatte, kramte ich heimlich die Brieftasche aus dem Ränzel, steckte sie dort hinein und ging auf die Straße. In der einen Hand die Milchkanne, unter der Achsel die Brieftasche.

Zurück in unserer Wohnung versteckte ich sofort die Brieftasche und lieferte Milch und Wechselgeld bei meiner Mutter ab.

Wolfgang saß schon bei den Schularbeiten. Meine Mutter hatte noch in der Küche zu tun. Ab und zu blickte ich verstohlen zu Wolfgang hin und bemerkte, daß auch er zu mir herüber sah. »Ich kann das Geld nicht ausgeben. Es gehört uns doch nicht.« Wolfgang flüsterte, obgleich niemand außer mir im Raum war. Er stand auf und kam zu mir an den Tisch. Ich sah ihn an und nickte. Auch in mir hatte sich das schlechte Gewissen gerührt. Allein schon die Heimlichtuerei mit der Brieftasche hatte mir bewußt gemacht, daß sie mir gar nicht gehörte. Ich spürte wohl unbewußt den grundlegenden Unterschied von Besitz und Eigentum. Ich holte die Brieftasche aus meinem Versteck und Wolfgang holte das Geld. Damit marschierten wir dann zu meinem Vater. Wir sagten ihm, daß wir die Brieftasche bei Tietz gefunden hätten. Obwohl er, wie ich mir heute denke, geahnt haben muß, daß die Brieftasche schon einige Zeit in unserem Besitz war, stellte er keine Fragen. Vielleicht aber schien es ihm auch ganz selbstverständlich, daß seine Tochte gefundene Dinge abgab, und er stellte deshalb keine Fragen. Er sagte nur: »Dann laßt mal sehen.«

Aus den Papieren gingen Name und Adresse des Verlierers hervor, und als mein Vater im Telefonbuch nachschlug, hatte der sogar Telefon, was ja damals keine Selbstverständlichkeit war.

Mein Vater ging hinunter in sein Büro und sprach mit dem Verlierer. Am späten Nachmittag wurden wir in das Büro meines Vaters heruntergerufen. Der Brieftaschen-Verlierer saß dort, und wir blieben in der Tür ängstlich stehen.
Erst nach meines Vaters Aufforderung gaben wir die Hand. Ich vollführte einen Knicks und Wolfgang einen tiefen Diener. Sonst blieben wir stumm. Unser schlechtes Gewissen ruhte noch nicht.
»Das sind also die ehrlichen Finder, bei denen ich mich bedanken muß. Euch steht ja nun auch ein Finderlohn zu, und den hab ich hier eurem Vater schon hingelegt.« Er deutete auf einige Geldscheine, die zwischen ihm und meinem Vater auf dem Schreibtisch lagen.
Finderlohn schoß es mir durch den Kopf. Ob man sich dafür eine Brieftasche kaufen konnte? Schon hörte ich meinen Vater sagen: »Ja, Finderlohn haben sich die beiden schon verdient, obwohl es meiner Tochter bestimmt sehr schwerfiel, sich von einer Brieftasche zu trennen. Denn es ist ihr sehnlichster Wunsch.« Also wußte mein Vater doch die Wahrheit!?
Ich starrte auf den Boden und nickte. Zum Lohn bekam Wolfgang Geld und ich die Brieftasche. Den Wert des gefundenen Geldes hatten wir wegen der vielen Nullen weit überschätzt. Dem Verlierer waren seine Ausweise und Fotos selbstverständlich wichtiger gewesen.
Von dem Finderlohn konnten wir Knackwürste satt für die ganze Familie spendieren und auch noch eine Wochenration an Schokolade kaufen. Jeden Tag durften wir uns eine Tafel teilen.
Als ich Wochen später für den Handarbeitsunterricht in der Schule ein Parade-Handtuch mitbringen mußte, um den Kreuzstich zu üben, kaufte mir meine Mutter eines, auf dem mit Blaupause der Spruch »Es ist nichts so fein gesponnen, es kommt doch endlich an die Sonnen,« prangte.
Die Inflation und ihre Folgen waren für viele Menschen schwer faßbar. Sie bekamen zwar für ihre Arbeit von Woche zu Woche und später von Tag zu Tag mehr Geld, aber sie mußten ja auch für ihren Lebensunterhalt täglich mehr Geld aufwenden. Zum Schluß konnte man für ein Vermögen, das man mühsam Mark auf Mark zusammengespart hatte, gerade noch ein Mittagessen

auf den Tisch stellen.
Da niemand vorher eine solche Inflation erlebt hatte, wußte auch niemand, wie das weitergehen würde. Man sah immer mehr Millionen auf sich zukommen und wußte doch genau, daß diese Entwicklung nichts, aber auch wirklich gar nichts Gutes an sich hatte. Gastwirte und Kellner in Lokalen mit ausländischen Gästen hatten Glück. Sie konnten manchmal bei diesen Gästen Dollars oder Hartwährung eintauschen und brauchten zum Beispiel die Dollars nur wenige Wochen aufzuheben, um dafür das zwanzigfache oder noch mehr zu bekommen. Nebenan in Haus 1 wohnte eine Familie, deren Vater als Steward auf der »Vaterland« die Linie Hamburg – New York befuhr. Der Glückliche bekam seine Trinkgelder in Dollars. Sehr schnell brach bei dieser Familie der Wohlstand aus, der besonders uns Kinder ins Staunen versetzte. Die Tochter Erika, sie war in meinem Alter, trug plötzlich so schöne Kleider, wie ich sie noch nie gesehen hatte. Dazu farbige Filzbowler mit Ripsband. Dann verreiste die ganze Familie mehrere Wochen an die Ostsee nach Travemünde und wohnte dort sogar in einem richtigen Hotel.
Erika erzählte uns das alles im Hinterhof, durfte sich aber dabei nicht von ihrer Mutter erwischen lassen, denn die hatte ihr mittlerweile verboten, mit uns zu spielen. Einmal, weil wir zu arm waren und zum zweiten, weil sich Erika bei unseren Spielen ihre teuren Kleider schmutzig machte, besonders, wenn wir durch die Wasserrohre krochen, die im Hinterhof gestapelt waren. Dort lagerte die Installationsfirma Reuter & Graefe ihre Ersatzteile, die uns als Spielzeug dienten.
Erika aber wurde nachmittags von einem Kindermädchen, das dafür eigens engagiert worden war, in den Zoologischen Garten oder in Hagenbecks Tierpark geführt. Manchmal besuchte sie mit Erika auch den Circus Busch, der hinter dem Millerntor in einem riesigen festen Gebäude spielte, das ich nur von außen kannte. In den Zoologischen Garten kam ich öfter, weil meine Mutter mich dort manchmal mittags nach der Schule erwartete, und ich dann mit der Kindereisenbahn durch das Gelände zockeln durfte, vorbei an Märchenbildern, die mit hölzernen Puppen dargestellt waren. Auch bei Hagenbeck in Stellingen war ich schon

mit meinem Vater ein paarmal gewesen, aber noch niemals war ich im Circus Busch gewesen, von dem Erika unglaubliche Dinge zu berichten wußte. Sie erzählte zum Beispiel, daß aus der Kuppel Wasser in die Manege stürzte, die in ein Schwimmbassin verwandelt worden war. Dorthinein sprangen dann die Tänzerinnen, sehr zum Gaudi der Zuschauer. Wir Kinder rissen die Münder auf, und Wolfgang und ich drangsalierten unseren Großvater, uns doch auch einmal in den Circus zu führen.
Wenigstens einen der vielen Plätze, zu denen die Dollarprinzessin von ihrem Kindermädchen geführt wurde, wollten auch wir kennenlernen, um mitreden zu können und auch um zu kontrollieren, ob Erika uns nicht beschwindelte. Großvater Kabel war nicht abgeneigt, mit uns in den Circus zu gehen, vertröstete uns aber auf einen unbestimmten Termin. Erst müsse er »das Geschäft seines Lebens« unter Dach und Fach gebracht haben, dann hätte er die Ruhe, das sensationelle Circus-Programm zu genießen. Täglich fragten wir, ob das Geschäft gemacht worden sei, bis wir es aufgaben, weil wir uns nicht mehr getrauten, danach zu fragen. Denn mittlerweile fanden im Büro meines Vaters und bei uns in der Wohnung wieder und wieder Besprechungen statt, zwischen meinem Vater, meinem Großvater und Rechtsanwälten. Auch der Bruder meines Vaters und seine Schwester mit ihrem Mann kamen öfter als sonst, aber wir Kinder wurden natürlich immer wieder hinausgeschickt, wenn es interessant wurde.
Aufgefallen aber war mir, daß mein Vater und mein Großvater oft unten in der Druckerei heftig miteinander diskutierten. Aber ich fand nicht heraus, worum es ging.
Endlich kam der Tag, wo Großvater Wolfgang und mich in den Circus führen wollte. Es war ein Sonntagnachmittag Ende des Sommers 1923. Morgens hatten mich meine Eltern zu Wolfgangs Mutter in die Große Bäckerstraße gebracht, weil mein Vater für seinen Radrennclub »Endspurt« an einer Tour von Hamburg nach Bad Segeberg teilnahm. Meine Mutter war mit den Frauen der anderen Radrennfahrer mit dem Zug nach Segeberg gefahren, um dort am Ziel den Sieger zu erwarten.
Gleich nach dem Essen holte Großvater Kabel Wolfgang und mich ab, und zu Fuß gingen wir bei herrlichem Sommerwetter nach

St. Pauli.
Hinter dem achteckigen »Trichter«-Bau am Millerntor lag der gewaltige Rundbau des Circus Busch. Wir mußten durch einen Restaurations-Vorgarten und kamen dann in ein geräumiges Foyer mit den Kassen. Das war so farbenfroh-pompös und glitzernd dekoriert, daß ich dachte, ich sei im Märchenschloß des Königs Drosselbart. Weitläufige Wandelgänge öffneten sich und wir erblickten das riesige Rund der Circus-Arena. Staunend sahen wir die vielen Zuschauer und Großvater nahm mich auf seinen Schoß, damit ich die Manege besser überblicken konnte. Wir sahen Pferde-Dressuren, Löwen, Tiger und Elefanten. Dazwischen fliegende Menschen am Trapez und immer wieder die Clowns. Als wir in der Pause langsam von den Rängen kletterten, um in das Foyer und in die Wandelgänge zu gehen, entdeckte Wolfgang, daß durch die Fugen des hölzernen Bodens der Manege Wasser drang und sich der Boden, mit den Augen kaum wahrnehmbar, langsam senkte. Die Manege verwandelte sich in einen See. Der zweite Teil des Programms begann mit einem Waserfall, der von Scheinwerfern angestrahlt aus der Circus-Kuppel herab in die Manege stürzte. Ein römisches Wagenrennen fand auf der breiten Piste der Manege statt, wobei umstürzende Kampfwagen mit ihren Gladiatoren ins Wasser fielen.
Die Clowns purzelten natürlich zwischendurch auch immer wieder ins Wasser. Während sich dann ein Wasserballett tummelte, stieg inmitten der Fluten eine Insel empor, auf die sich die Tänzerinnen hinaufschwangen. Die Insel begann zu rotieren, und gleichzeitig stoben aus der Plattform Feuerwerksraketen.
Wir waren vor Freude ganz außer Atem, klatschten und schrien. Erika, die Dollarprinzessin, hatte wirklich nicht übertrieben. Nach der Vorstellung führte uns Großvater dann in das Restaurant Ostermann am Millerntor. Wir saßen drinnen am offenen Fenster und konnten so beim Essen auf die belebte Reeperbahn blicken. Wolfgang und ich aßen Knackwürste mit Kartoffelsalat und Großvater bestellte für sich Rundstück warm. (Ein in seine zwei Hälften geteiltes Brötchen mit einer Scheibe Schweinebraten und heißer Soße darüber.) Das Orchester spielte Operetten-Querschnitte und Schlager, die ich zur Freude meines Großvaters

fast alle mitsingen konnte. Ich kannte sie, weil mein Vater diese Lieder auch auf seinen »Bunten Abenden« vortrug. Er hatte diese Schlager so oft mit mir zu Hause gesungen, daß ich alle Texte auswendig kannte.
Dann kam »Wir versaufen unser Oma ihr klein Häuschen« und Großvater wollte sich schier totlachen, als Wolfgang und ich mitsangen und dazu auf unseren Stühlen im Takt auf- und abhopsten. Er erzählte uns dann stolz, daß nun auch dank seiner Umsicht und Tüchtigkeit der Reichtum über uns gekommen sei. Daß er lange gezögert habe, um den rechten Zeitpunkt herauszufinden. Jetzt aber sei es soweit gewesen, und er habe sein Etagenhaus mit zehn Wohnungen in der Blücherstraße in Eimsbüttel verkauft. Er und die Großmutter waren in ihrer Wohnung geblieben und zahlten nun Miete an den neuen Besitzer.
Wir erfuhren, daß wir alle gar nicht soviel essen, trinken und verleben konnten, wie er Geld hatte. Billionen. Mir wurde schwindelig vor Freude. Ein Leben, wie es Erika uns vorlebte, sah ich auf mich zukommen. Ein Freudentaumel zwischen Knackwürsten und Circus, zwischen Hagenbeck und Karrussells auf dem Dom, dem Hamburger Volksfest während der Vorweihnachtszeit. Großvater versprach uns eine Eisenbahn mit Weichen, Schranken, Bahnhöfen und einer zweiten Lokomotive, natürlich alles elektrisch. Ja, unsere bisherige Eisenbahn zum Aufziehen sollte an ärmere Kinder, die nicht so einen Großvater hatten, verschenkt werden. Welch ein Tag, welch ein Großvater!
Abends erzählte ich meinen Eltern, welch froher, glänzender Zukunft wir entgegenblicken konnten, aber sie teilten meine Freude nicht. Den Grund dafür sah ich darin, daß mein Vater mit seiner Rennmannschaft nur Dritter geworden waren. Daran konnte ich nun wirklich keinen Gedanken verschwenden, ich entwarf derweil im Bett einen Vergnügungs-Fahrplan, den ich Großvater am nächsten Tag vortragen wollte. Vorher wollte ich aber versuchen, Erika noch ein bißchen auszuhorchen, um zu erfahren, wo sie noch überall gewesen war, denn ihr Tip mit dem Circus war ja recht gut gewesen.
Am nächsten Tag besprach ich mit Wolfgang, zu was wir den Großvater animieren wollten. Ihm war zur Hauptsache nur die

neue Eisenbahn durch den Kopf gegangen, und ansonsten fiel ihm nur noch eine Dampferfahrt nach Blankenese ein. Blankenese? Da war ich ja schon ein paarmal gewesen, ich wollte nach Helgoland. Das war es. Der Großvater sollte mit uns nach Helgoland fahren. Über das Meer, das ich noch nie gesehen hatte.
Erika war selbstverständlich schon auf Helgoland gewesen und empfahl es mir auch. Sie schwärmte von einer Badedüne, zu der man mit einem Boot übergesetzt wurde und vom Ausbooten. Vom Ausbooten aus den großen Schiffen, wobei immer ein paar Leute fast ins Wasser plumpsten. Ja, ich wollte unbedingt nach Helgoland.
Meine Vorschläge fanden bei Großvater ein offenes Ohr. Besonders gern wollte er uns Helgoland zeigen. Je nachdem wie das Wetter werden würde, sollte es an einem Sonntag losgehen. Doch schon die elektrische Eisenbahn bekamen wir nicht, ganz zu schweigen von der Reise nach Helgoland! Es war nämlich Herbst geworden und der 20. November war inzwischen über uns gekommen. Ab diesem Dienstag des Jahres 1923 galt in ganz Deutschland die Rentenmark.
Vorbei war der Spuk der Inflation. Nur Sparguthaben, die vor 1918 angelegt worden waren, wurden zu Bruchteilen, die von Bank zu Bank und von Sparkasse zu Sparkasse unterschiedlich waren, aufgewertet, also in Rentenmark umgetauscht. Eine Billion Papiermark war über Nacht eine Rentenmark. Großvaters Billiarden waren nur noch gut zum Feueranmachen, billiger als das Papier der Zeitung von gestern.
Millionen waren bettelarm. Viele von ihnen, darunter auch mein Großvater, konnten nicht begreifen, was geschehen war. Großvater verwahrte seine Papier-Billionen in einem Koffer, jahrelang hoffte er, und genügend Gerüchte waren ja im Umlauf, daß eines Tages doch noch seine Papiermark aufgewertet werden würde.
Erst als meine Großmutter gestorben war, sie starb ein paar Jahre später als mein Großvater, fand mein Vater den Geldkoffer in einem Versteck. Den Inhalt verbrannte er.
Inzwischen war mein Schulweg länger geworden. Das Emilie-Wüstenfeld-Lyzeum war in die Bundesstraße verlegt worden,und

die unteren Klassen waren in Baracken auf dem Gelände Ecke Bogenstraße und Schlankreye bis zur Fertigstellung des neuen Gebäudes untergebracht worden.
Ich ging nicht gern zur Schule, und es ärgerte mich, wenn man das vor Fremden und Bekannten nicht zugeben durfte. Wenn mir Verwandte und Bekannte die damals stereotype Frage stellten: »Na, gehst du auch gern in die Schule?«, dann mußte ich auf Weisung meiner Mutter antworten: »Ja, sehr gern.« Obwohl meine Mutter eigentlich eine Wahrheitsfanatikerin war, hielt sie mich zu dieser Heuchelei an. Für sie war das Etikette. Mein Vater milderte auf seine Art ab, dadurch, daß er meiner Antwort hinzufügte: »Heidi, übertreib' nicht. Gern gehst du nicht, aber du gehst.«
Als ich älter war, übernahm ich seinen Satz als Antwort, was mir dann angenehmer war. Ich blieb eine mittelmäßige Schülerin. Im Singen und Turnen und auch in Geschichte brachte ich eine Zwei, in Englisch und Französisch aber immer nur eine Drei, und sehr schwer fiel mir dann später Mathematik. Gerade den pythagoreischen Lehrsatz begriff ich noch, was aber danach kam, überstieg meine Lernfähigkeit. Algebraische Gleichungen konnte ich nicht einmal abschreiben, weil ich dabei noch a^2 und b^2 vertütelte. Es hatte auch keinen Sinn, das mit mir zu üben. Ich begriff es einfach nicht. Ich konnte nicht abstrakt genug denken. Männer können das besser, so auch Wolfgang, der für mich immer meine Hausaufgaben in Mathematik löste, und die ich dann nur noch abzuschreiben brauchte. So klaffte denn auch immer ein großer Unterschied zwischen den Zensuren für meine Hausaufgaben und denen, die ich für die Mathematik-Arbeiten bekam, die wir in der Schule schrieben. Meine Lehrerin schrieb mir dann auch regelmäßig eine Fünf ins Zeugnis.
Ich schrieb aber ganz hübsche Aufsätze. Nach Meinung meiner Eltern sogar sehr hübsche. Aber auch dafür bekam ich zuerst keine besseren Zensuren als die Drei. Immer wieder vermerkte die Lehrerin in einem Kurz-Kommentar, was falsch an meinen Aufsätzen sei. Das ärgerte meinen Vater ganz besonders. Dann mußte ich einen Hausaufsatz schreiben über »Mein schönstes Ferienerlebnis«. Diesen Aufsatz diktierte mir mein Vater, ich be-

kam dafür eine Fünf. Darunter stand: »Aufgliederung falsch, Inhalt teilweise unverständlich, usw.« Das war meine einzige Fünf, über die zu Hause gelacht wurde.

Für mich waren die Ferien die angenehmste Schulzeit. Besonders die großen Ferien, die vier Wochen lang waren. Im Sommer 1925 machte ich meine erste Ferienreise nach Weihe in der Lüneburger Heide.

Der Verein geborener Hamburger, in dem mein Vater inzwischen einer der Vorsitzenden geworden war, hatte nur aus Geldmitteln, die seine Mitglieder aufgebracht hatten, in der Heide ein Kinderheim errichtet.

Dort sollte ich in diesem Sommer meine Ferien verbringen, und da ich zu Hause schon soviel über das Heim, seine Einrichtung und Umgebung gehört hatte, war ich begierig, endlich dort hinzukommen.

Die Einweihung war an einem Sonntag. Für alle Mitglieder und für die Kinder. Die Eltern wollten dann Sonntagabend wieder nach Hamburg zurückfahren, und wir Kinder durften dableiben. Große Lastwagen parkten in den Langen Mühren. Auf die Ladeflächen waren Sitzbänke gestellt worden. Unter den Klängen einer Pankoken-Kapelle fuhren wir los. Es war ein heißer und schwüler Tag, aber durch den Fahrtwind empfanden wir die Hitze nicht als so lästig.

In Wilhelmsburg wurde unsere Lastwagen-Kolonne gestoppt. Ein langer Demonstrations-Zug, wir nannten es damals Umzug, hinderte uns an der Weiterfahrt. Irgendeine der vielen Parteiorganisation zog durch die Straßen und sang politische Kampflieder. Die Männer trugen keine Uniformen, viele nur weiße offene Hemden und Armbinden.

Oft unterbrachen sie ihre Lieder und riefen in Sprechchören ihre Parolen. Dann schrien sie ein paarmal hintereinander: »Deutschland erwache!« und weil ich nicht begriff, wovon wir erwachen sollten, denn ich fand uns alle wach und munter, fragte ich meinen Vater. Der erklärte mir dann, daß die Männer mit unserem Staat nicht einverstanden seien und einen anderen wollten. Ich fragte weiter, warum die das nicht zu »Kaiser Hindenburg« sagen würden, und nun begann mein Vater, mir den Unterschied zwischen dem Kaiser und Hindenburg auseinanderzusetzen. In der Schule, auf der Straße und auch zu Hause hatte ich den Namen Hindenburg schon oft gehört, und weil ich in der Zeitung auch Fotos von ihm gesehen hatte, war ich der festen Meinung, Hindenburg sei der deutsche Kaiser.

Mein Vater wischte sich den Schweiß von der Stirn, weil ich einfach nicht verstand, daß der Kaiser und Hindenburg zwei Personen seien, und als er fortfuhr, daß der Kaiser in Holland, in Doorn in einem Schloß sei, und ich daraus folgerte: »Ja, jetzt im Sommer in den Ferien . . .« gab er es auf, wandte sich an meine Mutter und bat sie: »Versuch du es mal, mein Lütten, vielleicht hast du mehr Glück.«

Zwischen den Vereinsmitgliedern auf unserem Wagen entspann sich jetzt eine politische Diskussion. Ich hörte zu, war aber dann doch nach kurzer Zeit verwirrt von den mir fremden Ausdrücken, daß ich dachte, wenn Hindenburg nicht der Kaiser ist, dann ist er eben sein Vertreter, und meine Mutter beruhigte mich: »Politik ist Männersache, da hält man sich am besten raus, besonders wenn man noch so klein ist wie du.«

In der Mittagshitze kamen wir in Weihe an. Das Ferienheim war großzügig angelegt. Zwei Schlafsäle für je dreißig Jungen und Mädchen. Es gab zwei getrennte Waschräume für Jungen und Mädchen und einen großen gemeinsamen Speisesaal.

Das Heim lag im Wald zwischen Wiesen und Feldern. Ein Fachwerk-Bau, an dessen Frontseite in einen Balken der Satz eingeschnitzt war: De Kinner to gewen heele Seelen un gooden Mod, het de Verein geborene Hamborger dit boot.

Für uns Stadtkinder war diese Umgebung ganz neu und fremd. Ein großer Sportplatz lag hinter dem Bau, an dem unmittelbar die Seeve vorbeifloß und eine herrliche Badegelegenheit bot. An diesem Einweihungstag waren zum Essen riesige Tische in den Garten gestellt. Es gab ein paar Reden, in welchen besonders die finanziellen Opfer aller Mitglieder hervorgehoben wurden, die zum Bau beigetragen hatten.

Dann wurden Kinderspiele veranstaltet, beim Sackhüpfen gewann ich einen kleinen Ball und beim Staffettenlauf gewann unsere Mannschaft eine Kruke voller Brausebonbons, die wir

:eine erste Rolle: Die lütt' Deern in »Ralves Carsten«, 1933

Tingel-Auftritt als »Dat Woterküken«

untereinander aufteilen mußten.
Durch die Anwesenheit der Erwachsenen wurde es dann ein bißchen eng im Speisesaal, wo unvorhergesehen die Kaffeetafel stattfinden mußte, weil ein Gewitter mit einem Platzregen niederging. Mit der untergehenden Sonne fuhren unsere Eltern nach Hamburg zurück. Proviantkörbe mit belegten Broten, Bier, Brause und Saft wurden auf die Lastwagen geladen und wir Kinder sangen zum Abschied im Chor »Guten Abend, gute Nacht.«
Zum erstenmal war ich fort von zu Hause, zum erstenmal verreist. Zum erstenmal konnte ich endlich Hosen tragen. Meine Mutter hatte mir einen dunkelblauen Turnanzug gekauft. Ein zweiteiliger Anzug aus Jersey, Bluse mit Gummizug in der Taille und die Pumphose hatte Gummizüge an den Beinen, die aber schon oberhalb des Knies endeten. Es waren verkürzte Knickerbocker. Am liebsten hätte ich diesen Turnanzug Tag und Nacht getragen, so wohl fühlte ich mich darin.
Abends vor dem Zubettgehen war es immer der größte Spaß, wenn es gelungen war, irgendjemand mit der Matratze durchs Bettgestell plumpsen zu lassen. In die eisernen Rahmen der Betten waren lose Holzbretter quergelegt, darauf befanden sich die Matratzen. Entfernte man nun in der Mitte einen Teil der Bretter, mußte man zwangsläufig mit der sich zusammenklappenden Matratze hinunterfallen, besonders, wenn man sich mit Schwung ins Bett warf.
Da ich immer wieder vergaß, unter meinem Bett nachzuschauen, bevor ich mich hinlegte, traf es mich oft, daß ich mit meiner Matratze auf dem Fußboden landete und dann erst wieder mein Bett zusammenbauen mußte. Sehr oft mußte ich das im Dunkeln praktizieren, weil pünktlich um neun das Licht ausgeknipst wurde.
Überhaupt das Bettenmachen! Die Wolldecke, die ein anderes Format hatte als der Bettbezug, so zu knicken, daß man sie faltenlos in den Bezug einziehen konnte, war schon ein Kunststück. Und täglich das Laken so glatt und stramm unter die Matratze zu klemmen, darauf dann den Bezug mit der Wolldecke so zu placieren, daß der an drei Seiten kantengleich mit der Matratze abschloß, erforderte schon Übung. Ich brauchte lange, bevor ich den Bogen

heraus hatte. Meine Freundin Eva Stolze assistierte mir.
Die Toberei beim Schlagball war meine Lieblingsbeschäftigung. Da ich klein, flink und gelenkig war, entwickelte ich mich schnell zum As der Mädchen-Mannschaft. In einem Wettbewerb gegen die Jungen-Mannschaft war meine Spielweise ausschlaggebend gewesen für das Endresultat, daß sonst noch höher zu Gunsten der Jungen ausgefallen wäre.
Weil es mir und meinen Eltern in Weihe so gut gefiel, kaufte mein Vater ein Grundstück in unmittelbarer Nähe des Heimes, inmitten eines Waldes. Dort wurde dann für uns ein Ferienhaus gebaut, unten Küche mit einem großen Wohnraum und Veranda, oben zwei Schlafzimmer. Um das Geld für das Grundstück und Haus aufzubringen, tingelte mein Vater soviel er nur konnte. Als Rezitator hoch- und plattdeutscher Geschichten und Gedichte trat er an »Heiteren« und »Bunten Abenden« auf, in »Lachenden Stunden« und an »Operetten-Abenden«. Sein Repertoire wurde immer umfangreicher, und so konnte er auch Abende ganz allein bestreiten. Er las aus den Dichtungen von Gorch Fock, Hermann Claudius, Fritz Lau, Rudolf Kinau und Georg Droste und verdiente so in seiner Freizeit das Geld, damit wir uns den Luxus eines Sommerhauses leisten konnten. In die Druckerei war sein Bruder Heinrich als Kompagnon mit eingetreten und der Betrieb mußte soviel abwerfen, daß davon drei Familien leben konnten. Denn Großvater Kabel war jetzt voll auf seinen Anteil aus der Druckerei angewiesen, weil ihm ja durch »das Geschäft seine Lebens« seine Mieteinnahmen entgangen waren.
Meine Mutter und ich halfen oft abends in der Druckerei beim Falzen. Ich war stolz, als ich ein eigenes Falzbein aus Elfenbein bekam. Meine Fingerspitzen waren oft blutig von den scharfen Schnittkanten des Papiers.
Seit meinem achten Lebensjahr gehörte auch meine Kusine Elli Kruse zu einem festen Bestandteil meines Kindelebens. Sie nämlich gab mir den ersten Klavierunterricht bis ich dann mit zwölf Jahren zu Paul Strecker zum Unterricht geschickt wurde, der auch Elli unterrichtete. Als Kind habe ich diesen Unterricht natürlich nur als eine Beeinträchtigung meiner persönlichen Freiheit angesehen, ohne zu erkennen, daß mir meine Eltern nur

Ziele stecken wollten, ohne darauf zu bestehen, daß ich die auch unbedingt erreichte. Da ich beim Klavierspiel den sogenannten Anlaß zu den besten Hoffnungen gab, ermunterten sie mich und hielten mich immer wieder zum Üben an.

Elli Kruse war acht Jahre älter als ich. Während der Inflation, so um 1922 herum, gingen wir zusammen in die Colonnaden, um dort Noten zu kaufen. Vor dem »Alsterpavillion« am Jungfernstieg fielen uns zwei englisch sprechende Damen auf, die fleischfarbene, durchsichtige Seidenstrümpfe trugen. Auf den ersten Blick dachten wir, sie würden gar keine Strümpfe tragen, erst als wir die Naht entdeckten, stellten wir fest, daß es sich ja wohl doch um eine Art Beinbekleidung handeln müsse, was sich da unseren Blicken darbot. Mit einem Wort, das mir sehr imponierte, machte Elli ihrer Empörung Luft. Sie fand die fleischfarbenen Seidenstrümpfe »einfach equiveux«. Schlichtweg »equiveux«, was damals in Hamburg dasselbe wie »ordinär« bedeutete, aber ordinär war Elli als Wort zu ordinär und deshalb wählte sie dafür »equiveux«.

Sofort berichteten wir meiner Mutter, welche Frivolitäten wir auf dem Jungfernstieg gesehen hätten, und meine Mutter meinte, es müsse sich wohl um »Zwei von St. Pauli« gehandelt haben, die schon am Nachmittag in ihrer Berufskleidung im falschen Stadtteil unterwegs waren.

Sie bestätigte unseren Eindruck und fand sogar »sehr equiveux«, was wir gesehen hatten. Durch die fleischfarbenen Strümpfe, die ein paar Jahre später zum gewohnten Erscheinungsbild einer jeden Frau, auch bei uns, gehörten, selbst meine Mutter und Elli trugen dann eines Tages solche, wurde meine Aufmerksamkeit auf den »Alsterpavillon« gerichtet. Täglich hatte ich ja »Deutschlands schönstes Kaffeehaus« vor Augen, wenn ich aus unserem Torweg trat und die Großen Bleichen in Richtung Jungfernstieg blickte.

Abends sah ich das Haus im Lichterglanz erstrahlen. Die Konturen des Daches waren durch Glühbirnen markiert und das Eingangsportal war aus Kristall, das unsichtbar erleuchtet wurde. Rechts und links davon waren Veranden mit großen Glasfenstern, davor befand sich eine Terrasse, abgegrenzt durch eine Balustrade, die verhinderte, daß man einen Blick in das Innere werfen konnte. Im Vorbeigehen konnte man nur etwas von der Musik hören, die monatlich wechselnde Schauorchester darboten. Das Gebäude stand mit einer Hälfte im Alsterwasser und beherbergte im Keller, der mit großen Fenstern an der Wasserseite lag, einen Teeraum, in dem abends ein Kleinkunst-Kabarett-Programm geboten wurde. Mein Kinderwunsch war, einmal nur diesen Alsterpavillon von innen sehen zu können, aber erst als ich schon verheiratet war, habe ich es mir einmal geleistet, dort Kaffeetrinken zu gehen. Denn die Preise waren nicht gerade niedrig. Aber es war mir das Geld wert, endlich einmal betrachten zu können, wovon ich solange geträumt hatte. Meine Erwartungen wurden nicht enttäuscht. Weiße Marmorsäulen trugen eine goldene Kassetten-Decke von der fünf riesige Kristalleuchter herabhingen. Auf rotgemustertem Teppich standen tiefe, rote Armsessel und mittendrin befand sich das Podium mit dem großen Orchester, den Sängern und den Sängerinnen. Der Alsterpavillon war damals wohl der eleganteste Treffpunkt Hamburgs, wo auch nachmittags eine Frau allein hingehen konnte, ohne daß ihr die Absicht unterstellt wurde, auf Männerfang aus zu sein.

Kollegen vom Theater haben mir dann allerdings später erzählt, daß das Haus gerade deswegen, weil dort Damen allein hingehen konnten, bei Männern einen besonderen Ruf genoß. Sie glaubten, dort besonders leicht Bekanntschaften machen zu können. Ich haben dort keine Bekanntschaft gemacht, dafür aber das großstädtische Flair gespürt, das ich heute in Hamburgs Innenstadt-Lokalen so sehr vermisse.

Im Sommer 1942 wurde der Alsterpavillon von Bomben zerstört. Man machte nicht einmal den Versuch, das brennende Gebäude zu löschen, sondern ließ es bis auf das Kellergeschoß hinunterbrennen. Ein Wahrzeichen Hamburgs war in wenigen Stunden ausgelöscht worden, der Jungfernstieg um einen Blickpunkt ärmer.

Ostern 1929 wurde ich von Pastor Poppe in der Petri-Kirche konfirmiert. Meine Mutter hatte mir ein schlichtes dunkelblaues Taftkleid genäht, in dem ich mich sehr wohlfühlte, und ich fand, ich sah darin bildschön aus. In die Hand mußte ich das Gesangsbuch nehmen und darauf ein Taschentuch legen, das mit breiten Spitzen umsäumt war. Dazu bekam ich noch ein Maiglöckchen-Sträußchen. So ausgerüstet, führten mich meine Eltern in die Kirche.

Nach der Zeremonie schenkten mir meine Eltern zu Hause ein Koffergrammophon mit drei Schallplatten. Auf der einen war ein Hawai-Orchester mit dem Stück »Ramona« zu hören, und auf einer anderen sang Richard Tauber aus Lehars »Zarewitch« das Wolga-Lied. Gleich nach dem Kaffeetrinken tanzten Wolfgang und ich schon nach »Ramona«. Doch dann mußte auf Wunsch von Großmutter Kabel alles mucksmäuschenstill sein. Mit keiner Kaffeetasse und mit keiner Kuchengabel durfte mehr geklappert werden, weil wir alle der Stimme Richard Taubers lauschen sollten. Zuerst kam das »Wolgalied« und dann die Rückseite mit »Gern hab' ich die Frau'n geküßt.«

Nach dem Abendessen, es gab einen Kalbsbraten und einen Schweinebraten, brachten wir ein kleines Programm. Mein Vater rezitierte »De Notbrems« von Wilhelm Henze und von Georg Droste »De letzte Gast«. Mit mir zusammen sang er dann, von Elli am Klavier begleitet, die frechen Couplets von Claire Waldorff. Von »Wer schmeißt denn da mit Lehm« bis zu »Hermann heeßt er« brachten wir das ganze Repertoire der kessen Berlinerin. Mein Vater hatte sie so oft auf der Bühne gesehen, weil er im Kleinen Haus fast immer für dasselbe Programm engagiert worden war, in dem auch Claire Waldorff gastierte. Im zweiten Teil eines solchen Programms spielte die Waldorff dann ein Berliner Stück »Alwine«, das in einer Original-Dekoration von Heinrich Zille inszeniert worden war.

Als Abschluß der Konfirmationsfeier sangen Elli und ich aus Walter Kollos »Drei alte Schachteln« dann das Lied »Was nützt denn den Mädels die Liebe« und zeigten dazu einen ziemlich albernen Tanz, der aber unsere Verwandten zu Beifallsstürmen hinriß. Meine Großmutter rief vor Begeisterung: »Das Kind muß zur Operette!«, worauf meine Mutter süßsauer lächelnd sagte:

»Gott sei Dank hat sie dafür keine Figur«. Denn damals brauchte man für die Operettenbühne eine sehr weibliche Figur mit allen Details am rechten Fleck, und mein Körperbau zeigte weibliche Rundungen nicht einmal im Ansatz. Damals war an mir rein gar nichts von dem, was Männer mögen.

Am nächsten Morgen wollte ich meinen Schultag gleich mit »Ramona« beginnen, die aber war nicht mehr in der ursprünglichen Klangqualität zu hören. In der Nacht nämlich hatte unsere Katze »Puttel« das Grammophon eingehend untersucht und mit ihren Krallen auf der Schellack-Platte hör- und sichtbare Spuren eingegraben. Puttel hat sich zeit ihres Lebens nicht an die Sprechmaschine gewöhnen können, und ich mußte das Grammophon immer vor ihr in Sicherheit bringen, sie hatte eine echte Abneigung gegen den technischen Fortschritt. Puttels Abneigung richtete sich auch gegen den Radioapparat, den Wolfgang für uns gebastelt hatte. Der Apparat hatte keinen Lautsprecher, sondern nur Kopfhörer, ob aber die Katze mit ihren empfindlichen Ohren auch noch die Geräusche aus dem Kopfhörer wahrnehmen konnte, weiß ich nicht. Wenn man die Kopfhörer aufgesetzt und sie auf den Arm genommen hatte, schlug sie danach und fauchte. Wolfgang ist es trotz seiner vielen Versuche nicht gelungen, eine der Hörmuscheln auch nur in die Nähe von Puttels Ohr zu bringen. Sie mochte nur Live-Musik.

Ein Jahr nach meiner Konfirmation war dann meine Schulentlassung. Ich atmete auf und war wirklich froh und glücklich, diese zehn Jahre hinter mich gebracht zu haben.

Am 30. Januar 1933 zog die SA mit Fackelzügen auch durch Hamburg, um Hitlers Berufung zum Reichskanzler zu feiern. Als ich vom Unterricht bei Hans Langmaack mit der Straßenbahn nach Hause fuhr, mußte ich schon in der Mönckebergstraße/Ecke Bergstraße aussteigen, weil ein Durchkommen zum Rathausmarkt nicht mehr möglich war. Über den Jungfernstieg kam ich dann doch noch bis zu den Großen Bleichen durch. Mein Vater klärte mich dann darüber auf, was geschehen war. Extrablätter und das Radio hatten Hitlers Machtergreifung bekanntgegeben.

Mich interessierte das Geschehen damals nicht allzu sehr, denn zu oft hatten in den letzten Jahren die Reichskanzler gewechselt, als das ich davon noch besondere Notiz nahm. Ich wußte nur, die Zeiten waren schlecht und die Geschäfte liefen nicht. Hans Mahler hatte seinen Job im Hafen verloren und half an Wochenenden in der Drogerie seines Schwagers Arnold Voss aus. Die Vorstellungen der Niederdeutschen Bühne waren an Wochentagen nur mäßig besucht, und überall herrschte Not und Unzufriedenheit.

Beim Abendbrot sagte mein Vater: »Es ist ganz richtig, daß der Hitler jetzt mal rankommt, dann kann er 'mal zeigen, was er kann. So einfach ist Deutschlands Lage nicht zu bessern, wie er es sich vorstellt, und mit schönen Worten ist da nichts auszurichten. Der bleibt höchstens ein paar Monate, dann hat er auch abgewirtschaftet.« Mein Vater hatte sich geirrt.

In den deutschen Kinos war Anfang 1933 die Fridericus-Rex-Welle auf dem Höhepunkt. »Der Choral von Leuthen« mit Otto Gebühr lief im Reform-Kino in der Wexstraße in der 6. Woche. Friedrich II. war ein Kino-Idol geworden, Otto Gebühr in der Maske des Preußenkönigs ein Star. Das Kino-Publikum flüchtete vor den Gegenwartssorgen in die Vergangenheit, und auch das Theaterpublikum zeigte eine gewisse Vorliebe für heroische Stoffe.

Dr. Ohnsorg wollte nicht zurückstehen und bereitete das historische Schauspiel »Ralves Carsten« als Uraufführung vor. Das Stück spielte im Jahre 1404 zur Zeit der Dithmarscher Bauernkriege. Meine beiden Lehrer Käte Alving und Hans Langmaack hatten Ohnsorg von meinen Fortschritten im Sprechen und in der Darstellung berichtet, und so gab er mir die Chance, in einer winzigen Rolle als Lüttdeern mitzuspielen. Hans Langmaack, der die Titelrolle verkörpern sollte, war meinen Text wieder und wieder mit mir durchgegangen. Das gab mir die Sicherheit, die ich brauchte, denn ich stand in diesem Stück nicht nur mit meinen beiden Lehrern auf der Bühne, sondern auch mit Hans Mahler. Die Premiere im Wandsbeker Theater war ein großer Publikums-Erfolg. Als vollwertige Schauspielerin erhielt ich jetzt eine Abendgage von RM 4,50. Im Hamburger Fremdenblatt konnte man folgende Kritik lesen:

»Ralves Carsten«, ein Spiel in einem Vorspiel und fünf Aufzügen von dem bekannten Hamburger Dichter und Verfasser zahlreicher vielgelesener historischer Romane, Albert Petersen, erzielte bei der Uraufführung durch die Niederdeutsche Bühne einen durchschlagenden Erfolg. Das Stück, im Jahre 1404 spielend, gipfelt darin, daß der Führer wohl auf die Masse eingestellt sein muß, ihr aber nie wider besseres Wissen nachgeben darf. Ralves Carsten tut dieses ein einziges Mal und endet durch das Schwert seiner Volksgenossen. Das Stück ist flüssig und spannend geschrieben. Die Darstellung war hervorragend. Hans Langmaack in der Titelrolle war glänzend. Käte Alving hatte einen vorzüglichen Tag. Auch Magda Bäumken paßte sich gut in ihre Rolle ein. Carl Seemann, Hartwig Sievers, Hans Mahler, Otto Lüthje usw. gaben ihr bestes her. Besondere Anerkennung verdient Heidi Kabel, von der man schon heute sagen kann: sie wird noch einmal.

Stürmischer Beifall, von Akt zu Akt sich steigernd, rief zum Schluß Mitspieler und Verfasser unzählige Male vor die Rampe.

Im Hamburger Anzeiger stand über mich: Sehr niedlich in ihrer kleinen Rolle als Lüttdeern: Heidi Kabel.

Mein Vater las mir am nächsten Tag die Kritiken vor und weil

ich wegen meiner Mini-Rolle immer erst am Schluß mit einem Satz erwähnt wurde, mußte ich immer warten, bis er dann endlich soweit gekommen war. Meine Mutter sagte dann immer: »So, nun kann sie das noch einmal selbst lesen und dann ist Schluß damit. Sonst wird sie zu eitel.«
Die Kritiken gaben mir den Ansporn, mich noch intensiver mit dem Schauspielunterricht zu befassen. Täglich sprach ich meinem Vater vor, der meine Aussprache korrigierte. Dazwischen setzte ich mich auch noch immer wieder ans Klavier, aber mehr als Pflichtübung. Ich konnte ja damals wirklich noch nicht ahnen, daß ich 47 Jahre an ein und demselben Theater bleiben würde, und deshalb klimperte ich, um meinen Eltern zu gefallen, auf dem Klavier herum, lustlos und mit meinen Gedanken immer bei meinen Theaterrollen.
Um dem Stammpublikum der Niederdeutschen Bühne immer Neues zu bieten, war Dr. Ohnsorg bemüht, plattdeutsche Dichter zum Schreiben zu bewegen. Mit einigen Stücken erreichte die Bühne auch schon ganz ansehnliche Aufführungszahlen, was sich ja für die Autoren in klingender Münze auszahlte, und Dr. Ohnsorg erreichte es, seinen Spielplan mit Uraufführungen zu spicken. Ende des Jahres 1933 wurde »Spökeree« von Walter Looschen uraufgeführt. Die »Hamburger Nachrichten am Mittag« schrieben darüber folgendes:
Was uns Walter Looschen am Mittwochabend im Wandsbeker Stadt-Theater vorsetzte, war kräftige Bauernkost, die vorzüglich schmackhaft wurde durch die niederdeutsche Mundart, durch eine flotte Spielführung des Speelbaas Dr. Hartwig Sievers und nicht zuletzt durch schauspielerische Leistungen, die selbst verwöhnte Ansprüche erfüllten.
Looschen benutzt zu seiner Komödie einen oft und gern verwandten Stoff, dem er wahrhaft Form zu geben weiß: Der Aberglaube der Bauern – Mann und Frau wetteifern hier miteinander – und von einem Quacksalber und seiner Hushöllersch, auf Hochdeutsch Assistentin – geschickt ausgenutzt. Kartenlegen, In-die-Augengucken, Wünschelrutenschneiden und -laufen, Wasser- und Goldadern, im Vollmondschein auszugrabende Schätze, die Dämonen abgejagt werden, daß alles sind so un-

heimliche Dinge, daß der Bauer Klattenhoff und seine Frau immer wieder Geld flüssig machen, denn es lohnt sich ja – wenn der Schatz erst gehoben ist. Licht in die dunkle Geschichte bringt der vom Hof verjagte Verwalter Ernst Böning, der als Belohnung die schmucke Bauerndirn Hilde heimführt. Mit langem Gesicht sieht die junge Bauernwitwe Manda Peters ihrem stillen Glück nach. Die übrigen gehen ihrem Schicksal entgegen.
Adolf Johannesson gibt dem Quacksalber ein lebensechtes Gesicht. Sein Spiel ist stets überzeugend und gut abgeschliffen. Ihm zur Seite steht Käte Alving, die ihr Talent durch die prächtige Gestaltung der Haushälterin einmal mehr beweist. Hannah Ullrich als Bäuerin ist ihr eine gleichwertige Gegenspielerin. Der Bauer von Carl Seemann ist gut gezeichnet, wenn auch gelegentlich mit etwas zu dicken Strichen. Heidi Kabel, frisch, munter und knusprig, wie immer, sowohl im Spiel als auch in der Figur. Herbert Buck gibt dem Verwalter Kraftfülle und Temperament. Eli Neumann ist als Witfro Manda Peters so etwas wie eine »junge komische Alte«, eine Rolle, die sie famos beherrscht. Hans Mahlers Knecht hat nicht allzuviel Beschäftigung. Was er macht ist gut. So rundet sich das Ganze zu einer Aufführung, die im Leben der Niederdeutschen Bühne einen wertvollen Tag bedeutet.
Jetzt setzte etwas ein, was für eine junge Schauspielerin Gefahren in sich birgt. Es begann langsam mit einzelnen Briefen, die ich ins Theater geschickt bekam. Damals nannte man die Absender solcher Briefe Verehrer, heute sind das Fans. Meine Fanpost nahm damals zu. Rapide. Zweifelhafte Einladungen und Angebote waren darunter und oft warteten am Bühnenausgang auch junge Männer, die mich einladen wollten.
Mir schmeichelte das ungemein, und als ich merkte, welche Wirkung auf mich wartende Fans auf Mahler ausübten, schmeichelte mir seine Eifersucht. Nicht nur Fans von mir warteten am Bühnenausgang, auch meine Kollegen hatten ihre Verehrer, und manchmal standen dort auch hübsche Mädchen, die auf Mahler warteten. Ich pflegte dann, wenn er ihnen Autogramme gab, schon langsam weiterzugehen und, um meinen Besitzanspruch klarzustellen, ihn zu rufen: »Hänschen, kommst du?« Deswegen

mußte ich dann einen Rüffel einstecken und ihm versprechen, ihn in der Öffentlichkeit nicht mehr »Hänschen« zu nennen. Von Fall zu Fall vergaß ich mein Versprechen.
Besonders ärgerlich machte ihn, wenn gutaussehende junge Herren mich artig und höflich fragten: »Darf ich sie zum Tanzen einladen, Fräulein Kabel?« und ich dann freundlich lächelnd antwortete: »Heute Abend bin ich leider schon verabredet, aber vielleicht morgen,« und dann obendrein noch unseren Spielort hinzufügte wie zum Beispiel: »Da spielen wir aber in Buxtehude.«
Darüber konnte er sich maßlos aufregen, nannte mich kokett und ließ, wie alle Eifersüchtigen, seine Wut nicht an mir aus, sondern an meinen Fans. Die wurden dann am nächsten Abend von ihm angeblökt und mich drängte er dann schnell außer Sichtweite.
»Ich will auch mal Tanzen gehen«, hielt ich ihm bei diesen Gelegenheiten vor. »Was kann ich dafür, daß du nicht tanzen magst?«
Wir probten im Altonaer Stadttheater an der Königstraße Heinrich Hollenbachs »Heinrich der Löwe«. Noch vor der Premiere lobte der »Hamburger Anzeiger«:
»Als Erstes verdient festgehalten zu werden: das Altonaer Stadt-Theater gibt der Niederdeutschen Bühne Hamburg Gelegenheit zu repräsentativen Aufführungen, diesmal sogar zu einer Uraufführung. Es hat seinen ganzen Apparat, bis hinab zu den »Blättern des Stadttheaters Altonas«, in den Dienst dieser Uraufführung gestellt, so gut, als handelte es sich um seine eigene Unternehmung. Damit ist eine Tradition aus den Zeiten des Freiherrn von Berger neu geknüpft worden. Eine hochdeutsche großhamburgische Bühne betrachtet die Sache des mundartlichen niederdeutschen Theaters als ihre Sache.«
Das Hamburger Fremdenblatt schrieb über die Uraufführung: »Ein deutsches Schicksal: ‚Heinrich der Löwe' Gastspiel der Niederdeutschen Bühne im Stadttheater Altona.«
Heinrich der Löwe, aus dem Hause der Welfen, Herzog von Sachsen und Bayern, in Braunschweig und Lüneburg, war während der zweiten Hälfte des 12. Jahrhunderts der große Gegenspieler des Staufen Barbarossa, war zugleich der letzte über-

ragende Herzog des alten deutschen Stammesherzogtums Sachsen, unserer engeren niederdeutschen Heimat. Uneinigkeit der Fürsten und ihr Bestreben, unbekümmert um das Wohl des Reiches die eigene Macht zu vergrößern, ist allzeit deutsches Schicksal gewesen. Welch tragische Fügung, daß auch diese beiden, der Rotbart und der Löwe, sich nicht zu gemeinsamen Bestrebungen finden sollten! Das Schicksal wollte, daß den Kaiser die Sehnsucht nach dem Süden lenkte und er sein Reich jenseits der Alpen verankern zu können glaubte, der Herzog dagegen eine rein deutsche Politik vertrat, eine Politik, die das Schwergewicht auf den deutschen Norden verlegte, in der Überzeugung, hier ein großes, unschwer zu eroberndes Land dem deutschen Kulturkreis zu erschließen. – Das Schicksal wollte, daß in diesem Ringen der Löwe unterlag, daß er darüber hinaus gebrandmarkt wurde als Verräter an Kaiser und Reich, der seinem Herrn in Italien die Gefolgschaft versagte und Friedrichs Niederlage bei Legnano verschuldete. Wie es wirklich um diesen »Treubruch« bestellt war, welche inneren Zusammenhänge Heinrichs Verhalten bestimmten und wie anders die neuere Forschung das Bild des Sachsenherzogs zeichnet, erweist Hans-Heinrich Hollenbachs historisches Schauspiel »Heinrich der Löwe», das – von Bruno Peyn in vorzügliches Platt übertragen – mit großem Erfolg durch die Niederdeutsche Bühne im Altonaer Stadttheater zur Uraufführung gebracht wurde. In fünf packenden Szenen umreißt Hollenbach vom Kniefall Barbarossas vor dem Löwen in Partenkirchen, als er vergeblich dessen Hilfe gegen die Lombarden erflehte, bis zur Ächtung des mächtigen Herzogs und seiner Unterwerfung. Obwohl es sich hierbei mehr um eine zwar außerordentlich wirksame und schlagkräftige, doch letzten Endes undramatische Dialogisierung geschichtlichen Anschauungsmaterials handelt, als um die Entwicklung szenischen Geschehens, gelingt es dem Autor, sein Werk mit stärksten Spannungen zu füllen und die gewaltige Gestalt des Löwen in scharf umrissenen Konturen herauszuarbeiten. Auch der Kaiser und seine Anhänger, die geistlichen und fürstlichen Gegner Heinrichs, treten markant und deutlich voneinander abgehoben, hervor.

Der unzweifelhafte Erfolg, den das Stück erzielen konnte, ist

nicht zu geringst der vorzüglichen Darstellung zu danken. Unter der Regie Dr. Peyns, der – wie verlautet – auch für die prächtigen Bühnenbilder verantwortlich zeichnete, wurde mit offensichtlicher begeisterter Hingabe gespielt. Hartwig Sievers gab den Löwen mit gezügeltem Temperament, doch in würdiger und kraftvoller Haltung, edel und aufrecht, stolz und selbstbewußt, dabei nicht ohne männliche Güte. Neben ihm wirkte der Kaiser Hans Langmaacks fast zu milde und als sein siegreicher Gegenspieler zu weich; einige kräftigere Farben wären hier sicherlich wohl am Platze gewesen. Ganz ausgezeichnet dagegen der Erzkanzler des deutschen Reiches und Erzbischof von Mainz, Hans Drewe; in geringem Abstand die Erzbischöfe von Köln und Magdeburg, Hans Mahler und Ernst Westermann, der sich bei dieser Gelegenheit vorzüglich einführte; ferner Carl Seemann mit einer trefflichen Charakterstudie als Heinrichs Truchseß Jordan, Bruno Wolberts, Cecil Goericke und Otto Lüthje. Die anmutige madonnenhafte Gattin des Löwen war Heidi Kabel; als Kaiserin traf Biggi Clewe leider nicht ganz den rechten Ton.
Am Schluß der Vorstellung rief ein lebhafter und anhaltender Beifall die Darsteller und in ihrer Mitte den Autor viele Male an die Rampe.«
Hin- und zurück zum Altonaer Stadttheater fuhren Mahler und ich mit der Straßenbahn über die Reeperbahn. Zu gerne wäre ich wenigstens einmal in eines der bunt erleuchteten Tanzlokale gegangen, aber Mahler kam gar nicht auf die Idee mit mir dort irgendwo einzukehren, weil er sich einfach nicht vorstellen konnte, daß mir das Spaß machen würde. Ich aber wagte auch nicht, ihn darum zu bitten. So mußte ich weiter meine Nase an den Scheiben der Straßenbahn platt drücken, sah die funkelnden Lichtreklamen und als ich einmal sagte: »Guck mal, da im Circus bin ich mal mit meinem Großvater gewesen,« setzte er mir gleich einen Dämpfer auf mit seiner Antwort: »Er hätte lieber mit dir ins Märchen gehen sollen.«
Ich überlegte, wen ich wohl überreden könnte, einmal nur mit mir so einen richtigen Reeperbahnbummel zu machen, durch die eleganten Nachtlokale am Millerntor, durch die Bierhallen und Varietés bis in die Große Freiheit und dort ins Hippodrom. Von

Sonnabend auf Sonntag wollte ich durchmachen und dann auf den Fischmarkt. Ich mußte jemanden finden, der tanzen konnte und Lust hatte, eine Nacht mit mir durchzutanzen. Ich war froh, daß Mahler meine Gedanken nicht erraten konnte, weil ich nicht sicher war, ob ein anständiges Mädchen solche Gedanken haben durfte. Aber schließlich war ich ja 'ne Hamburger Deern!

Als wir am Rathausmarkt ausstiegen und langsam in Richtung Große Bleichen gingen, faßte ich Mut und fragte zaghaft: »Weißt du, was ich so gerne mal möchte?« Mahler grinste mich an und deutete meine Frage falsch. Ich gab ihm einen Klaps auf den Arm und kniff in seine Nase. »Was denn?« fragte er zurück. »Ich möchte so gern 'mal einen Reeperbahn-Bummel machen.« Er fing an zu lachen. »Ist das komisch!« prustete er, »was willst du denn auf der Reeperbahn?« »Tanzen, alles einmal sehen und mich amüsieren.« Er wurde ganz ernst. »Erstens bist du dafür noch viel zu jung und zweitens haben wir dafür kein Geld. Eines Tages wollen wir ja mal heiraten und das kostet Geld. Und du willst das auf der Reeperbahn verjuxen.«

Es war nichts zu machen, wenigstens im Augenblick nicht. Aufgeschoben ist nicht aufgehoben, dachte ich mir.

Später in meinem Bett dachte ich darüber nach, was Mahler mir gesagte hatte. Wenn schon kein Reeperbahn-Bummel, dann eine Hochzeit. Ja, und ganz in weiß. Ich beschloß, am nächsten Morgen mal die Meinung meiner Mutter zu erforschen, behutsam und vorsichtig wollte ich vorgehen und nicht sofort die Katze aus dem Sack lassen. Sie wußte bestimmt, wieviel es kosten würde, wenn man heiraten wollte. Mahler bekam RM 6,— und ich RM 4,50 Abendgage, das waren zusammen RM 10,50. Konnte man davon essen und trinken, Miete, Gas und Elektrisch bezahlen? Ich wußte es nicht, aber das würde ich schon rauskriegen.

Für den Start in die Ehe war eine Wohnung vonnöten. Meine Mutter gab mir die Zeitung mit den Kolonnen von Wohnungs-Anzeigen. Angebote, Tausch und Suchinserate. Wohnungen mit Mieten um RM 100,— und mehr gab es überreichlich. Aber aus den Tauschinseraten ging hervor, wie die Marktlage wirklich war. Da war zu lesen: Biete Zweizimmerwohnung, Miete 60,— suche gleiche mit Miete unter 30,— usw. Von meiner Mutter er-

fuhr ich dann, daß Wohnungen mit preiswerten Mieten bewirtschaftet wurden und nur über ein sogenanntes Wohnungsamt an Bedürftige vergeben würden. Als Faustregel nannte sie mir, daß die Wohnungsmiete höchstens ein Viertel des monatlichen Familieneinkommens ausmachen dürfe und das nur, wenn der Hausstand komplett sei.
Grobe Schätzpreise für Möbel, für ein Schlaf-, ein Wohnzimmer und eine Küche schrieb ich auf einen Zettel und kam dabei auf unerschwingliche Summen.
Meine Mutter hatte mir zwar nach und nach eine kleine Aussteuer geschenkt, Bettwäsche, Geschirrtücher und Frottee-Handtücher, aber eine Mitgift an Barem konnte mein Vater nicht auch noch aufbringen. Zuviel Geld verschlang meine Ausbildung noch und hatte sie bereits gekostet.
Beim Mittagessen erklärte ich dann ohne Umschweife meinen Eltern, daß ich den Klavier-Unterricht aufgeben wollte. Ich wollte mich ganz und ausschließlich nur noch auf meine Ausbildung als Schauspielerin konzentrieren. Meine Mutter bedauerte das, gar zu gern hätte sie mich als gefeierte Konzertpianistin gesehen, aber sie akzeptierte meinen Entschluß. »Wenn du fühlst, daß dir die Schauspielerei mehr Spaß macht, dann werde Schauspielerin. Denn nur, was man mit Freude macht, kann auch erfolgreich werden.« Erleichtert hörte ich diesen Satz, auf den ich gar nicht gefaßt war und bewunderte sie im stillen. Täglich, oft bis in die Nacht, half sie mit in der Druckerei. Falzte Prospekte, Vereinszeitungen, stapelte und packte Pakete, und Spaß machte ihr das bestimmt nicht. Aber sie klagte nicht. Andererseits billigte sie, daß ich einen Beruf erlernte, der mir Spaß machte. Meine Bewunderung und Hochachtung für sie ist heute noch grenzenlos.
Ein paar Tage nach diesem Gespräch schenkte mir mein Vater ein Akkordeon und brachte auch noch etliche Schallplatten mit. »Da du Klavierspielen gelernt hast, müßtest du eigentlich auch mit dieser Quetschkommode zurechtkommen,« meinte er und er hatte recht. Schon nach ein paar Tagen hatte ich den Bogen raus und spielte mein Klavier-Repertoire auf dem neuen Instrument. Unter den Schallplatten, die mein Vater mitgebracht hatte, waren auch ein paar Platten von Isa Vermehren. Alte Seemannslieder mit

frechen, neuen Texten auf den einen und Chansons auf den anderen. Ich spielte diese Platten von morgens bis abends, bis ich Musik und Texte auswendig kannte. Isa Vermehren ist Lübeckerin und war damals eine Zugnummer der Berliner »Katakomben«, wo sie im Programm mit Werner Finck auftrat.

Natürlich erzählte ich Mahler von meinem Akkordeon und spielte ihm darauf vor, und eines Abends brachte er einen eigenen Text mit ins Theater.

»Der Wasserfloh«

Man nennt mich im Hafen den Wasserfloh,
Das Mädchen mit Herz und Gemüt.
Ich sag' nicht bloß Hummel, ich mein es auch so
Und singe mein deftiges Lied.
Ich singe von ihm und ihr eine Zeit,
Von Heimweh, von Sturm, auch von Wind.
Ich singe von Liebe und Lebensfreud,
Bis das wir in richtiger Stimmung sind:
Refrain:

> Ach wie tut ihr mir bloß alle schrecklich leid,
> Daß ihr nicht in Hamburg an der Elbe seid.
> Nirgends gibt es soviel Schwung und solch' Elan,
> Wie des Nachts in Hamburg auf der Reeperbahn.

Was wißt denn ihr Quiddjes von Old Cap Horn,
Von Seegang, von Luv und von Lee?
Von Rumgrog, von Whisky und echtem Korn,
Von Liebe mit Contra und Ree?
Wir bummeln von Boston bis nach Shanghai,
Mit Jantje und Hein Godenwind:
Über St. Pauli und Freiheit und Leuchtturm vorbei,
Bis daß wir in richtiger Stimmung sind.
Refrain.
Da sitzt ihr nun alle und guckt mich an,
Ein Mädchen in Jack und Büx.
Ihr könnt mir schon glauben, ich steh' meinen Mann,
Wir Hamburger Deerns sind doch fix.
Zuerst wird bei uns 'mal die Lage gepeilt,
Vonwegen den Storm und den Wind.

Dann wird von Herzen drauf los geseilt,
Bis daß wir in richtiger Stimmung sind.
Refrain.

Dazu schrieb ich selbst eine kleine Melodie. Dieses Lied wurde ein fester Bestandteil meines Repertoires, denn ermuntert durch meinen Vater wagte ich mich mit dem Akkordeon auf die Bühne. Er hatte mir die ersten Engagements verschafft, in Programmen, in denen er auch auftrat, und er wurde mein strengster Kritiker. Im ersten Teil rezitierte ich, wie auch er, und im zweiten Teil sang ich zum Akkordeon das Lied vom »Wasserfloh« und das »Lied vom Hamborger Jung.« Dazu trug ich eine Seemanns-Mütze, Sweater und eine weite Seemannshose. Alles in Dunkelblau. Dem Publikum gefiel es, und das spornte mich natürlich an. Hatte ich bis dahin täglich acht Stunden am Klavier gesessen, so übte ich jetzt jede freie Stunde auf dem Akkordeon. Durch den Sprechunterricht bei Hans Langmaack vervollkommnete ich natürlich auch meine Rezitations-Vorträge, und bald war selbst mein Vater mit mir einigermaßen zufrieden.

Ein altes plattdeutsches Sprichwort meint »Wat den een sien Uul is den annern sien Nachtigall«. Das traf auch auf mich und meinen Vater zu. Bei ihm hatten sich Stimmbandknoten gebildet, zuerst hatte er die kaum bemerkt, dann aber ging er doch zum Arzt. Der verordnete ihm Schonung der Stimme. Sicherlich hatte er sie in den vielen Jahren zu sehr strapaziert, ihm standen ja damals auch noch keine technischen Hilfsmittel zur Verfügung. Er mußte ohne Mikrophon in den großen Sälen zu hören sein, und als dann in der zweiten Hälfte der dreißiger Jahre ein paar Säle schon mit Mikrophonen ausgestattet waren, nahm es das Publikum zuerst mit Mißfallen auf, wenn man mit Mikrophon arbeitete. Die damalige Technik verfremdete die Stimme, und was aus einem Lautsprecher tönte, empfand das Publikum als zweitrangig. Für damalige Ohren hatte das nichts mit Können zu tun.

Um seine Stimme nicht ganz zu ruinieren, mußte mein Vater darauf nun Engagements ablehnen, um größere Erholungspausen einzulegen. Wenn dann Veranstalter anriefen, um ihn zu verpflichten, schlug er als Ersatz mich vor. Kabel war Kabel, und so schwamm ich mich langsam frei. Ich bekam ein bißchen Sicherheit und verband jetzt meine Lieder mit Rezitations-Texten. Es wurde eine richtige Nummer. Bald wurde ich nicht mehr als Ersatz genommen, sondern bekam Angebote. Die wußte mein Vater immer so zu koordinieren, daß ich nicht nur an spielfreien Abenden tingeln konnte, sondern manchmal auch noch nach der Vorstellung im Theater. Ohne mich abzuschminken, raste ich dann zur Straßenbahn oder U-Bahn mit einem Koffer, in dem die Seemanns-Klamotten lagen. Mahler schleppte den Kasten mit dem Akkordeon.

Dann hinter irgendeiner Saal-Bühne 'rin in die Klamotten und 'raus auf die Bühne. Aber die Anstrengungen lohnten sich, denn allmählich konnte ich anfangen, ein paar Mark zu sparen. Ich knappste mir vieles ab. Meine Mutter nähte meine Kleider, stopfte meine Strümpfe, bis sie auseinanderfielen, und ich sie selbst unter Hosen nicht mehr anziehen konnte. Reinseidene leistete ich mir sowieso nicht, die kosteten damals so um die drei Mark, ich trug »Plattierte«, die gab es schon für die Hälfte.

Anfang des Jahres 1933 ging ich mit meinem Vater in den Conventgarten, wo Isa Vermehren mit einem »Bunten Programm« gastierte. Endlich sollte ich mein Vorbild einmal auf der Bühne sehen. Sie kam mit einem kleinen Akkordeon heraus und sang ihr »Original von de Waterkant« mit der Zeile »Wie sind wir bloß vornehm – wie sind wir bloß steif«. Das Publikum applaudierte. Dann ging es weiter mit »Eine Seefahrt, die ist lustig – eine Seefahrt, die ist schön« und schon nach dem ersten Refrain wurde es unruhig im Saal. Es wurde »Pst« und »Ruhe« gerufen, lauter aber wurde »Raus« und »Frechheit« gegröhlt. Je öfter der Refrain kam, desto lauter wurde gebuht. Isa Vermehren hatte nämlich an die bekannte Zeile »Eine Seefahrt, die ist lustig, eine Seefahrt, die ist schön« herangehängt »Ja da kann man die Matrosen von der Reling kotzen sehn«. Das war's. Organisierte Störtrupps schrien »Verunglimpfung der Kriegsmarine«, »Wo bleibt die Ehre der deutschen Soldaten!« und »Rotfront-Schwein«. Es gab einen Tumult, und Isa Vermehren mußte nach dem Lied von der Bühne gehen.

Wir, die ihretwegen gekommen waren, sie hören und sehen wollten und deswegen Eintrittsgeld bezahlt hatten, ließen uns von

einer kleinen Gruppe von Radaubrüdern terrorisieren. Ein Teil des Publikums verließ den Saal aus Angst vor diesen Schlägertrupps, wir anderen protestierten zaghaft. Schnellstens kam eine andere Nummer auf die Bühne, das Programm lief weiter.
Nach der Pause erschien der Anführer der Störenfriede auf der Bühne und erklärte, Isa Vermehren habe sich bei ihm entschuldigt und würde das Lied in der dargebotenen Version nicht wieder singen.
Dann erschien sie und brachte den zweiten Teil ihres Programms. Heute weiß ich, wie falsch es ist, sich als »schweigende Mehrheit« zu verhalten. Damals aber deutete man diese Zeichen einer herankommenden politischen Ära falsch. Diese Störkommandos hielt man für Außenseiter, unbedeutende Randerscheinungen, ewig Unzufriedene. Man erkannte nicht, daß sie die Vorboten einer politischen Entwicklung waren, die unser Volk in den Abgrund stürzte. Wie aber sollte man das erkennen? Unsere Väter und Mütter hatten ja keinerlei Erfahrung mit solcher Art von Vorgehen, sie vertrauten der Obrigkeit, dem Staat und seinen gewählten Vertretern.
Die Ordnungshüter traten dann auch in der Pause in Erscheinung. Polizisten, ihre Tschakos mit Kinnriemen festgeschnallt, nahmen an den Saaltüren Aufstellung, aber die Plätze der Störenfriede waren schon lange leer. Ruhe und Ordnung waren äußerlich wieder hergestellt.
Isa Vermehren kam noch 1944 in ein Konzentrations-Lager und begann nach Kriegsende in Bonn Theologie, Deutsch, Geschichte und Englisch zu studieren. Sie wurde Schwester des katholischen Ordens Sacre cœur, in dem sie zur Gymnasiallehrerin ausgebildet wurde. Seit 1969 ist sie an der Hamburger Sophie-Barat-Schule Oberstudien-Direktorin. Ein außergewöhnlicher Lebensweg einer ungewöhnlichen Frau.
Hans Langmaack trainierte jetzt mit mir eingehend Plattdeutsch. Meine Hinterhof-Sprache mußte ich korrigieren, denn Dr. Ohnsorg war dabei, eine einheitliche, klanglich übereinstimmende Sprechweise für alle Ensemble-Mitglieder zu verlangen. Allzuoft war noch in unseren Aufführungen ein Querschnitt durch alle plattdeutsche Dialekte des deutschen Nordens zu hören gewesen.

Mecklenburgisches-, Holsteiner- und Friesen-Platt mischten sich mit dem Hamburger-Platt, das sich ja sogar von dem Finkenwerder-Platt unterscheidet. Ganz allmählich erarbeitete Ohnsorg mit uns allen eine plattdeutsche Bühnensprache, deren Aussprache Prof. Conrad Borchling in ihren Lautwerten festlegte. Die plattdeutschen Autoren begannen dann in dieser Bühnenaussprache zu schreiben.
Immer wieder arbeitete Dr. Ohnsorg am Stil unserer Aufführungen, für die es damals überhaupt kein Vorbild gab. Das Schwank-Theater hatte einen Stil geprägt, das niederdeutsche Theater wurde von Ohnsorg geprägt. Ich habe mich oft gefragt, woher er neben seiner täglichen Arbeit in der Hamburger Bücherhalle die Kraft nahm, zu inszenieren, Stücke zu lesen und auszuwählen, Rollen zu übernehmen und das Ensemble zusammenzuschweißen. Er war Idealist und so verlangte er auch von seinen Mitarbeitern eine große Portion Idealismus. Und viele der Laien-Schauspieler brachten diesen Idealismus auf, vielleicht war ihnen bei ihren Bemühungen Dr. Ohnsorg ein Vorbild.
Hans Mahler war in seinen zornigen Jungmann-Jahren. Er krittelte an seinen Rollen und fühlte sich oft falsch eingesetzt. Sicher manchmal zu Recht, oft aber auch zu Unrecht. Er kritisierte unseren Spielplan und vergaß dabei, daß Dr. Ohnsorg seine Stückauswahl auch danach treffen mußte, was unser Publikum sehen wollte. Weil die Zeiten trübe und ernst waren, wollte es lachen und abgelenkt werden von seinen eigenen Sorgen und Problemen. Wenn wir mit einem Stück einmal nicht den erhofften Erfolg beim Publikum hatten, wiederholte Ohnsorg immer denselben Satz: »Klatscht das Publikum, ist es ein großer Erfolg. Klatscht es nicht, ist der Erfolg noch größer, dann heißt es, man wagt nicht zu klatschen, weil man so ergriffen ist.« Mahler aber wollte nun, daß die Leute ergriffen sind und auch noch klatschen. Er war ein Feuerkopf, und ich mußte ihn immer wieder besänftigen und manchmal auch trösten. Der Hauptgrund seiner Unzufriedenheit lag darin, daß er keine finanzielle Grundlage für unsere Ehe sah. Meine Tingelei brachte auch nicht soviel, daß wir in absehbarer Zeit heiraten konnten, und sein Stolz ließ es nicht zu, daß wir als Ehepaar in einem möblierten Zimmer wohnten. Er wollte einen

eigenen Herd. Ich auch, und so grübelten wir, wie das zu bewerkstelligen wäre.
Durch Zufall hörte Mahler, daß die Stadt Lüneburg für ihr Theater einen Intendanten suchte. Schon für die Spielzeit 1936/37. Mahler sprach davon nur beiläufig, weil ihn hochdeutsches Theater nicht so sehr interessierte, und weil das Haus einen gemischten Spielplan aus Schauspiel, Oper und Operette hatte. Letzteres fand er scheußlich, im Gegensatz zu mir.
Ich aber war hellhörig geworden und witterte eine Chance. Warum sollte sich »mein Hänschen« nicht in Lüneburg bewerben. Er brachte doch alles mit an Qualifikation für so einen Posten, er kannte die Theater-Literatur, war hoch musikalisch und was ihm auf dem Operetten-Sektor fehlen könnte, würden mein Vater und ich schon beisteuern.
Er fuhr auf mein Anraten nach Lüneburg und führte mit den zuständigen Beamten erst einmal ein paar Vorgespräche. Die räumten ihm auch eine Chance ein und sagten, er möge sich doch bewerben. Sie gaben ihm ein paar Fragebogen mit und baten darum, er möge doch sein künstlerisches Konzept schriftlich einreichen, weil das die Grundlage für seine Wahl sein würde.

Zuversichtlich kam Mahler zurück und wir redeten über das Konzept tage- und nächtelang. Wir zogen meinen Vater zu Rate, und Mahler bastelte an dem Entwurf, verwarf alles wieder und feilte von neuem. Als er mir und meinen Eltern die endgültige Fassung vorlesen konnte, waren über 14 Tage vergangen.
Unvorsichtigerweise hatte er mir die Höhe des Gehaltes genannt, das er in Lüneburg bekommen würde, dann auch noch hinzugefügt: »Wenn das in Lüneburg klappt, wird sofort geheiratet. In Lüneburg sind auch die Wohnungen nicht so knapp und nicht so teuer.« Ich hörte schon den Klang der Hochzeitsglocken, blätterte in den Schnittmuster-Heften meiner Mutter nach Anregungen für mein Brautkleid und überlegte, wieviel Meter Brautschleier ich hinter mir herschleppen würde. Zu dieser Zeit war meinen Eltern auch eine größere Wohnung im Vorderhaus angeboten worden, die wir schon besichtigt hatten, und ich malte mir aus, wie ich mit meinem Hänschen durch die ineinandergehenden Zimmer tanzen würde. Inständig hoffte ich, die Wahl des Lüne-

burger Ausschusses möge auf ihn fallen. Ganz egoistisch mir zuliebe.

Nach der Vorstellung am nächsten Abend zeigte Mahler mir die Fragebogen. Er hatte sie alle ausgefüllt bis auf den Passus: Mitglied der NSDAP? Seit wann? Nummer des Parteibuches?

Damit konnte er nicht dienen. Er telefonierte mit Lüneburg und erfuhr, daß nur Parteimitglieder eine Chance hätten. Parteimitglieder der NSDAP selbstverständlich. Andere Parteien waren damals in Deutschland schon verboten.

So schnell wie Mahler aber wollte ich nicht aufgeben. Mein Vater erzählte mir, daß sicherlich auch er und die anderen Herren des Vorstandes vom Verein geborener Hamburger wohl bald in die NSDAP eintreten müßten, wollten sie nicht riskieren, »gleichgeschaltet« zu werden. »Gleichgeschaltet« hieß damals für den Verein, Einzug des Vereinsvermögens und das Einsetzen eines neuen Vorstandes aus Parteimitgliedern, der dann dem Verein auch neue, andere Ziele als die bisherigen setzen würde.

Um all' das zu erhalten, was der Verein seit Gründung im Jahre 1897 aufgebaut hatte, darunter das Ferienheim, das nur durch die Beiträge und Spenden der Mitglieder finanziert wurde, würden die Vorstandsherren kaum drumherum können der NSDAP beizutreten.

Es blieb keine Wahl, wenn man als oberstes Ziel die Rettung des Vereins im Auge hatte. In jenem Jahr 1935. Daß der Grund, einen Verein zu retten einem ein paar Jahre später, angesichts dessen, was noch geschehen sollte, nicht mehr ausreichte, um den Beitritt zu dieser Partei zu erklären, war eine schmerzliche Erfahrung. Nur konnte man aus dieser Partei auch nicht austreten, wollte man nicht seine gesamte bürgerliche Existenz verlieren.

Ein paar Wochen später trat der Vorstand des Vereins geschlossen der NSDAP bei, auch mein Vater.

Über eine kurze Zeit hatten sie damit ihren Verein gerettet. Sie hatten sich im Vorstands-Kollegium beraten. Sie waren nicht mit allem einverstanden, was Regierung und Partei verordneten, aber Hitlers Erfolge waren auch nicht so ohne weiteres vom Tisch zu wischen gewesen. Die Zahl der Arbeitslosen war durch die Einführung der Wehrpflicht gesunken, und auch die Wirtschaft

war in Gang gekommen. Deutschland, so schien es, war erwacht! Wer wollte da noch abseitsstehen? Was Zeitungen und Rundfunk täglich herausjubelten, waren nur Erfolge. 1935 merkte noch niemand, wie langsam der braune Vorhang fiel, der uns vom Ausland abschottete. Wer schon las die paar ausländischen Zeitungen, die man noch kaufen konnte, man war froh, wenn man eine deutsche Zeitung bezahlen konnte. Wer konnte englische, französische Zeitungen lesen? Das Gros unseres Volkes konnte nur in unserer Sprache lesen, und in unseren Zeitungen stand damals nicht: »Alles was sie hier lesen, ist vorher zensiert.«
Mahler tat sich schwer, er war geradezu bockbeinig. Nichts, was ich sagte, was Kollegen sagten, zählte für ihn. Er wiederholte nur immer: »Ich will nicht.«
»Aus der Traum,« sagte ich mir. Dann wurschteln wir eben so weiter, unverheiratet, getrennt, er bei seinen Eltern wohnend, ich bei den meinen. Ohne regelmäßiges Einkommen. Doch ich war damals 21 Jahre, und ich wollte eine Zukunft haben, eine Perspektive, ich wollte auch einmal Kinder und zwar von ihm. Aber er blieb stur, und fast schon hatte ich mich damit abgefunden, als mir der Ausdruck »Formsache« einfiel.
Es war doch alles nur eine reine Formsache. Es wurden nun mal eben Parteimitglieder bei der Vergabe von Anstellungen bevorzugt. Ganz klar, das war in allen Parteien so, ich vergaß nur, daß es gar keine anderen Parteien mehr gab. Alle, die was geworden waren, waren NSDAP-Mitglieder, worauf wollte er noch warten? Durch welche Wand wollte er mit seinem Dickkopf? Zum erstenmal, seit wir uns kannten, sahen wir uns ein paar Tage nach der Vorstellung nicht. Hans hatte mir gesagt: »Ich muß allein sein, um über alles noch einmal nachzudenken.« So mußte ich allein nach der Vorstellung nach Hause fahren. Das tat mir weh, und ich stellte mir Erschrecken fest: Ich kann nicht mehr ohne ihn leben! Zum Überlegen hatte auch ich Zeit. Aber ich kam nur immer zu demselben Schluß, Mahler mußte der NSDAP beitreten, um Intendant in Lüneburg zu werden. Nur wenn er den Posten bekäme, wäre unsere gemeinsame Zukunft gesichert. Ich sah auch keine Alternativen, und ich wollte ganz egoistisch erreichen, daß er mit mir nach Lüneburg gehen würde.

Wie war ihm das nur beizubringen? Ich mußte ihn einfach vor die Wahl stellen, entweder mich und Intendant in Lüneburg oder ich würde ihn verlassen. Aber ich hatte Angst vor seiner Reaktion. An einem der nächsten Abende fragte ich ihn, wozu er sich entschlossen hätte, und als ich »Zu noch gar nichts« von ihm hörte, setzte ich zu meinem Monolog an.
Gegen seine Gewohnheit unterbrach er mich nicht, er sagte nur, als ich mit meiner Litanei am Ende war: »Du willst also aus einleuchtenden, egoistischen Motiven, daß ich in diese Partei eintrete?« und ich antwortete: »Ja. Tu es mir zuliebe. Es ist doch nur eine Formsache.« »Aber ich werde doch kein besseres oder schlechteres Theater machen, ob ich nun in der NSDAP bin oder nicht. Was hat das eine mit dem anderen zu tun?« »Die werden aber einen auswählen, der in ihrer Partei ist, wobei es ihnen dann allerdings egal ist, ob er weniger kann als du.«
Ich verlegte mich dann aufs Zureden. »Sei doch nicht so störrisch Hans, denk doch auch mal daran, daß wir dann endlich heiraten könnten.« Ich zog alle Register.
Hans Mahler trat 1936 der NSDAP bei. Um ihm meine Verbundenheit zu zeigen, trat ich in die NS-Frauenschaft ein.
Für mich war dieser Beitritt zu einer NS-Organisation nichts weiter, als wenn ich irgendeinem Verein beigetreten wäre. Wir bekamen jeder ein Parteibuch ausgehändigt mit einer hohen Nummer. Wir waren ja auch nicht die ersten Mitglieder.
Die Abzeichen mußten wir in einem Geschäft kaufen und bezahlen. Natürlich unter Vorlage unseres frischen, neuen Parteibuches. Ich hatte das Gefühl, als hätte ich damit nur irgendeiner Pflicht genügt, der ich mich als Staatsbürger unterziehen mußte. So als wenn ich heute einen Paß beantrage, obwohl ich auch durch Europa mit meinem Personalsausweis reisen kann. Man war jetzt Parteimitglied und konnte nun, wo immer man danach gefragt wurde, das Mitgliedsbuch vorzeigen. Die Papiere waren in Ordnung.
Mahler schickte seine Bewerbung mit allen Fragebogen nach Lüneburg.
Die Auswahl-Kommission ließ sich Zeit mit ihrer Entscheidung. Tag für Tag warteten wir auf die Post. Endlich kam die Benach-

richtigung. Sie war kurz und knapp: Abgelehnt. Ohne Nennung von Gründen.
Zuerst war Mahler nur enttäuscht, dann deprimiert, und nach ein paar Tagen wollte er es wissen. Aus welchen Gründen man ihn abgelehnt hatte. Telefonisch wollte er sich beim Leiter der Auswahlkommision zu einem Gespräch anmelden, aber der nannte ihm schon am Telefon den Grund. Er war zu spät in die Partei eingetreten. Andere Bewerber mit gleicher Qualifikation waren »ältere Parteigenossen« und deshalb wurden sie bevorzugt.
Reine Formsache.
Ich machte mir Vorwürfe. Jetzt war er in der Partei, aber er hatte den Posten nicht bekommen. Er hatte nicht gewollt, aber dann meinem Drängen nachgegeben.
Damals keimte in mir ein Gefühl, mich rechtfertigen zu müssen. Nachträglich wollte ich Mahler und mir beweisen, daß ich Recht hatte, ihn zu diesem Schritt gedrängt zu haben. Ich ertappte mich dabei, daß ich immer öfter den politischen Teil in der Zeitung las, mir die vorfabrizierte Meinung zu eigen machte und schönredete. Da es nur eine Meinung gab, war es folgerichtig, sich der anzuschließen. Mahler wich jedem Gespräch mit mir über Politik aus, und das irritierte mich. Fragte ich, was irgendein Begriff aus dem Polit-Vokabular, wie z. B. Plutokratismus, bedeutete, gab er mir entweder gar keine Antwort, oder ich bekam zu hören: »Politik ist Männersache. Selbst wenn ich versuchen würde, es dir zu erklären, würdest du es nicht begreifen.« Aha. Weil ich das meiste aus dem Polit-Chinesisch nicht begriff, verlor ich auch bald die Lust an den politischen Nachrichten und las nur noch die Überschriften und Schlagzeilen.
Aber das Jahr 1936 brachte dann doch noch etwas Gutes. Dr. Ohnsorgs und unser aller langgehegter Wunsch ging in Erfüllung.
Die Niederdeutsche Bühne bekam ein eigenes Haus. In den Großen Bleichen. Das ehemalige Kleine Lustspielhaus wurde von der Stadt Hamburg Dr. Ohnsorg als ständige Spielstätte angewiesen.
Wir hatten endlich ein eigenes richtiges Theater! Es war klein, hatte damals nur 375 Sitzplätze und auch nur eine kleine, sehr beengte Bühne. Es war für uns eine große Umstellung. Dr. Ohn-

sorg mußte eine ganz neue Form für unser Zusammenspiel finden, waren wir doch gewohnt auf der bedeutend größeren Bühne des Wandsbeker Theaters zu agieren. Jetzt mußten wir unsere Ausdrucksfähigkeit verstärken, einmal weil unser Bewegungsspielraum stark eingeengt war, zum zweiten, weil uns in diesem Haus das Publikum mitten im Gesicht saß.
Die kleine Bühne war niedrig und hatte keinen Schnürboden, das stellte auch an den Bühnenbildner große Anforderungen. Dr. Ohnsorg hatte Glück, einen Bühnenbildner, der sich mit dieser Bühne auskannte, im Kleinen Lustspielhaus vorzufinden. Hans Albert Dithmer. Ohnsorg engagierte ihn sofort, und noch heute ist Dithmer für die Ausstattung unserer Inszenierungen verantwortlich. Immer wieder hat er es verstanden, aus der Not eine Tugend zu machen und in Zusammenarbeit mit den Regisseuren eine Übereinstimmung von Spiel und Bild zu erreichen. Mit dem Einzug in das Haus an den Großen Bleichen wandelte sich die Niederdeutsche Bühne von einem Laien- in ein Berufstheater. Viele der theaterbegeisterten Laien waren im Laufe der Jahrzehnte zu Schauspielern herangereift, die einem Vergleich mit den Berufsschauspielern durchaus standhielten. Durch die Umstellung war der Nachwuchsbedarf nicht mehr aus der Laiengruppe zu decken. Das Publikum stellte mittlerweile Ansprüche, die schon eine Schauspielausbildung notwendig machten. Diese Entwicklung hatte eigentlich schon eingesetzt, als ich zu dieser Bühne kam. Deshalb hatte Dr. Ohnsorg auch von mir verlangt, daß ich Schauspiel-Unterricht nahm. Ich hatte das Glück, daß ich daneben keine andere Berufsausbildung machen mußte, sonst hätte ich es wahrscheinlich nicht durchhalten können. Meine Freundin Eva Stolze, die mit mir begonnen hatte, gab ihrer eigentlichen beruflichen Ausbildung den Vorzug und steckte die Schauspielerei auf.
Wir wurden zum 1. September 1936 Berufsschauspieler. Wir bekamen Verträge und feste Gehälter. Hans Mahler erhielt ein Monatsgehalt von RM 250,—, ich bekam RM 125,—.
Das war für mich das Signal, mich sofort auf Wohnungssuche zu begeben. Zwei Zimmer sollten es sein und möglichst billig. Ich wälzte den Annonceteil in den Zeitungen, lief in Maklerbüros

und sah mir Wohnung nach Wohnung an. Was mir gefiel, war unerschwinglich; Erschwingliches aber wurde gar nicht angeboten. Hätte ich eine Wohnung zum Tauschen gehabt, wäre das vielleicht noch eine Möglichkeit gewesen, eine günstige Bleibe zu finden. Doch ich hatte keine, uns fehlte ja selbst das Geld für die Möbel. Ich hatte zwar etwas sparen können, aber es reicht bei weitem nicht aus.

Nun gab es damals sogenannte »Ehestands-Darlehen«. Staatliche Darlehen mit sehr niedrigen monatlichen Rückzahlungsraten für junge Ehepaare. Ein weiterer Vorteil war, daß mit der Geburt eines jeden Kindes ein Teil der Darlehens-Schuld getilgt wurde. Ich liebäugelte mit einem solchen Darlehen, als ich aber Mahler gegenüber nur einmal das Wort »Ehestands-Darlehen« geäußert hatte, unterbrach er mich auf der Stelle: »Kommt nicht in Frage. Ich heirate nicht auf Pump.«

Aus Erfahrung klug, versuchte ich nicht noch einmal, meinen Kopf durchzusetzen. Unfreiwillig setzte ich den ganz woanders durch, nämlich durch die Frontscheibe eines Taxis. Und das kam so: An einem Sonnabend-Abend hatte ich ein Engagement in den Eilbeker Bürgersälen. Ein »Bunter Abend« mit Rupert Glawitch und Johannes Draht von der Hamburgischen Staatsoper. Nach der Theatervorstellung mußte ich mich beeilen, um rechtzeitig mit meinem Akkordeon in Eilbek zu sein.

Ich absolvierte zwei Auftritte. Ich war fertig, als schon kein Verkehrsmittel mehr fuhr. So nahm ich mir für den Nachhauseweg ausnahmsweise eine Taxe.

Gleich hinter der Eisenbahnüberführung der Lombardsbrücke an der Kreuzung Glockengießerwall und Ballindamm konnten sich der Taxifahrer und der Fahrer eines Personenwagens nicht klarwerden, wer die Vorfahrt hatte, und so rammte uns der PKW in die rechte Seite, auf der ich neben dem Fahrer saß.

Sekundenschnell ging das vor sich, und bevor ich überhaupt genau realisieren konnte, was da passiert war, sah und fühlte ich Blut über mein Gesicht laufen. Der Taxichauffeur gab mir einen ölgetränkten Wischlappen zum Blutstillen, der aber war schon in wenigen Minuten durchtränkt. Mein Taxifahrer war ausgestiegen und stritt sich mit dem PKW-Fahrer auf der Fahrbahn über

die Schuldfrage. Ich spürte, wie mir das Blut an Armen und Beinen herunterlief und bekam Angst. Ich verließ das Taxi und fragte die beiden Streitenden, ob nicht einer von ihnen mich zu einem Arzt bringen könnte. Die aber beharrten darauf, solange an Ort und Stelle zu bleiben, bis die Polizei käme.
Da kam zum Glück ein freies Taxi an die Kreuzung, das mich ins St. Georg-Krankenhaus an der Lübeckerstraße fuhr. Ganz ohne Betäubung wurden meine Gesichtswunden genäht. Anderthalb Stunden lang. Es waren vier Schnitte an der Stirn und eine besonders schmerzliche Schnittwunde an der Oberlippe. Immer wieder riß dem Operateur der Faden, und nur unter Aufbietung meiner ganzen Kräfte habe ich nicht vor Schmerzen geschrien.
Von meiner Gehirnerschütterung hatte ich auf dem Operations-Stuhl noch nichts gemerkt. Erst als ich im Krankenbett lag, wurde mir übel und schwindelig. Am Sonntagmorgen um neun kamen meine Eltern. Von mir sahen sie nur noch die Augen und meine Nasenspitze. Alles andere war durch Verbandsmull verdeckt. Beim Wechsel des Verbandes bekam ich einen Schreck. Ich sah entstellt aus und war grün und blau im Gesicht. Auch am Körper.

Nur meine Nase hatte sich zu meinem Vorteil verändert. Sie muß einen solchen Stoß bekommen haben, daß sie ihre Stupsform verlor und etwas griechischer geworden war. Zwölf Tage mußte ich im Krankenhaus bleiben und konnte aber auch dann noch nicht wieder auftreten, weil ich nämlich aussah, wie ein Preisboxer nach einem 15-Runden-Kampf.
Es gab eine Gerichtsverhandlung, und mir wurde ein Schmerzensgeld von RM 2.700,— zugesprochen. Davon konnten wir eine Wohn- und Schlafzimmer-Einrichtung und Küchenmöbel kaufen. Von meinem Sparbuch wollten wir Lampen, Gardinen, Geschirr und eine Bettumrandung anschaffen, nur mußten wir erst einmal eine Wohnung finden.
Zwischen Probe und Vorstellung waren wir fast immer auf Wohnungs-Besichtigungen. Aber wir konnten nichts Passendes finden. Dafür aber fanden wir mit Hilfe von Hans Albert Dithmer bei einem Gebraucht-Möbel-Händler ein Biedermeier-Wohnzimmer. Buffet, Sofa, ovaler Tisch und vier Stühle. Aus Mahagoni.

Es gefiel uns so gut, daß wir es auf der Stelle kauften, nur eine Bleibe hatten wir noch immer nicht.
Inzwischen war mein Gesicht soweit verheilt, daß ich mich damit wieder auf die Bühne wagen konnte. Nur das Lachen bereitete noch Schwierigkeiten, weil sich durch die Narbe an der Lippe mein Mund verzog. Wer den Schaden hat, der braucht für den Spott nicht zu sorgen. »Schewmuul« nannten sie mich im Theater, und selbst Mahler konnte es sich nicht verkneifen, mich so zu necken. Im Spiegel mußte ich feststellen, daß sie alle nicht Unrecht hatten, mein Gesicht sah wirklich komisch aus, wenn ich lachte.
Wohl um mich über mein Pech hinwegzutrösten und im Hinblick auf zwei spielfreie Abende, machte Mahler den für ihn seltenen Vorschlag: »Wollen wir nicht mal ausgehen, und du sagst wohin wir gehen?«
Lange nachzudenken brauchte ich nicht. Tanzen wollte ich. Da aber mein Hänschen keinen Schritt tanzen konnte, wollte ich ihn nicht von vornherein erschrecken, indem ich ein ausgesprochenes Tanz-Lokal vorschlug. Also sagte ich: »Laß uns erst einmal auf die Reeperbahn gehen und dann dort in irgendein Lokal. Ich möchte nämlich auf die Reeperbahn.«
Mahler war einverstanden. Sorgfältig suchte ich ein Kleid aus meinem Bestand heraus. Ich fand eines aus weißblauer Seide, aus Bemberg-Seide, das war eine Kunstseide, die damals in Mode kam, weil sie nicht mehr knitterte. Meine Mutter hatte mir daraus ein Sonntagskleid, wie sie es nannte, geschneidert. Das Oberteil war in Falten zu einem V-Ausschnitt gezogen, dann kam ein enganliegendes Sattel-Teil, woran ein Glockenrock gesetzt war. Dazu kaufte ich mir für diesen Abend mein erstes Paar Strümpfe aus reiner Seide. Sie waren dunkel getönt und so hauchdünn, daß die Beine darin wie sonnengebräunt aussahen. Nur die Naht zeichnete sich kräftig ab und gab meinen sportgestählten Waden ein schlankeres Aussehen. Auch Schuhe mit hohen Absätzen hatte ich mir zugelegt.
Schon am späten Nachmittag holte mich Mahler zu Hause ab. Mittlerweile wohnten wir im Vorderhaus, und bevor wir losgingen, tranken wir mit meinen Eltern im Wohnzimmer, mit Blick auf die Großen Bleichen, Kaffee. Spontan hatte mir Mahler ein

Kompliment gemacht über mein Aussehen und hinzugefügt, meine Appelsnut sei fast wiederhergestellt. Mein Vater hatte mich Appelsnut getauft, und die Familie Mahler hat diesen Namen übernommen.
Wir gingen durch die Wexstraße über den Großneumarkt in Richtung Millerntor. Am Großneumarkt aber mußte ich mich fester bei ihm unterhaken und fast aufstützen, denn ich hatte Schwierigkeiten, mit den hohen Absätzen über das Straßenpflaster zu balancieren. Es waren ja auch Schuhe zum Tanzen, wie mir die Verkäuferin erklärt hatte, und nicht zum Laufen. Gleich oben am Anfang der Reeperbahn gab es ein Restaurant Schilp. Dort gab es als Spezialität Eisbein mit Sauerkohl und Kartoffelpürree. Für 90 Pfennige. Weil es preiswert und gut war, war das Restaurant immer gut besucht. Es gab dort nur ganz wenige Sitzplätze, dafür umso mehr Stehtische. Es war also ein besserer Steh-Imbiß.
Hier kehrten wir ein. Während wir das saftige Eisbein verzehrten, trat ich schon vor Fußschmerzen von einem Bein auf das andere. Mahler bemerkte das nicht. Dann fragte er mich, wie wir den weiteren Abend verleben wollten. Da ich seine Abneigung gegen Vergnügungs-Lokale kannte, verbrämte ich meinen Vorschlag mit meiner Lernfreudigkeit. »Ich würde sehr gern mal Gloria Lilienborn sehen«, fing ich an, »um zu lernen, wie sie das macht.« Mahler fragte trocken: »Was macht die denn?« »Sie spielt Akkordeon und singt dazu.« »Und wo singt diese Gloria Lilienborn?« Ich bekam Oberwasser: »Ein paar Häuser weiter nur, im Allotria.«
Mahler war einverstanden, und wir setzten uns in Bewegung in Richtung Hamburger Berg. Dort, im ehemaligen »Alkazar«, war das »Allotria« beheimatet. Als wir am Heckel-Haus vorbeigingen, blieben wir stehen und blickten auf die bunten Lichtsterne, die über dem Eingangsportal bis unter das Dach emporzüngelten und dann von oben herab in Kaskaden über die gesamte Hausfront hinunterrieselten. Oben am Dach war in Riesen-Neon-Lettern zu lesen: »Das Herz des Hamburger Nachtlebens.« Darunter stand: »Gastspiel Gloria Lilienborn und ihre 12 Glorias.«
Ich war abenteuerlustig und wollte mich ins Nachtleben stürzen. Warum da nicht gleich mit dem Herz des Hamburger Nacht-

lebens anfangen? Es amüsierte Mahler, daß ich in ein Ballhaus-Varieté wollte, und als er beim Weitergehen feststellte, daß ich hinkte, nahm ich das zum Anlaß und sagte: »Ja, mein Schuh schluppt ein bißchen, laß uns schnell gehen, damit wir 'reinkommen und ich endlich sitzen kann.« Damit wollte ich verhindern, daß er es sich vielleicht noch überlegen könnte und in letzter Minute mit mir umkehren würde.
Wir bekamen einen guten Tisch in der Mitte direkt an der Tanzfläche. Als der Kellner die Bestellung aufnehmen wollte, merkten wir erst, daß wir an einem sogenannten »Weintisch« saßen. Das waren die Tische mit guter Bühnensicht, an denen die Gäste Wein oder Sekt trinken mußten. Der war allerdings nicht gerade billig. Die Preise auf der Weinkarte versetzten uns einen gelinden Schock, aber wir genierten uns, aufzustehen und uns an einem der Tische niederzulassen, an denen auch Bier, Limonade und andere, preiswertere Getränke serviert wurden. Nach dem Motto: Wenn schon, denn schon, blieben wir sitzen und bestellten auch nicht den billigsten Wein, sondern den zweitbilligsten. Er schmeckte uns nicht. Da wir aber weder Weintrinker- noch Weinkenner waren, wußten wir nicht, liegt es nun am Wein oder an uns. Wir entschieden uns für letzteres und nippten nur an den Gläsern.
Als der Raum mit seinen zwei Rängen bis auf den letzten Stuhl gefüllt war, erschien auf der Bühne ein Orchester und spielte zum Tanz auf. Schlager. Durch Saxophone, Schlagzeug und Trompeten klangen die für unsere Ohren neuartig, und wir hielten es für Jazz. Danach eröffnete ein Conferencier, heute würde man Showmaster sagen, das Programm. Während er dann die erste Nummer ankündigte, rollte das Tanzparkett mit ihm zurück und die Artisten kamen aus dem Keller auf einer Hebe-Bühne zum Vorschein. Wir hatten so etwas noch nicht gesehen, und es beeindruckte uns sehr. Am Schluß der Nummer, als sich die Artisten noch für ihren Applaus verbeugten, fuhr die Bühne wieder hinunter, und der Parkettboden rollte wieder heraus. Dann wurde getanzt. Wir hatten uns gerade zugeprostet, als mir fast das Weinglas aus der Hand fiel. Mahler erhob sich und bat mich auf die Tanzfläche. »Hänschen, du willst es wirklich wagen?«

lachte ich und auf dem Weg zur Tanzfläche sagte er: »Bei der Fülle falle ich gar nicht auf«. Es war unser erster Tanz. Die Kapelle spielte »Komm spiel mit mir Blindekuh« von Peter Kreuder. Es war ein Foxtrott, aber Mahler gestaltete daraus eine Polka. Wir lachten über unsere Tanzkünste, aber weil wir im Rhythmus blieben, war es ganz ansehnlich. Wenigstens fanden wir es. Wir waren ein bißchen ausgelassen. Es folgte eine Varieté-Nummer, dann wieder ein Tanz. Wir riskierten es noch einmal. Der Saal wurde verdunkelt, nur die Tanzfläche war rot und lila von Scheinwerfern angestrahlt. »Tango Bolero« von Juan Llossas. Um Gotteswillen. Ich blickte auf die anderen Paare, die offene Passagen tanzten und tief zur Tango-Wiege einknickten. Mahler schaute mich an, schob mich vor, dann wieder zurück und machte eine Drehung. Das hatte mit einem Tango auch nicht viel zu tun, deshalb glich ich aus, indem ich mich bei den Rückwärtsschritten stark zurückbog. Darüber wollte sich Mahler totlachen. Wir drehten Runde um Runde.

Nach der nächsten Programm-Nummer kam ein Walzer-Potpourri, den ließen wir vorsichtshalber aus. Dadurch kamen wir voll in den Genuß eines weiteren technischen Effektes. Auf der Bühne hinter dem Orchester sprudelten im Walzertakt Wasserfontänen empor, bunt angestrahlt, und von der Decke über der Tanzfläche löste sich ein Beleuchtungskörper und senkte sich langsam hinunter. Auf dieser Lichtinsel bewegte sich eine Schönheits-Tänzerin, so genannt, weil sie sich »oben ohne« darbot, um sie herum sprudelten weitere Wasser-Fontänen.

Leise flüsterte mir Mahler zu: »Ich hatte nicht geahnt, was man in so einem Bums-Lokal alles zu sehen bekommt, und es gefällt mir sogar.« Angesichts der Tänzerin glaubte ich ihm das aufs Wort. »Bums-Lokal« bedeutete damals nicht das, was man heute dem Wort vielleicht unterstellen könnte. Ein »Bums« war damals ein Lokal, das dem Amüsierbedürfnis einer breiten Masse diente, wo man unterhalten wurde, sich unterhalten konnte, und wo man miteinander Spaß hatte.

Unsere Flasche Wein war leer, und ich war ein bißchen beschwipst. Ich war Alkohol nicht gewohnt und so genügten zwei Gläser Wein, um mich in Laune zu bringen. Hänschen hatte an diesem

Abend die Spendierhosen an, er ließ sogar Sekt auffahren. Bis dahin hatte ich nur zu Hause bei Familienfeiern 'mal Sekt getrunken, aber noch niemals in einem Lokal. Zum erstenmal war ich in einem Nachtlokal auf der Reeperbahn, zum erstenmal trank ich Sekt in solcher Umgebung, ich war im siebenten Himmel.
Kurz vor Mitternacht kam dann die Attraktion. Gloria Lilienborn und ihre Glorias. Eine Schau aus Musik, Tanz und Licht. Mit einem Handmikrophon sang Gloria Lilienborn ihre Schlager, mit heller, schmeichelnder Stimme. Sie war schwedenblond, zierlich und sehr zart und hatte so geschmeidige Bewegungen, daß ich neidvoll feststellte, sie war fast eine ebenso gute Tänzerin wie Sängerin. Ihre Glorias spielten dazu Akkordeon. Ihr großer Schlager war »Dann setz ich eine große rote Brille auf und seh' die Welt wie du«. Virtuos brachte sie die Overtüre zu »Leichte Kavallerie« von Franz Suppé auf dem Akkordeon, und als Schlußeffekt leuchteten in den Ziehbälgen der Instrumente rote Lampen auf.
Eine perfekte Musik-Revue. Ich war begeistert, dieser Kobold aus Schweden hatte all das, was ich nicht hatte. Alles wirkte so locker und leicht, ein bißchen kapriziös und hatte soviel Qualität. Ein Star des Varietés.
Der Beifall hatte Orkanstärken.
Danach, Schlag Null Uhr dreißig, spielte das Orchester »Auf der Reeperbahn nachts um halb eins.«
Beflügelt vom Sekt drehten wir uns im Walzertakt. Walzer rechts 'rum, dann links 'rum. Auf uns hernieder rieselten Konfetti und Luftballons. Meine neuen Schuhe schluppten nicht mehr, meine Füße schmerzten nicht. Plötzlich fiel mir auf, wieso eigentlich konnte Mahler so gut Walzer tanzen? Ich fragte ihn. »Ich kann nicht nur Walzer, ich kann Tango, ich kann Swing, Charleston und Jimmy, nur, ganz selten bin ich in der Stimmung, meine Tanzkünste vorzuführen. Aber jetzt bin ich es.« »Du Schwindler!«, rief ich gegen die Lautstärke der Kapelle an, etwas außer Atem, denn nun legte er erst richtig los. Kindervergnügen für Erwachsene, heiter, unbeschwert wie ein Volksfest.
Gegen zwei Uhr war das Programm zu Ende, und wir brachen auf. Ich war in Schwung und wollte noch nicht nach Hause. Ein-

mal auf St. Pauli, wollte ich auch durch die Große Freiheit bummeln, und so landeten wir im Hippodrom. Da nun war es so, wie ich mir St. Pauli vorgestellt hatte, etwas anstößiger. In einer Manege inmitten des Lokals trabten Pferde zum Klang der Kapelle. Ein Ritt kostete 50 Pfennige. Auch Damen ritten nur im Herrensitz, was dann im Galopp dazu führte, daß die Röcke immer höher rutschten. Das löste natürlich großes Hallo und Gejohle aus. Mahler wollte mich auf die Probe stellen und forderte mich ein paarmal auf, doch auch so einen Pferderücken zu besteigen, aber meine Wohlerzogenheit siegte. Als ich meinte: »Was würde wohl meine Mutter sagen, wenn sie davon hören würde,« sagte er sarkastisch: »Die würde es gar nicht glauben, da kannst du unbesorgt sein, aber ich würde dich zum Beweis fotografieren lassen.« Ich ließ mich nicht überreden, mir waren meine teuren reinseidenen Strümpfe viel zu schade, um sie auf einem Pferderücken zu strapazieren.
Wenn ich heute an diesen Abend auf St. Pauli zurückdenke, war er eigentlich das Ende meiner Mädchenjahre, denn ein par Monate später schon sollte ich heiraten. Aber damals war davon noch nicht die Rede, immer noch waren wir mit der schwierigen Wohnungssuche beschäftigt.

Meine Mutter fand, wir würden über unsere Verhältnisse leben, als ich ihr erzählte, daß ich eine Neubauwohnung mieten könnte für RM 75,— im Monat. Zwei geräumige Zimmer in der Steinstraße Nr. 13. Im zweiten Stock, gegenüber der Jacobi-Kirche.
Mahler meinte auch, die Miete sei zu hoch und wollte warten, bis sich etwas Günstigeres bieten würde. Völlig unlogisch argumentierte ich: »Die Wohnung hat nur eine Kochnische, dadurch sparen wir doch die Küchemöbel.« Ich wollte das dafür vorgesehene Geld für die Kautions-Zahlung nehmen.
Zum 30. März 1937 sollte die Wohnung bezugsfertig sein, ich versprach, neben meinen Theater-Verpflichtungen soviel wie nur möglich zu tingeln, damit wir über die Runden kommen würden. Meine Zuversicht gab dann den Ausschlag. Als ich mit Mahler den Rohbau besichtigt hatte, war er bereit, den Mietvertrag zu unterschreiben.
Auf dem Rückweg vom Maklerbüro sahen wir uns in verschiedenen Möbelgeschäften Schlafzimmereinrichtungen an. Mahler notierte die Preise, damit wir in Ruhe ausrechnen konnten, wie weit unser Geld reichen würde.
Wenn wir von Abstechern aus der Umgebung abends am Hauptbahnhof ankamen, unternahmen wir immer noch auf den Nachhauseweg einen Schaufensterbummel, um uns Gardinen, Teppiche und Schlafzimmer anzusehen. Blankpolierte, helle Holzarten waren für Schlafzimmer sehr in Mode, dazu Frisierkommoden mit dreiteiligen Spiegeln, und da unsere Wohnung den Luxus eines Badezimmers haben würde, hätte ich sehr gern eine Frisierkommode gehabt. Mahlers Blick war unentwegt nur auf die Preisschilder gerichtet, und selbst als ich ihm zu bedenken gab, daß es sich ja bei dem Kauf eines Schlafzimmers um eine Anschaffung für das ganze Leben handeln würde, wandte er ein: »Das ist

doch kein Grund, das Geld zum Fenster rauszuwerfen.«
Ich brachte jede Mark, die ich erübrigen konnte, auf die Sparkasse. Mit Hilfe meiner Mutter hatte ich eine Aufstellung über die notwendigsten Anschaffungen für unseren Haushalt gemacht und einen Schrecken bekommen, als ich die eingesetzten Cirka-Preise zusammenzählte. Da kam mir das Glück zur Hilfe. Der Rundfunk wurde auf mich aufmerksam und beschäftigte mich für plattdeutsche Hörspiele, und eines Tages bekam ich auch das Angebot, mit meinem Akkordeon aufzutreten. In der damals sehr populären Unterhaltungssendung ». . . und abends wird getanzt«.
Dr. Günther Bobrick und Gertrude Prey waren zu dieser Zeit die Lieblinge des Hamburger Publikums. Sie spielten als Verbindung zwischen den einzelnen Schau-Blöcken aktuelle Sketche als »Doktorchen« und »Viktoria Stummelschlüter«, über die am Tag nach der Sendung noch ganz Hamburg lachte.
Gertrud Prey spielt heute bei uns im Ensemble des Ohnsorg-Theaters. Der Sender Hamburg hatte damals an der Rothenbaumchaussee ein Studio in einer großen Villa. Von dort wurde die Sendung ausgestrahlt. Erwin Boldt und sein Orchester begleiteten die Künstler, und der Clou war, wenn von dem Studio direkt in eines der großen Varietés umgeschaltet wurde, um von dort eine Programm-Nummer über den Äther zu schicken.
Der Reiz für das damalige Publikum lag darin, daß die Technik es möglich machte, »dabei« zu sein und einen Ausschnitt aus dem Programm der Groß-Varietés mitzuerleben. Ich sang damals »Das Buddelschiff« und mein Erfolgs-Lied »Der Wasserfloh«. Texte und Musik waren von Hans Mahler und mir, und ich hatte Erfolg. Der Sender engagierte mich sofort wieder für eine Musik-Sendung und verpaßte mir dann den Namen »Dat Woterküken«. Immer wenn es im Rundfunk um Hamburg, die niederdeutsche Heimat und um Plattdeutsch ging, war ich dabei. Entweder als »Woterküken« mit meinem Akkordeon oder in immer größeren Sprechrollen in den Hörspielen.
Allein und mit Mahler schrieb ich mir neue Lieder, wie »Hamburger Aalsuppe«, »Adjüs min Jan«, »Alle Mann an die Brassen« und »Op'n Kees haun«. Mein Repertoire wuchs und mehr und mehr lernte ich, meine Zuhörer in Stimmung zu bringen. Ganz

langsam bekam ich eine Nase dafür, wie die Stimmung in einem Saal war. Auf Vereinsfesten, wo die Zuhörer schon ein bißchen alkoholisiert waren, knallte ich gleich los, was die Tasten des Akkordeons hergaben und drehte auch mit Mimik und Stimmung etwas auf. Kam ich in einen Theatersaal schlug ich leisere Töne an, schob ein paar Rezitationen mehr ein und sang erst später meine Schunkellieder. Mein Vater war immer noch mein schärfster Kritiker, Hans Mahler mein bester Ratgeber. Täglich übte ich auf meinem Akkordeon, und auch täglich übte ich plattdeutsches Sprechen. Angespornt durch meine Hörspielverpflichtungen wollte ich in meine Stimme Farbe, Intensität, Klang und eine Modulation hineinbringen, damit die Hörer, die mich ja nicht sehen konnten, dennoch von der Dramatik des Geschehens gepackt waren. 1936 hatte ich auch auf der Bühne bereits beachtliche Erfolge und Kritiken, auf die ich stolz war, dann aber bekam ich einen Dämpfer, daß ich fast die Lust an Allem verlor. Hätten mir Hans Mahler und mein Vater nicht weiter Mut gemacht, wäre ich als Bürohilfe in meines Vaters Betrieb gegangen.
Das folgende Erlebnis hatte meine Mutlosigkeit bewirkt. An einem Nachmittag hatte ich Hans Mahler überreden können, mit mir ins Kino zu gehen. Für 40 Pfennige ins Reform-Kino in der Wexstraße. Unbedingt wollte ich »Die Julika« sehen, eine Bauernkomödie mit Paula Wessely und Attila Hörbiger. Eine einfache Geschichte. Bauernmagd heiratet Gutsbesitzer. Paula Wessely spielte die Julika und zeigte eine so breite Skala ihres Könnens, daß ich überwältigt war. Einmal war sie umwerfend komisch, dann wieder in Liebesszenen ganz scheu und verhalten, ganz mädchenhaft und plötzlich wieder von einer so drastischen Derbheit, daß ich ganz aus dem Häuschen geriet. Ich war so tief beeindruckt von der Präzision ihrer Sprache, ihrer Stimme, daß ich zu Hans Mahler sagte: »Ich gebe auf.« Mahler, der meine Meinung über Paula Wesselys Leistung noch unterstrich, meinte: daraufhin: »Dann müßten wir alle aufgeben, und ganz allein schafft es ja auch die Wessely nicht. Sie kann ja nun mal nicht überall gleichzeitig sein und spielen. Was dich zur Resignation treibt, ist, daß du die Wessely in einer Rolle gesehen hast, die in dein Fach fällt. Deshalb kannst du doch aber nicht aufgeben,

nimm dir lieber diese Leistung zum Vorbild. Die Wessely hat gezeigt, welche Qualität Volkstheater haben kann, und sie hat damit eine Bresche für uns alle geschlagen.« Ich wußte, er hatte Recht, nur meine Depression wollte nicht weichen, und ich spielte mit dem Gedanken, nach meiner Hochzeit die Schauspielerei aufzugeben. Aber ich sprach ihn nicht aus, den Vorsatz, vom Theater zu gehen.

Ich kniete mich in die Proben für die Uraufführung von Carl Budichs »Leben in de Bood«. Dr. Ohnsorg inszenierte das Stück und spielte die Hauptrolle des verknöcherten Büroangestellten Brummbeck. Es wurde eine seiner größten schauspielerischen Leistungen. Eine junge Kontoristin, resch und fesch, sollte ich darstellen. Rudolf Beiswanger war ein junger Bauer in dessen Arme ich am Schluß zu sinken hatte. Ich probte im Theater wie immer, danach aber zu Hause weiter. Mein Vater gab mir die Stichworte, und ich wiederholte meinen Text wieder und wieder in immer anderen Versionen. Bis mein Vater fragte: »Was ist eigentlich los mit dir?« Als ich ihm lang und breit erklärt hatte, wie ich die Rolle anlegen wollte und wie unschlüssig ich sei, ob es so oder so richtig sei, half er mir, indem er sagte: »Du versuchst die Rolle und dein Spiel zu überfrachten. Das ist eine Gefahr. Du sollst ein natürliches, schlichtes Mädchen spielen und nicht Lady Macbeth.« Ich erzählte meinem Vater mit welcher Schlichheit und Natürlichkeit Paula Wessely die Julika gespielt hatte, und er spürte wie tief ich von der Wesseley beeindruckt war. Darauf sagte mein Vater: »Versuche niemals, jemanden zu kopieren. Das wird schiefgehen. Versuch vielmehr, dein Können zu steigern und deine Persönlichkeit zu entfalten und zu formen. Bringe du nur deine Persönlichkeit in dein Spiel, dann wirst zu zwar nicht Paula Wessely aber vielleicht einmal Heidi Kabel. Du mußt unverwechselbar werden.«

Die Kritiker schrieben danach über mich:

»Sehr niedlich in ihrer frischen Natürlichkeit auch dieses Mal wieder Heidi Kabel; sie ist der gute Geist des Büros, der die Seelen zwar in Aufruhr versetzt, schließlich aber alles zum Besten wendet. Daß ihre Liebe nicht dem schüchternen »Dichter« gehört, der als zweiter Angestellter im Büro beschäftigt ist und von Otto

Lüthje mit witziger Komik gezeichnet wurde, sondern dem dickköpfigen Jungbauern, den Rudolf Beiswanger mit überzeugender Darstellungskunst auf die Bretter stellte, versteht sich von selbst.«
Oder ein anderer:
»Als anfänglich fremdes, aber lichtes Wesen schwebt Heidi Kabel schlank, wendig, arglos und selbstsicher in die verdorrte Welt hinein, erweist sich, von dem Alten irrtümlich hinausgeworfen, als wehrhaftes Menschlein und geht auch ferner immer mit Liebreiz und Mutterwitz seinen Weg in die Arme des kräftigen Bauern.«
Die Hamburger Nachrichten schrieben:
»Heidi Kabel war das frische Leben Greetje Bloom, die sie mit dem Liebreiz ihrer Erscheinung und der Sicherheit ihrer Persönlichkeit gestaltete zu einem echten, liebenswerten Mädel, daß das Herz auf dem rechten Fleck hat. Die junge Künstlerin war immer Mittelpunkt, sobald sie auf der Bühne war, mochte sie nun die Männer wie ein Kätzlein umschmeicheln oder ihnen zum Trotz die Stirne bieten.«
Der Kritiker des Hamburger Anzeigers muß geahnt haben, was damals in mir vorging. Er schrieb:
»Heidi Kabel spielt eine junge Kontoristin, die es schwer hat, bei ihrem anmutigen Äußeren den Männern nichts als Kamerad zu sein. Sie erweckte durch ihr erfreulich taktvolles und echtes Spiel wieder Hoffnungen und – Besorgnisse. Denn sie befindet sich jetzt in einem Entwicklungsstadium, in dem die Regisseure ihr gegenüber eine ziemliche Verantwortung tragen. Bisher wurde sie gut gelenkt. Möge sie sich die Fähigkeit, Kunst und natürliche Menschlichkeit in der Waage zuhalten, immer bewahren.«
Dr. Ohnsorg sorgte jetzt dafür, daß ich auf der Bühne stärker gefordert wurde. Er sagte zu mir: »In dir steckt viel mehr, als du glaubst und ich es für möglich gehalten habe. Du bekommst bei nächster Gelegenheit eine Hauptrolle.
Die Gelegenheit ließ auf sich warten. Drei Jahre lang, aber das lag nicht nur an Dr. Ohnsorg, sondern auch an Hans Mahler und mir. Unsere Wohnung war termingerecht bezugsfertig geworden

und wir waren mit dem Einrichten beschäftigt. Zwischendurch gingen wir zum Standesamt, um das Aufgebot zu bestellen. Für den 17. April 1937 war unsere Hochzeit angesetzt.

Das Einrichten unserer Wohnung lag fast ganz auf den Schultern meiner Mutter. Ich probte vormittags, spielte abends und tingelte nachts.

Gardinen und Vorhänge nähte meine Mutter, meine Wäscheaussteuer trugen Mahler und ich in Koffern in die Steinstraße. All' das Unsichtbare, das zu einem Haushalt gehört, kaufte meine Mutter ein. Feudeleimer, Handeule und Schaufel, Besen und Schrubber, Staublappen und Fahrtücher, Scheuer- und Teppichbürste.

Mahler und ich kauften ein Schlafzimmer aus ganz heller Birke, nicht auf Hochglanz poliert. Der Kleiderschrank war 2 m lang und die Kommode war mit einem dreiteiligen Spiegel ausgestattet. Wir hatten zwar mehr dafür ausgegeben, als es Mahler wollte, aber es war nicht das teuerste Zimmer gewesen, das uns angeboten worden war. Da gab es nämlich noch Stilzimmer mit Verzierungen und Schnörkeln, die ich gern gehabt hätte, die aber für uns unerschwinglich waren. Wir mußten uns mit moderner Sachlichkeit bescheiden, und als die Möbel aufgestellt waren, wäre ich am liebsten gleich in unsere Wohnung gezogen.

Wie immer gab Mahler den Ausschlag. »Jetzt haben wir fünf Jahre gewartet bis wir heiraten können, jetzt werden wir auch noch die letzten Wochen hinter uns bringen. Wir ziehen erst am Tag unserer Hochzeit ein. Basta.«

Es war ein Frühlingswetter, wie es selten im April in Hamburg vorkommt.

An diesem Sonnabend-Vormittag am 17. April 1937 gingen wir zum Standesamt in die Hohen Bleichen. Ich trug ein dunkelblaues Kostüm aus Seide mit weißer Bluse, einen dunkelblauen Filzhut mit breitem Rand und dunkelblaue Pumps. Weiße Tasche und weiße Handschuhe. Als ich vor dem Weggehen in den Spiegel sah, erschrak ich ein bißchen vor meiner Erscheinung. Ich wirkte so damenhaft, so gesetzt, so elegant. Als Mahler mit seinen Eltern bei uns in den Großen Bleichen eintraf, und mich sah, rief er: »Wo ist denn meine Heidi-Schnut?« Ich fiel ihm um den Hals und küßte

ihn, dann sagte ich: »Deine Heidi-Schnut gibt es nicht mehr, daraus ist gerade Frau Mahler geworden.« Er blickte auf seine Uhr. »Noch nicht, frühestens in einer Stunde wirst du mit Brief und Siegel Frau Mahler sein.«
Ich war selig und auch ein bißchen stolz. Der Mann, für den ich geschwärmt und in den ich mich dann verliebt hatte und ohne den ich nicht mehr leben wollte, führte mich zum Standesamt. Mein privates Happyend war da. Zu Fuß gingen wir zum Standesamt. Unsere Väter waren unsere Trauzeugen, und als ich zum erstenmal mit meinem neuen Namen unterschrieb, zitterten nicht nur meine Hände sondern auch meine Kniee. Dir kurze Zeremonie regte mich stärker auf, als eine Theater-Premiere, es war beinahe das Aufregenste, was mir in 23 Lebensjahren passiert war.
Mein Ehemann schenkte mir eine Bernstein-Halskette, legte sie mir um und benötigte geraume Zeit, den Schraubverschluß zu schließen. Dann nahm er mich in seine Arme und sagte ganz feierlich: »Ich liebe dich.« Ich konnte in dem Augenblick kein Wort herauskriegen, ich küßte ihn, rieb meine Nase an der seinen und mochte mich nicht aus seinen Armen lösen. Meine Mutter schnaufte in ihr Taschentuch und verschwand in der Küche, um das Mittagessen vorzubereiten, mein Vater überwachte den Aufbau des Traualtars. Wir mußten uns derweil umziehen, denn die kirchliche Trauung durch Pastor Poppe sollte nämlich in der Wohnung meiner Eltern stattfinden.
Meine Mutter und meine Schwiegermutter halfen mir beim Anziehen. Das lange Brautkleid aus weißer Spitze hatte meine Mutter genäht, Wolfgangs Mutter steckte mir dann den Schleier auf und drückte mir den Myrthenkranz ins Haar. Meine Mutter fragte Hans Mahler, der sich inzwischen in einen Frack geworfen hatte, wo er den Brautstrauß hingestellt hätte. »Welchen Brautstrauß?« fragte er ahnungslos. »Den Blumenstrauß für deine Braut, mein Junge, den der Bräutigam mitbringen muß.« Mit derartigen Gebräuchen war Hans Mahler natürlich nicht vertraut, schließlich heiratete er ja auch zum erstenmal! In letzter Minute, Pastor Poppe hatte schon seinen Talar übergezogen, schickte meine Mutter eine Nachbarin in das nächste Blumengeschäft, um einen

Rosenstrauß zu kaufen. Als diese mit den Blumen zurückkam, konnte die Trauung vonstatten gehen. In der Diele saßen die Hochzeitsgäste, wir schritten hinter Pastor Poppe durch die Stuhlreihen hindurch zu dem improvisierten Altar. Pastor Poppe erwähnte in seiner Predigt auch den Ehe-Alltag mit der treusorgenden Frau in Küche und Haus, und mir wurde bei seinen Worten etwas schwummrig, hätte ich man doch den Kochkursus gemacht. Aber wann? Zwischen Unterricht, Proben und Vorstellungen war mir dazu wirklich keine Zeit geblieben. Aber ich nahm mir ganz fest vor, sofort damit zu beginnen, eine perfekte Hausfrau zu werden, so wie es meine Mutter und meine Schwiegermutter waren. Nichts sollte mein Mann entbehren, alles sollte er so vorfinden, wie er es gewohnt war. Damals ahnte ich allerdings noch nicht, wie sehr er von Mutter und Schwester verwöhnt worden war.

Pastor Poppe steckte uns die Ringe auf. Während wir die Glückwünsche entgegennahmen, wies mein Vater die Gäste an der festlich gedeckten Tafel ein, und dann kam auch schon eine Drei-Mann-Kapelle, die zum Tanz aufspielen sollte.

Hans Mahler eröffnete mit mir die Tanzerei. »Ich tanze mit dir in den Himmel hinein« war unser Hochzeitswalzer. Mit ihm war das nicht nur an diesem Abend, sondern für lange Zeit mein letzter Walzer gewesen.

Ich aber ließ nach dem Abendessen keinen Tanz aus, es waren ja auch genügend Tänzer da, besonders als nach der Vorstellung noch die Kollegen geschlossen zu uns heraufkamen. Kurz vor Mitternacht wurde dann der »Schleier abgetanzt«. Die Gäste bildeten zwei Kreise, den inneren die Damen, den äußeren die Herren. Wir befanden uns in der Mitte. Nachdem alle Verse von »Wir winden dir den Jungfernkranz« gesungen waren, wurde der Brautschleier von den Gästen in Stücke gerissen. Den Rest mit dem Brautkranz mußte ich dann, die Augen waren verbunden worden, einem Mädchen aufsetzen, das einem Aberglauben nach die nächste Braut werden sollte.

Dann griff ich noch meinen Brautstrauß, zog nur einen Mantel über, und wir liefen in unsere Wohnung in die Steinstraße.

Als wir in der zweiten Etage vor unserer Wohnungstür ankamen, lag dort ein betrunkener Mann. Schon als Kind hatte ich mich vor Betrunkenen gefürchtet, und so lief ich schreiend die Treppe hinunter. Mein Ehemann versuchte, unsere Tür freizubekommen, aber es war nicht möglich. Der Betrunkene schlief und war nicht ansprechbar. Ich stand vor der Haustür und blickte die Steinstraße 'rauf und 'runter, dann entdeckte ich einen Schutzmann. Mit dessen Hilfe gelang es uns, in unsere Wohnung zu kommen. Der Betrunkene war unser Nachbar, der sich geirrt hatte und der festen Meinung war, er läge vor seiner eigenen Wohnungstür. Der Polizist und Mahler schafften gemeinsam unseren Nachbarn in seine Wohnung, und dann trug mich Mahler wahrhaftig, wie im Kino, über unsere Schwelle. Bis in unser Schlafzimmer hinein.

Am Sonntagmorgen stieg ich ganz behutsam aus unserem Ehebett, um Mahler nicht aufzuwecken, und bereitete das Frühstück vor. Als wir dann in unserer eigenen Wohnung zum erstenmal am Tisch saßen, hatte ich ein unbändiges Gefühl von Freiheit. Wir konnten tun und lassen, was wir wollten, brauchten auf niemand Rücksicht zu nehmen, waren niemandem Rechenschaft schuldig. Ja, wir waren in den Flitterwochen und benahmen uns auch so. Als wir uns am späten Nachmittag stadtfein machten, um zum Abendessen zu meinen Eltern zu gehen, stellte Mahler fest: »Mir kommt es vor, als ob wir schon eine Ewigkeit zusammen in dieser Wohnung leben, dabei ist noch nicht einmal ein Tag vergangen.« Schon war zwischen uns die Intimität, die die Grundlage für ein eheliches Zusammenleben bildet. Mich störte nicht, daß er in Büchern schmökerte, während ich das Geschirr abwusch, daß er allein um den Block spazierte, während ich die Betten machte und das Schlafzimmer aufräumte. Wenn ich das Bad blockierte, um meine Haare zu waschen und mich mit meinem Äußeren beschäftigte und dafür doch eine geraume Zeit brauchte, sagte er höchstens: »Was hast du eigentlich während der ganzen Zeit gemacht? Du siehst doch noch genauso aus wie vorher.«

Wir hatten noch nicht einmal einen Tag gebraucht, um uns als Ehepaar zu fühlen.

Am Abend halfen wir meinen Eltern, die Reste unseres Hochzeitsessens zu vertilgen. Meine Mutter hatte natürlich den Appetit

unserer Gäste überschätzt, und von allem viel zu viel eingekauft. Nach dem Essen packten wir unsere Geschenke ein, um sie in unsere Wohnung zu schleppen. Darunter war vieles, was wir dringend brauchten, Wäsche für die Betten, Handtücher, aber auch drei Likörservices, zwei Kristall-Garnituren für den Frisiertisch und eine drehbare, in Fächer aufgeteilte Aufschnittplatte, ein sogenanntes Kabarett. Meine praktische Mutter wollte versuchen, zwei der Likörservice und die eine Kristall-Garnitur umzutauschen gegen ein Eßservice. Die seegrüne Toilett-Garnitur behielt ich, weil sie meinem Frisiertisch einen Hauch von Luxus gab. Das eine Likörservice und das Kabarett mußte ich behalten, weil es Geschenke von nahen Verwandten waren, mit deren Besuch wir rechnen mußten.
Kochtöpfe fehlten mir in den nächsten Wochen sehr, davon hatte ich nicht genug, was aber an mir lag, denn kühn hatte ich auf dem Nachhauseweg Mahler gefragt, was er am nächsten Tag essen möchte, und damit hatte das Fiasko begonnen.

Gulasch mit Makkaroni und Salzgurke wünschte er sich, und als er am Montagmorgen zu Proben ins Theater ging, begleitete ich ihn bis in die Rathausstraße und ging erstmal zu Schlachter Nitsche. Einundeinhalbes Pfund Gulasch, meinte der Schlachter, müßte ich schon für zwei Personen nehmen und dazu ein Viertel fetten, geräucherten Speck zum Anbraten. Gut, wenn er es meinte, dann sollte es auch so sein. Ich kaufte dann noch die anderen Zutaten ein und kehrte zurück in unsere Wohnung. Dort studierte ich erst einmal das Kochbuch, ein Hochzeitsgeschenk meiner Tante. Das Kochbuch führte mich in eine völlig neue, mir unbekannte Welt. Mein Gott, was konnte man nur alles kochen! Ich hatte die Auswahl unter mehreren Zubereitungsarten von Gulasch. Nur ein Rezept war darunter, zu dem man nicht mehr Gewürze benötigte, als ich im Hause hatte. Bis auf Nelken-Köpfe. Noch einmal kletterte ich die Treppen hinunter und kaufte sie. Als ich dann alle Zutaten in meiner Kochnische vor mir ausgebreitet hatte und die Anleitung las, war meine Verwirrung komplett. Ich sollte anschwitzen und anbräunen, quellen lassen und nachwürzen, nach einem Wasserbad in Butter schwenken, ziehen lassen und abschrecken.

Ich griff zum Telefon und fragte meine Mutter. Die verdeutschte mir erst einmal die wichtigsten Begriffe und sagte mir, was als erstes, zweites und drittes zu tun sei. Ich schmorte an, schnitt Speck und Zwiebeln, aber bevor ich noch damit fertig war, qualmte es aus dem Fleischtopf. Wieder ans Telefon. Wasser zugießen, sagte meine Mutter, aber dazu war es schon zu spät. Deshalb hieß es umfüllen in einen anderen Topf, den Speck konnte ich auch in der Pfanne ausbraten und später zugeben, aber die Zwiebeln gleich hinein. Ich hatte nur zwei Platten auf meinem Elektroherd, wahrscheinlich hatte ich ein Kochbuch für einen vierflammigen Herd. Gleichzeitig konnte ich nicht in der Pfanne anschwitzen, die Makkaroni ins Wasserbad stellen und den Gulasch-Topf am Schmoren halten. Als Mahler dann nach Hause kam und die Tür aufgeschlossen hatte, sagte er: »Man riecht dein Gulasch schon im Treppenhaus«, als nächstes riß er dann die Fenster auf.

Den Tisch deckte er, ich war zu sehr damit beschäftigt, die dampfenden Töpfe im Auge zu behalten. Zu meinem Schrecken stellte ich fest, daß von dem Gulasch nur noch knapp die Hälfte übriggeblieben war. Nach zwei Bissen hielt ich mich an die Salzgurke und konnte damit die brenzlig schmeckenden Makkaroni und die nelkendurchtränkte Gulasch-Soße hinunterwürgen. Es reichte für uns beide. Die Salzgurke hatten wir restlos aufgegessen, vom Gulasch und von den Makkaroni blieb reichlich übrig. Beim Abräumen fragte Mahler: »Was gibt es zum Nachtisch?« Blitzschnell antwortete ich: »Kaffee und Kekse«. – »Keinen Pudding?« – »Nein, heute nicht, ich hatte zuviel Hausarbeit.« Den Wasserkessel für den Kaffe setzte ich auf und verschwand dann im Schlafzimmer, um schnell die Betten zu machen. Mir schwirrte der Schädel. Hausarbeit, Kochen, Nachtisch, einholen, wie sollte ich das schaffen? Ich mußte ja auch bald wieder morgens zur Probe ins Theater.

Die Wäsche mußte gewaschen und gebügelt, die Strümpfe gestopft und ab und zu mußte auch mal ein Knopf angenäht werden. Wann sollte ich da noch Rollen lernen?

Ich brühte den Kaffe auf und setzte mich mit einem Seufzer an den Tisch. Mahler sah mich erstaunt an. »Was ist mit dir?« »Ich bin müde«. »Das sind die Flitterwochen, die gehen ja vorüber.« Von wegen Flitterwochen, wenn es die nur wären, aber all das andere, das ging nicht vorüber. Auf einem Zettel notierte ich, was ich am Nachmittag einkaufen mußte, fragte ihn aber nicht, was ich morgen kochen sollte.

Zum Abwaschen kam ich nicht, weil ich Mahlers neue Rolle abhören sollte und es ihn störte, wenn ich dabei mit dem Geschirr klapperte. Zum Einholen kam ich erst kurz vor Ladenschluß, als mein Mann in Theater zur Vorstellung gegangen war.

Verzweifelt rief ich meine Mutter an. Wie sollte ich das alles schaffen? »Das geht dir von Tag zu Tag schneller von der Hand«, sagte sie. Zu meinem Glück konnte ich sie überreden, am nächsten Tag süßsaure Linsen mit Speck für uns mit zu kochen. Erleichtert machte ich mich dann ans Abwaschen. Trotz einweichen, scheuern und kratzen bekam ich den Topf, in dem die Makkaroni angebrannt waren, nicht sauber. Den mußte ich mit zu meiner Mutter nehmen und mir von ihr zeigen lassen, wie man so etwas entfernt.

Ich kam gerade noch dazu, das Bad aufzufeudeln, ein bißchen mit dem Staubtuch über die Möbel zu fahren und den Abendbrot-Tisch zu decken, als Mahler auch schon gegen halb zwölf in die Tür trat.

Zum Nachtessen hatte ich kalten Aufschnitt, Käse und Obst eingekauft. Wir aßen alles restlos auf, obwohl ich kalkuliert hatte, es würde für zwei Abende reichen.

Erschöpft fiel ich ins Bett. Mein erster Ehe-Alltag hatte mich zu sehr angestrengt.

Hurtig wollte ich mich am nächten Vormittag ans Säubern unserer beiden Zimmer machen, als Mahler zur Probe gegangen war, und stand nun vor dem Problem, in welcher Reihenfolge man was macht. Mußte ich zuerst staubwischen, dann den Boden schrubben und zuletzt fegen, oder umgekehrt? Welch ein Segen war doch das Telefon. Ich fragte meine Mutter, und während sie mir die richtige Reihenfolge erklärte, fiel mir der Nachtisch ein. Auch den wollte sie noch für mich kochen, versprach meine Mutter, aber schon vom nächsten Tag an sollte ich vormittags ein paar Tage bei ihr in die Kochlehre gehen.

Ich hatte gerade die Betten gemacht, das Schlafzimmer durchgefeudelt und Staub gewischt, als ich auch schon loshetzen mußte, um das Mittagessen aus den Großen Bleichen zu holen.
Mit dem angebrannten Makkaroni-Topf im Einholenetz eilte ich zu meiner Mutter. Dann gleich wieder zurück mit drei Töpfen und einer Schüssel. Im Einkaufskorb meiner Mutter standen in Zeitungspapier eingewickelt, die Töpfe mit Linsen und Speck und mit Kartoffeln, im Netz der Topf mit Kirschsuppe und darauf die Schüssel mit dem Grießpudding.
Nun brauchte ich nur noch die Kartoffeln zu kochen und die Linsen warm zu machen. Ich stellte die Töpfe auf die Gasflammen und blieb davor stehen. Ununterbrochen rührte ich die Linsen, damit sie nicht ansetzten. Als Mahler nach Hause kam, brauchte ich nur noch das Kartoffelwasser abzugießen, und wir konnten essen. Es schmeckte uns, und durch die süßsauren Linsen merkte man kaum, da die Kartoffeln ein bißchen nüchtern schmeckten, weil ich zu wenig Salz drangegeben hatte. Mahler sagte: »Das kannst du bald wieder einmal kochen, das schmeckt so gut. Koch es dann doch gleich für zwei Tage.« Ich lächelte geheimnisvoll, als er mich fragte: »Und was gibt es morgen?« Woher sollte ich das wissen? Da müßte er schon meine Mutter fragen. »Das wird eine Überraschung«, sagte ich vorsichtig, wechselte dann schnell das Thema und fragte nach dem Verlauf der Proben im Theater. Nach dem Mittagessen wusch ich ab und bekam diesmal auch alle Töpfe blitzsauber. Dadurch etwas ermutigt, wagte ich mich daran, die Scheiben des Schlafzimmerfensters zu putzen. Mit Wasserschüssel, einem neuen Ledertuch und Samiakgeist-Flasche zog ich mich ins Schlafzimmer zurück, Mahler wolllte in der Zwischenzeit seinen neuen Text lernen.
Zwölf kleine Scheiben waren über drei Fensterflügel verteilt. Das hieß dreimal von oben nach unten von außen und von innen. Abwaschen und dann mit dem Ledertuch nachwienern. Als ich dann zum dritten oder viertenmal in die Kochnische kam, um das Wasser zu erneuern, fragte Mahler, ob wir nicht bald Kaffee trinken würden. Ich setzte den Wasserkessel auf und er deckte denTisch. Als das Kaffeewasser kochte, war ich noch immer nicht mit dem Fensterputzen fertig. Immer wieder entdeckte ich auf den Scheiben

neue buntschillernde Schlieren, dann resignierte ich. Mochten die Scheiben nun noch ein paar Schmierstreifen haben oder nicht, die Nachbarn konnten ja daran wenigstens feststellen, daß ich überhaupt den Versuch unternommen hatte, die Scheiben zu putzen. Ja, das Fensterputzen hatte ich mir auch leichter vorgestellt. Wie nur sollte alles weitergehen, wenn ich in der nächsten Woche mit Proben für ein neues Stück beschäftigt war und abends spielen sollte? Ich wagte nicht, mit meinem Mann darüber zu sprechen. Nur meine Mutter konnte ich zu Rate ziehen. Morgen Vormittag beim Kochen wollte ich mit ihr darüber reden, sie mußte mir einen Plan machen, wann ich was zu machen hatte, sie mußte System in meinen Haushalt hineinbringen, sonst würde ich hoffnungslos scheitern.

Sauerkraut und Kasseler Rippe bruzzelten in den Töpfen. Mit Papier und Bleistift saß ich mit meiner Mutter zusammen in ihrer Küche und notierte jeden Handgriff. Wir waren dabei, eines von Mahlers Leibgerichten zu kochen, denn in seinem Elternhaus wurde viel bayrisch gegessen, weil Vater Mahler, als gebürtiger Bayer, auch in Preußen nicht auf die heimatliche Kost ganz verzichten wollte.

Dann machte ich mit meiner Mutter einen Stundenplan, der genau festlegte, wann ich was sauberzumachen hatte. Sie zeigte mir wie ich mit Schrubber, Besen und Eimer umzugehen hatte und versprach, mir bei der ersten großen Wäsche zu helfen.

Den Topf mit den angebrannten Makkaroni konnte ich unter ihrer Anleitung auch säubern, nur war er kaum noch zu verwenden. Aus der Emaillierung waren Stücke herausgesprungen, weil ich beim ersten Versuch zu kraftvoll mit dem Messer den Boden bearbeitet hatte. Es fiel mir schwer, eine Hausfrau zu werden. Gegen Mittag rannte ich mit Sauerkraut, Kassler und geschälten, rohen Kartoffeln nach Hause. Mahler war ganz aus dem Häuschen, als ich ihn schon am dritten Tag unserer Ehe mit seinem Lieblingsgericht überraschte und sagte: »Ich hätte niemals gedacht, daß du eine so gute Köchin bist.« Solche Lobpreisungen verunsicherten mich mehr, als sie mich freuten.

Meine Flitterwochen hatte ich mir anders vorgestellt. Kochen, putzen, waschen, ich dachte, das erledige ich so nebenbei, so

wie es meine Mutter machte. Ohne viel Aufhebens lief ihr Haushalt wie am Schnürchen, ich aber benötigte für die ungewohnte Arbeit einfach zu viel Zeit.
Am Sonnabend und am Sonntag hatte ich nachmittags und abends zwei Vorstellungen. Abstecher-Gastspiele in Pinneberg und Bergedorf. Mahler spielte an beiden Abenden in dem Haus an den Großen Bleichen. Am Freitag mußte ich für das Wochenende vorkochen. Mit meiner Mutter kochte ich Erbsensuppe und besorgte genügend Knackwürste, beides brauchte ich dann nur noch heißzumachen.
Nach dieser ersten Flitterwoche war ich froh, wieder Theaterspielen zu können. Das konnte ich wenigstens. Am Sonnabend nach der Vorstellung sagte ich Mahler, daß meine Mutter uns am Montag zum Essen eingeladen hätte, weil ich vormittags Proben hätte und deshalb nicht zum Kochen käme. Er nickte und sagte dann: »An den anderen Tagen machst du dann eben nach der Probe etwas Kurzes, Schnelles, was nicht viel Arbeit macht, denn du mußt ja auch lernen und kannst nicht deine ganze Zeit mit Haushalt und Kochen verplempern.«
Ich stand auf und ging ins Bad. Mir kamen die Tränen. Meine Zeit verplempern! Was Kurzes, Schnelles! Ich wußte gar nicht was das war. Glaubte er wirklich, ich koche und schrubbe aus Zeitvertreib? Merkte er nicht, wie schwer es mir fiel, unseren winzigen Haushalt am Laufen zu halten? Heute weiß ich, daß Mahler keine Ausnahme war. Noch heute wissen die meisten Männer nicht, welche Anstrengungen es kostet, Hausarbeit zu verrichten. Trotz der vielen technischen Hilfen, die es allerdings 1937 noch nicht gab. Für einen Augenblick dachte ich daran, eine Putzfrau zu nehmen, aber wovon sollte ich die bezahlen, und selbst dann hätte mein Ehemann dafür wohl kaum Verständnis aufgebracht. Für ihn war Haushalt etwas Nebensächliches, und ich hatte es bis dahin auch geglaubt. Zum erstenmal stand ich vor einer Aufgabe, der ich mich nicht gewachsen fühlte.
Am Montag hatte ich vor dem Mittagessen Gelegenheit, mit meiner Mutter über meine Sorgen zu sprechen. Sie erklärte mir, was etwas Kurzes, Schnelles ist und zeigte mir, wie man Beefsteak brät.

Behutsam versuchte sie dann, beim Essen ihrem Schwiegersohn beizubringen, daß es schon eine Belastung für mich sei, meine Theaterarbeit und den Haushalt zu machen. Mahler nickte zustimmend, und dann sagte er, was mich völlig aus der Fassung brachte: »Aber sie macht es doch fabelhaft. Ihr hättet sehen sollen, wie herrlich sie kochen kann. Wißt ihr was, an einem der nächsten spielfreien Tage kommt ihr zu uns zum Essen. Ihr werdet staunen, was eure Tochte auf den Tisch bringt. Nicht wahr, meine Heidi-Schnut?«

Auch das noch! Meine Mutter warf mir einen Blick zu, der signalisierte, sei ruhig und halt den Mund. Draußen in der Küche beruhigte sie mich: »Das machen wir zusammen mit der großen Wäsche. Dann kochen wir einen Eintopf, und du wirst sehen, allmählich läuft sich das zurecht.« Danach notierte ich mir, wie ich Steaks würzen und braten mußte. Ich wollte es nämlich einmal am kommenden Tag mit Schweinesteaks versuchen. Es ging ganz gut, und sie waren auch genießbar, wenn man die Panierung abkratzte. Den kleinen Schönheitsfehler nahm Mahler gelassen hin, aber er verlor auch kein Wort des Lobes über meine Kochkunst, obwohl es mir wohlgetan hätte, denn man konnte die Schnitzel wirklich noch essen. Je schwerer die Haushaltssorgen auf mir lastèten, desto mehr konzentrierte ich mich auf meine Rollen. Wenigstens auf der Bühne wollte ich nun glänzen, wenn schon meine Fensterscheiben nicht die blankesten waren.

Endlich hatte ich zwei spielfreie Tage, die ich für die Wäsche nutzen konnte. Im Haus in der Steinstraße war im Keller eine Waschküche mit einem Kessel, der mit Kohlen geheizt werden mußte. Am Vorabend weichte ich die Weißwäsche im Kessel ein, dann begannen meine Mutter und ich am nächsten Morgen um sieben mit dem Vorkochen. Es wurde vorgewaschen, alles noch einmal gekocht und dann kam die Hauptwäsche. Dazwischen liefen wir ein paarmal nach oben, um Steckrüben und Schweinebauch aufs Feuer zu bringen.

Mein Vater und Mahler aßen mit uns zu Mittag, danach mußten meine Mutter und ich die Wäsche spülen und auswringen. Dann half mir Mahler dabei, die Wäschekörbe auf den Trockenboden zu hieven.

Als dann endlich alles auf den Leinen hing, ging ich daran, die Waschküche für die nächste Mieterin zu säubern, Waschbalgen und Wäscheruffel in unseren Keller zu schleppen und ließ mich dann oben am Kaffeetische nur noch auf einen Stuhl fallen. Trotz des starken Kaffees, den meine Mutter gekocht hatte, schlief ich im Sitzen ein.

Drei Tage später trug Mahler mit mir die trockene Wäsche zum Glätten in eine Heißmangel. Aber seine Hemden warteten befeuchtet und zusammengerollt zum Bügeln auf mich. Auch das hatte ich mir einfacher vorgestellt. Die gestärkten Kragen und Manschetten waren nicht so ohne weiteres glattzukriegen. Mit meiner ganzen Muskelkraft mußte ich das Bügeleisen handhaben, um Kragen und Manschetten in die ursprüngliche Form zu bringen. Ich gab mir viel Mühe dabei, aber das Resultat genügte Mahlers Anforderungen an ein Oberhemd nicht. Nicht ein winziges Fältchen durfte im Kragen oder in der Manschette sein, und wenn sich Einlage und Oberstoff nur wenig verschoben hatten, war es schon eine Kunstfertigkeit, diese wieder faltenlos in Einklang zu bringen. Mein Stolz ließ es nicht zu, auf Mahlers Vorschlag einzugehen, zukünftig seine Hemden zu seiner Mutter zum Waschen und Bügeln zu tragen. So übte ich und beim zehnten oder zwölften Hemd konnte ich Mahler wenigstens ein »Na ja, für den Anfang mag es gerade gehen« abringen.

Inzwischen hatte mir Dr. Ohnsorg auch die Mitgliedschaft im Verein Niederdeutsche Bühne angetragen. Was seinen Entschluß bestimmt hatte, habe ich nie erfahren. Zwar war ich Ehefrau geworden, aber dadurch ja noch keine »Dame der Gesellschaft«. Denn nach meiner Auffassung ließen »Damen der Gesellschaft« kochen, putzen, waschen und bügeln und verbrachten ihre Zeit in Modesalons, in Cafés, im Theater und in Badeorten. Aber vielleicht hatte Dr. Ohnsorg seine Meinung über »Damen der Gesellschaft« mittlerweile auch geändert, denn inzwischen waren wir ja alle »Volksgenossinnen« geworden.
Ich wurde also Mitglied im Verein Niederdeutsche Bühne und bin es noch heute. Der Verein bestimmt zusammen mit der Hamburger Kulturbehörde den Direktor des Theaters. Dr. Ohnsorg war Vorsitzender des Vereins und Direktor der Niederdeutschen Bühne gewesen. Als im September 1936 die Stadt Hamburg das Haus in den Großen Bleichen zur Verfügung stellte und die Kulturbehörde der Niederdeutschen Bühne einen finanziellen Zuschuß gewährte, oblag dem Verein eine Kontrollfunktion des Theaterdirektors, daher mußte sich Dr. Ohnsorg entscheiden zwischen dem Vorsitz des Vereins oder der Direktion des Theaters. Um seine künstlerische Aufgabe ganz erfüllen zu können, entschied Ohnsorg sich für die direktorale Leitung der Niederdeutschen Bühne. Für die kaufmännischen Belange des Theaters stand ihm Dr. Bruno Peyn zur Seite, denn der Verein war nun auch nicht mehr der alleinige finanzielle Träger des Theaters. Die Pflege und Wahrung der niederdeutschen Volksart und Sprache im Spielplan der Bühne zu kontrollieren, war jetzt die Aufgabe des Vereins. Da aber die Ziele des Vereins mit denen Dr. Ohnsorgs identisch waren, brauchte die Kontrollfunktion nicht ausgeübt werden. Dr. Ohnsorg gestaltete unseren Spielplan äußerst publikumswirksam. Wir spielten »Dat Meerwief« von Heinrich Deiters, «Stratenmusik« von Paul Schurek, »Jan de

Schult« von Heinrich Behnken und »Fleitenpeter« von Hans Balzer. Stücke, die beim Publikum ankamen und damit auch die Rentabilität des Hauses sicherten. Hans Mahler aber wollte experimentieren, er wollte das niederdeutsche Drama stärker im Spielplan vertreten sehen, ohne Rücksicht auf die Wünsche der Zuschauer. Jede Generation macht diese Entwicklung durch, warum sollte Mahler eine Ausnahme sein. Er war unzufrieden mit seinen Rollen und hatte über deren Auffassung auch öfter Auseinandersetzungen mit Dr. Ohnsorg.
Immer wieder versuchte ich zu beschwichtigen, auszugleichen, aber ich spürte, er war unzufrieden. Gänzlich unerwartet kam aber erst einmal ein ganz anderes Aufgabengebiet auf uns zu. Ich ging erst einmal zu meiner Mutter, um mich von der Überraschung zu erholen, denn ich hatte von meinem Arzt erfahren, daß ich schwanger war.
»Mußte denn das so schnell sein?« war die erste Reaktion meiner Mutter. Ich konnte nur mit den Achseln zucken. »Wie willst du denn mit allem fertig werden? Du schaffst ja kaum deinen Haushalt?« Mir fiel keine Antwort ein, und ich hatte Angst. Vor der Geburt, vor der Zukunft, vor Mahlers Reaktion. Ein Kind paßte weder in unser Konzept, noch in unsere kleine Wohnung. Ich ging nach Hause und wartete auf den Vater meines Kindes. Ich mußte weinen, als ich ihm die Nachricht überbrachte, weinen, weil ich mir schuldbewußt vorkam. Mahler aber hob mich auf seine Arme, drehte sich mit mir im Kreis und rief: »Es wird bestimmt ein Junge! Unser Junge, Heidi-Schnut!« Mit beiden Armen umklammert ich seinen Hals und küßte ihn auf den Mund, immer und immer wieder. Ich freute mich, daß er so glücklich war, er, mein Mann, mein Geliebter, mein Beschützer, der Vater meines Kindes.
Nach der Vorstellung beim Abendessen suchten wir Namen aus. Uwe, Joachim, Peter, Jan, Klaus, Frank, Axel, solle es ein Mädchen werden, wollten wir sie Heidi nennen. Aus Übermut griff ich zu meinem Akkordeon und spielte das Lied vom »Hamborger Jung«, bis die Nachbarn klopften und um Ruhe baten. Mahler riß die Wohnungstür auf und schrie ins Treppenhaus: »Wir bekommen ein Kind!«

Da ich meine Ehe eingegangen war, ohne daß meine hausfraulichen Fähigkeiten auch nur den Mindestanforderungen genügten und ich es nur Mahlers verliebter Nachsicht und meiner Mutters Hilfe verdankte, daß ich mit Kochen und Wohnungspflege über die Runden kam, wollte ich nun eine perfekte Mutter werden. Zwischen Proben und Vorstellungen machte ich einen Kursus für Säuglingspflege, einen anderen für Baby-Ernährung, kaufte Windeln, Wäsche und einen Stubenwagen.

Und natürlich war ich nicht gefeit gegen Modewellen, die damals über Deutschland hinwegschwappten. Schlankheitskuren brauchte ich nicht zu machen, weil ich keine Gewichtsprobleme hatte. Meine Schwangerschaft ließ sich auf der Bühne problemlos verbergen, in dem ich meinen Büstenhalter ausstopfte, aber die deutsche Frau war nicht nur schlank und sonnengebräunt, sie ging auch zum Gebären in eine Klinik. Mein Arzt hielt das für unbedingt erforderlich, obwohl er mir immer wieder bestätigte, daß meine Schwangerschaft ganz normal verliefe und sicherlich auch die Geburt ohne Komplikationen vor sich gehen würde. Der Gedanke, in einer Entbindungsklinik zwischen Ärzten und Schwestern im Mittelpunkt zu stehen, faszinierte mich. Aber auch noch aus einem anderen Grund wollte ich lieber in eine Klinik. Bis zum fünften Monat meiner Schwangerschaft wußte ich immer noch nicht, wie und wo das Kind aus meinem Körper herauskommt. Ich schämte mich einfach, danach zu fragen. Weder meinen Arzt, noch meine Mutter und schon gar nicht meinen Mann. Als ich die Ungewißheit nicht mehr ertragen konnte, fragte ich ganz vorsichtig unsere alte Hebamme, die mich zur Welt gebracht und mich immer nachts gehütet hatte, wenn meine Eltern ausgegangen waren. Knallrot wurde ich, als sie mir drastisch sagte: »Aber Heide, mein Kind, es kommt da 'raus wo es 'reingekommen ist.« Das konnte ich mir nun überhaupt nicht vorstellen, und ich war froh, daß sich der ganze komplizierte Vorgang in einer Klinik abspielen sollte.
Meine Mutter rümpfte zwar die Nase, als ich ihr von der Klinik erzählte. Für sie gingen nur arme Frauen zum Gebären in eine Klinik, Frauen, deren häusliche Verhältnisse es nicht zuließen.

Für sie war eine Hausgeburt noch immer ein Statussymbol, während es für meine Generation gerade umgekehrt war.
Ob es nur das Vorbild Hitlers war, oder aber ob die vegetarische Welle weltweit wogte, weiß ich nicht mehr, mein Arzt aber gab mir den Rat, mein Kind nur vegetarisch zu ernähren. Begeisterungsfähig wie ich nun einmal war, erwarb ich sofort ein vegetarisches Kochbuch. Schnell stellte ich fest, daß die als so gesund gepriesenen fleischlosen Gerichte auch viel einfacher zu kochen waren. Gesund, einfach und schnell, das war genau das, was ich brauchte, zumal ich immer wieder den Zeitungen entnahm, daß »der Führer seinen anstrengenden Arbeitstag und seine Sorge um Deutschland nur deswegen durchstehen konnte, weil er vegetarisch lebte, keinen Alkohol trank und nicht rauchte.«
Warum sollte ich daran zweifeln, es stand schließlich in der Zeitung. Dort stand auch zu lesen, daß Hitler kein Gehalt aus der Staatskasse bezog, sondern nur von den Tantiemen seines Buches »Mein Kampf« lebte. Das konnte er wohl auch bei der Auflage. In Goldschnitt, in Leder und Leinen gebunden, hatte ich das Buch zwar immer wieder in den Auslagen der Buchgeschäfte gesehen, es aber weder gekauft noch gelesen. Es interessierte mich auch nicht, weil ich aus Radio und Zeitungen täglich und umfassend über »seinen Kampf« unterrichtet wurde. Ich glaubte auch, daß Hitler wegen seiner ihn Tag und Nacht in Anspruch nehmenden »Arbeit für Deutschland« keine Familie gegründet hatte, obwohl gerade er immer wieder betonte, daß die »Familie die Keimzelle des Volkes« sein, und es leuchtete mir ein, daß er bei den vielen Konferenzen, Empfängen und den langen Reden, die er hielt, keine Zeit mehr für Frau und Kinder haben konnte. Erst viel später kam mir der Gedanke, daß nach dieser Leseart Goebbels mit Frau und sechs Kindern wenig Arbeitszeit für Deutschland aufgewendet haben muß. Aber das gehört zu einem späteren Kapitel.
Ich führte damals in unserem Zwei-Personen-Haushalt die vegetarische Küche ein. Das führte auch prompt zu unserem ersten Ehekrach. Er wollte »Türk'sche Erbsen«, Birnen und Speck, ich aber hatte nur Bohnen und Birnen in Wasser gedämpft auf den Tisch gestellt. Obwohl ich rief: »Nimm bitte Rücksicht auf meinen

Zustand!«, verlangte er auf der Stelle ein Stück Fleisch. Resigniert holte ich ein Mettwurstende aus dem Vorratsschrank und knallte das auf den Tisch. Es hatte keinen Zweck, Mahler fiel als Vegetarier aus. »Ich will nicht auch noch so essen wie dieser Affe aus Berlin«, schrie er, und ganz verdattert über seinen Wutausbruch, betroffen und erschrocken, und schlicht als Wiedergutmachung griff auch ich zur Mettwurst und schnitt mir eine Scheibe ab.
Gut, Mahlers Ernährungs-Gewohnheiten waren eben nicht von heut' auf morgen umzustellen, aber mein Kind sollte von Anfang an vegetarisch leben.
Beim Abwaschen sagte ich mehr zu mir selbst, aber dennoch vernehmlich: »Ich bin nun 'mal eine moderne Frau, eine Frau von heute«, daraufhin stand Mahler auf und sagte: »Jawohl, weil du auf jeden Quatsch hereinfällst!« Er knallte die Tür ins Schloß. Die Schlafzimmertür.
Ich ging einkaufen. Als ich zurückkam, war er noch immer im Schlafzimmer. Ich überlegte, wie ich ihn nur versöhnen konnte. Leise klopfte ich an die Tür. Keine Antwort. Vorsichtig öffnete ich und fand ihn schlafend im Bett.
In der einen Hand ein Stück Räucherspeck in der anderen ein Stück Leberwurst, schlich ich mich an ihn heran und hielt ihm beides vor die Nase. Er wachte aber erst auf, als ich mit dem Speck vorsichtig an sein Gesicht tippte und fing zu meiner Erleichterung an zu lachen. Gottlob, wir waren wieder versöhnt.
Durch die eindeutige Weigerung Mahlers, seine Ernährung umzustellen, hielt sich auch mein Vegetariertum in bescheidenen Grenzen. Ich war ja froh, überhaupt etwas Genießbaren auf den Tisch zu bringen und wäre natürlich ganz und gar überfordert gewesen, einmal mit und einmal ohne Fleisch zu kochen. So konnte ich auch ohne Skrupel immer wieder in eine Knackwurst beißen, die ich übrigens heute noch immer gerne esse.
Eigentlich hatte ich mir meine Schwangerschaft sowieso aufregender vorgestellt. Mutter, Arzt, Hebamme, Kolleginnen hatten mir berichtet, man würde oft Appetit auf Saures haben, Hitzeaufwallungen bekommen, Erschöpfungen bis zu Ohnmachten erleiden, aber von allem spürte ich nichts. Ich hatte auch keine Zeit dazu, denn gerade in den Monaten meiner Schwangerschaft be-

kam ich Angebote über Angebote. Ich sang nach den Theater-Vorstellungen auf Vereinsfesten und Bunten Abenden, sang im Rundfunk und wurde immer wieder für plattdeutsche Hörspiele eingesetzt. Alles überstand ich ohne körperliche Beschwerden, verlangte auch gar keine Rücksicht, und da man dank des immer üppiger ausgestopften Busens meinen Zustand gar nicht wahrnahm, kam auch keiner auf die Idee, daß mir irgend etwas schwerfallen könnte. Selbst mein Mann nicht.
Für jede Mark, die ich zusätzlich verdiente, kaufte ich Babywäsche, und Mahler studierte schon wieder den »Wohnungsmarkt« im Anzeigenteil der Zeitungen.
Unsere Wohnung in der Steinstraße war, auf die Zukunft zu dritt gesehen, zu klein. Wir mußten eine größere finden, und wir wußten, daß die entsprechend teuerer sein würde, was wiederum für mich bedeutete, daß ich auch weiterhin, abgesehen von meinem Engagement bei der Niederdeutschen Bühne, hinzuverdienen mußte.
Wie das alles mit einem Baby zu schaffen war, konnte ich mir nicht vorstellen. Sicherlich konnte ich das Kind zu meinen Eltern bringen, die es nur allzugern nahmen, aber darin sah ich nicht den Sinn einer Elternschaft. Unser Kind sollte mit uns aufwachsen, mit uns leben und von uns erzogen werden. Diese Vorsätze mußten finanziert werden.
Diese nicht so rosigen Zukunftsvisionen verdrängte ich mit der Wurschtigkeit und dem Optimismus der Jugend. Erst einmal sollte das Kind da sein, und was ich nicht für möglich gehalten hatte, stellte sich auch bei mir ein. Je länger ich es mit mir herumtrug, desto mehr begann ich, das unbekannte Wesen zu lieben. Immer wenn ich seine Bewegungen spürte, durchflutete mich ein ganz neues Gefühl. In Tagträumen malte ich mir aus, wie es aussehen würde, und ich wünschte mir sehr, es würde wie sein Vater werden, all die Eigenschaften haben, die ich so sehr an ihm liebte. Seine Fürsorge, seine Zuverlässigkeit, auch seine Pingeligkeit und seine Verschlossenheit. Ach, würde doch mein Kind so werden wie er, er, um den sich mein ganzes Leben drehte, der in meinen Gedanken, in meinen Wünschen und in meinem Sehnen den ersten Platz einnahm, dem ich mit allem, was ich war, gehörte.

Mein Arzt hatte berechnet, daß ich Ende Januar 1938 mit meiner Niederkunft zu rechnen hätte. Deshalb hatte ich ab Mitte des Monats keine Proben und keine Vorstellungen mehr und nahm aber noch beim damaligen Reichssender Hamburg eine plattdeutsche Hörspiel-Rolle an. Was sollte schon sein? Wir hatten mehrere Tage für die Sendung geprobt. Am 25. Januar ging ich um zehn Uhr ins Funkhaus an der Rothenbaumchaussee. Zuerst merkte ich es in der Straßenbahn. Ich konnte mir nicht erklären, was es war und hatte auch keine Gelegenheit nachzusehen. An meinen Beinen floß etwas hinunter. Im Studio bei der Arbeit hatte ich es schon wieder vergessen und wurde erst wieder darauf aufmerksam, als ich vor dem Mikrofon unter mir eine Lache bemerkte. Die Kollegen hatten es auch bemerkt, und mir war es peinlich, aber keiner verlor ein Wort darüber, auch ich nicht.
Gegen Mittag waren wir mit der Arbeit fertig, und ich fuhr nach Hause. Von dort rief ich meine Hebamme an und berichtete, was mir passiert war. »Das ist das Fruchtwasser,« sagte sie am Telefon, »und der Anfang der Wehen. Du müßtest jetzt aber auch Schmerzen haben.« Ich hatte keine.
Ich wartete noch bis Mahler von der Probe kam, und er brachte mich in die Entbindungsklinik am Schlump. Eigentlich wollte er nur warten bis ich in meinem Bett lag, das wenigstens hatte er zu mir gesagt, dann aber sprach er mit dem Arzt, und fast wäre er zu spät zur Vorstellung ins Theater gekommen.
Um 18.50 Uhr war unser Junge geboren.
Jan Rasmus nannten wir ihn. Der junge Vater wurde in der Pause im Theater von dem Ereignis verständigt und kam dann nach der Vorstellung ins Rotekreuz-Krankenhaus, um seinen Sohn zu besichtigen. Kurz zuvor hatte er noch meine Eltern und Schwiegereltern verständigt. Als die Schwester mir am nächsten Morgen mein Baby in den Arm drückte, und ich es allein in aller Ruhe betrachtete, kaum auch ich zu dem Schluß, zu dem ja wohl alle Mütter kommen: Mein Kind ist das schönste Kind. Noch niemals vorher hatte ich ein so hübsches Baby gesehen. Mein Stolz war grenzenlos. Ich entdeckte Ähnlichkeiten mit Mahler in dem zerknitterten Gesichtchen. Ich nahm einen Spiegel und entdeckte dann auch wieder Ähnlichkeiten mit mir und flüsterte immer

wieder leise seinen Namen. Er aber war satt und schlief und sah aus, als sei er schon viel länger auf der Welt als vierzig Stunden.
Mahler kam vor der Probe und nach der Probe, telefonierte mit mir vor der Vorstellung und nach der Vorstellung und wollte immer Neues über Jan Rasmus hören.
Wir benahmen uns so töricht, wie es wohl viele Eltern machen, die glauben, nur sie könnten das Wunder des Lebens vollbringen.
Jan Rasmus' tägliche Fahrt im Kinderwagen bewegte sich zwischen Steinstraße und Große Bleichen. Bei Nachmittagsvorstellungen und Proben blieb er in der Garderobe im Theater, bei Abendvorstellungen und Abstechern bei meinen Eltern.
Durch Muttermilch und durch vegetarische Kost gedieh er prächtig. Dann kam unser erstes Filmangebot. Werner Hochbaum drehte für die Ufa »Ein Mädchen geht an Land«. Es war die Geschichte eines Hamburger Mädchens, das mit seinem Bruder auf einem Lastkahn die Elbe hinauf- und hinunterfuhr. Weil der Bruder heiratete, mußte sie das Schiff verlassen und fiel einem Heiratsschwindler in die Hände, der ihr das Spargeld abnahm und sie ins Elend stürzte.
Hans Mahler spielte den Elbschiffer, seine Braut war ich, Herbert A. E. Böhme war der Heiratsschwindler, und die Hauptrolle spielte Elisabeth Flickenschildt, die Kapitänstochter aus Blankenese. Wir drehten nur wenige Aufnahmen im Hamburger Hafen, alles andere entstand in den Ufa-Ateliers in Berlin-Babelsberg. Elisabeth Flickenschildt war damals, 1938, schon Ensemble-Mitglied des Deutschen Theaters in Berlin unter der Leitung von Heinz Hilpert. In der Berliner Theater-Szene hatte sie schon einen großen Namen, im Film aber war dies nach zwei Nebenrollen ihre erste Hauptrolle.
Während der Atelier-Arbeiten in Berlin mußten Mahler und ich auch noch jeden Abend in Hamburg auf der Bühne stehen. So fuhren wir täglich zwischen Hamburg und Berlin hin und her. Nach der Vorstellung hatten wir gerade noch Zeit, bei meinen Eltern zu essen, nach Jan zu sehen, und dann zuckelten wir mit dem Nachtzug in die Reichshauptstadt. Allerdings nicht im Schlaf-

wagen, aber immerhin schon in der zweiten gepolsterten Klasse. Im Morgengrauen fuhren wir dann vom Berliner Lehrter Bahnhof hinaus nach Babelsberg. Nachmittags fuhren wir mit dem Schienen-Zeppelin »Fliegender Hamburger« zurück. Das war ein stromlinienförmiger Schnelltriebwagen, der die Strecke non-stop in zweieinhalb Stunden zurücklegte.
Fast zehn Tage dauerte diese Tortur. Im Nachtzug versuchten wir immer ein Abteil für uns allein zu bekommen, damit wir uns jeder auf einer Sitzbank ausstrecken und so etwas wie Schlaf finden konnten. Günther Lüders, der auch in dem Film mitwirkte und ebenfalls in Hamburg Theater spielte, hatte etwas mehr Glück als wir, weil er nicht jeden Abend auf der Bühne stehen mußte. Er konnte ab und zu in Berlin übernachten.
In meiner Reisetasche hatte ich einen großen Wecker, den ich während der Fahrt auf den Boden stellte und der morgens, wenn wir durch Berlins Vororte dampften, durch sein Schrillen alle Mitreisenden erschreckte.
Schlaftrunken kletterten wir dann aus dem Waggon und fuhren mit dem Auto hinaus nach Babelsberg. Ich wäre so gern wenigstens einen Abend in Berlin geblieben, um mir die Stadt anzusehen, um mir Elisabeth Flickenschildt auf der Bühne anzusehen, aber ich sah nur den Lehrter Bahnhof und die Film-Studios in Babelsberg, die in unmittelbarer Nähe von Potsdam lagen.
Werner Hochbaum hatte unter anderem schon zwei Filme gedreht, die in Hamburg spielten: den Stummfilm »Brüder«, der die Geschichte des Hamburger Hafenarbeiterstreiks von 1896 erzählte und 1932 »Razzia in St. Pauli« und hatte im Studio ein waschechtes Hamburger Milieu aufbauen lassen. Mir kam bei meiner ersten Filmrolle zugute, was ich schon vor zwei Jahren lernen mußte, als wir mit der Niederdeutschen Bühne in das Haus an den Großen Bleichen zogen. Das sogenannte »Unterspielen«. Auf der kleinen Theaterbühne mußte man, wie vor der Kamera, Gestik und Mimik sparsam einsetzen. Bei den Großaufnahmen hatte ich nur in die Kamera zu blicken, und als ich einmal beim Mittagessen zu Günther Lüders bemerkte: »Das mit den Großaufnahmen hatte ich mir eigentlich schwieriger vorgestellt,« sagte er: »Beim Film sind wir in erster Linie Gesichtsvermieter

und erst dann vielleicht Schauspieler.«
Elisabeth Flickenschildt hatte ein Gesicht, das dem damaligen Schönheitsideal ganz und gar nicht entsprach. Es war aber so unverkennbar, so einprägsam und so ungewöhnlich, daß auch das breite Kinopublikum ihr zujubelte. Ihr Markenzeichen aber war ihre Stimme, die sie so facettenreich einzusetzen vermochte, daß auch der banalste Satz noch hörenswert war.
Die Uraufführung des Films war Ende September 1938 im Hamburger Lessing-Theater am Gänsemarkt.
Dort wo der heutige Ufa-Palast steht, lag das Kino im ersten Stock über dem Faun-Tanzcasino. Nach der Vorstellung verbeugten wir uns mit Elisabeth Flickenschildt und Günther Lüders auf der Kino-Bühne.
Das Premieren-Publikum feierte Elisabeth Flickenschildt enthusiastisch, die Journalisten hoben zwar ihre Leistung auch besonders hervor, gaben aber dem Film sonst keine gute Kritik. Mahler und ich kamen unseren Rollen entsprechend mit ein paar Nebensätzen noch ganz gut weg, sonst aber wurde der Film nicht in die großen Ufa-Erfolge eingereiht.
Dennoch wurde der Film ein großer Publikumserfolg. In den kleineren Nachspiel-Kinos lief er wochenlang und man mußte Schlange stehen, um eine Karte zu bekommen.
Elisabeth Flickenschildt katapultierte sich mit diesem Film in die erste Reihe der deutschen Film-Lieblinge.
Zu dieser Zeit gastierte auf der Bühne des Ufa-Palastes am Valentinskamp eine Frau, die als chilenische Nachtigall in ganz Deutschland Furore machte: Rosita Serrano. Schon oft hatte ich sie im Radio gehört und mir auch ihre Platte mit »Roter Mohn« und »Der Onkel Jonathan« gekauft, nun aber wollte ich die Gelegenheit nutzen und sie einmal auf der Bühne sehen.
Mahler und ich gingen in die Nachmittagsvorstellung und saßen auf den billigsten Plätzen für je 80 Pfennige ganz vorn in dem riesigen Kino-Palast. Zuerst sahen wir einen sogenannten »Kulturfilm«, der damals zum festen Bestandteil eines Kino-Programms gehörte, es folgte die Wochenschau, dann fuhr aus dem Keller auf einer Hebebühne ein großes Orchester empor, spielte ein Schlager-Potpourri und versank danach soweit wieder im Orche-

stergraben, daß man volle Sicht auf die riesige Bühne hatte. Der Vorhang ging auseinander, und sie stand da. Ihre grazile Figur steckte in einem extravaganten, tief dekolletierten Abendkleid, ihr rassig-exotisches Gesicht war umrahmt von einer dunklen Mähne,und sie sang ihre Erkennungs-Melodie ». . . und die Musik spielt dazu«. Dann begleitete sie sich auf der Gitarre zu »La Paloma«, das sie spanisch sang und mit Koloratur-Paraphrasen durchsetzte, dazu trommelte sie den Rhythmus mit langen, rotlakierten Nägeln auf den Holzkorpus der Gitarre. Wir waren begeistert von ihrer Stimme und von der Darbietung. Jede Geste war vielleicht einstudiert, kam aber mit der Spontaneität, die auf das Publikum übersprang. Vor allem ihre Musikalität beeindruckte mich, was sie aus ihren Liedern mit ihrer Stimme herausholte, unterstrich sie mit ihrem ganzen Körper, mit clownhafter Mimik und dem Spiel ihrer wohlgeformten Hände. Eine perfekte Schau. In den ersten Kriegsjahren kam Rosita Serrano noch ein paarmal nach Hamburg, bestritt aber dann mit eigenem Orchester einen ganzen Abend im großen Saal von Sagebiel an der Drehbahn. Sie war ein Paradiesvogel und brachte in den düsteren Kriegsjahren immer noch einen Hauch von Internationalität in die deutsche Unterhaltungs-Szene.
Rudolf Beiswanger und ich probten sein Stück »Du«. Ein Zwei-Personen-Stück, das im Dreißigjährigen Krieg spielte. Es war die Geschichte eines Mädchens und eines Ex-Söldners, die sich in einem verlassenen, halbzerstörten Bauernhaus trafen. Der Soldat lebte von Einbrüchen und Raubzügen und wurde durch die Liebe des Mädchens auf den rechten, bürgerlichen Weg zurückgebracht. Es war ein Stück gegen den Krieg mit vielen komischen Situationen und mit einer Rolle für mich, in welcher ich viel zeigen konnte. Die ganze weibliche Gefühls-Skala.
Wir probten und probten, denn ich hatte Angst und wußte nicht, ob ich neben Rudolf Beiswanger bestehen würde. Es war meine erste Hauptrolle.

Am Morgen des 10. November 1938 bemerkte ich auf dem Weg ins Theater Menschenansammlungen vor Geschäften, mit Latten notdürftig vernagelte Schaufenster und mit Farbe beschmierte Hauswände und Türen, auf denen zu lesen war »Jude« oder »Kauft nicht beim Juden«. Bei Hirschfeld, bei Gebrüder Robinson, bei Tietz, überall dasselbe schreckliche Bild. Die meisten Fußgänger gingen weiter, einige blieben einen Augenblick stehen, schüttelten mit dem Kopf und setzten dann ihren Weg fort.

Im Theater erwischte ich eine Morgenzeitung, und da war zu lesen, daß der deutsche Gesandtschaftsrat in Paris von einem jungen Juden ermordet worden war und daraufhin im ganzen Deutschen Reich das Volk Synagogen und jüdisches Eigentum angezündet und zerstört hätte.

Leise sagte Rudolf Beiswanger zu mir: »Das glaubst du doch wohl nicht? Das ist alles von unserer Regierung gesteuert, ganz nach Plan.«

Ich wußte nun überhaupt nicht mehr, was ich noch glauben sollte. Für mich war eine Regierung immer das Symbol für Gerechtigkeit und Ordnung gewesen, und ich konnte mir nicht vorstellen, daß derartige, gewaltsame Zerstörungen mit staatlicher Duldung vor sich gegangen waren.

Sicher war es wieder nur die SA gewesen, diese Truppe junger Raufbolde, die immer übers Ziel hinausschoß, und ich hoffte, die würden deswegen zur Rechenschaft gezogen werden.

Zu Hause beim Mittagessen sprach ich mit Mahler darüber. »Bei uns in Deutschland geschieht überhaupt nichts mehr ohne die Billigung der Regierung. Die wollen die Juden damit zum Auswandern zwingen, sie sollen Deutschland verlassen.« Naiv fragt ich: »Und warum tun sie es nicht? Warum bleiben sie hier?« Er beruhigte mich und meinte, jetzt würden bestimmt alle Juden

Deutschland verlassen, da man sie ihrer Existenzen beraubte und ihnen alle Rechte nahm. »Das alles wird Haß gegen uns säen und nicht ohne Folgen bleiben«, sagte er.
Zum erstenmal fragte ich mich, warum wohl Hitler die Juden so sehr haßte, daß er all dieses zuließ. Und mein Mann sprach mit mir über die Propaganda, die Hitler über die ganze Welt verbreiten ließ. Um die Gebietsansprüche, wie die des Sudentenlandes, den Einmarsch nach Österreich zu rechtfertigen, mußte er einen Feind erfinden, und der war das »Internationale Monopol-Kapital«, das von Juden beherrscht und gesteuert wurde und angeblich Deutschland vernichten wollte.
Nun fiel es mir sehr schwer zu begreifen, und auch Mahler konnte es mir nicht verständlich machen, was denn nun eigentlich das »Internationale Monopol-Kapital« war. Wenn die Propaganda stimmte, warum ließ es dann das »Monopol-Kapital« zu, daß sich Deutschland immer mehr ausbreitete, warum leistete keiner Widerstand, warum gab man Hitlers Forderungen immer wieder nach? Wenn man uns vernichten wollte, ließ man uns doch nicht immer größer und mächtiger werden?
»Nun bist du endlich da angekommen, wo es unbequem wird, weiter zu denken. Wenn wir jetzt weiter darüber sprechen und uns jemand zuhören könnte, dann werden wir zu Staatsfeinden erklärt und eingesperrt.« – »Aber warum, um Gotteswillen?«, begehrte ich auf. »Weil wir zweifeln an der Lauterkeit unserer Regierung, an der Lauterkeit ihrer Absichten und Ziele.« »Sind unsere Zweifel aber nicht vielleicht nur eine Anmaßung, eine Unterstellung, wo doch viel klügere Menschen als wir alles gutheißen?« – »Viele heißen es nur aus Angst gut, aus Angst vor den Folgen.« Zum erstenmal hörte ich nun, was ich nicht in der Zeitung lesen konnte. Daß es Lager gab, in die man Andersdenkende einsperrte, daß es eine Presse-Zensur gab und eine Rundfunk-Zensur, und hätte mir nicht all' das mein Mann erzählt, ich hätte es nicht geglaubt. In mir sperrte sich immer noch etwas. Mahler war ein Feuerkopf, ein Idealist, vielleicht sah er alles zu schwarz. Millionen in unserem Land konnten sich doch nicht so sehr irren. Mich beschlich das Gefühl, Mahler sei ein Außenseiter, einer, der es schwer hatte, sich einzuordnen, einer der grübelte,

um ein Haar in der Suppe zu finden, und es dann natürlich auch fand. Er war immer auf der Seite der Arbeiter, der einfachen, schlichten Menschen gewesen, aber gerade für die wurde doch alles getan. »Arbeit und Brot«, »Einer für alle – alle für einen«, was war so schlecht an diesen Parolen? Arbeitslose gab es nicht mehr, die Geschäfte florierten, gut, Butter und Margarine waren rationiert, für Bohnenkaffee mußte man Schlange stehen, aber wo gehobelt wird, fallen Späne.

Ich bekam Angst um meinen Mann. Woher wußte er all' das, was er mir erzählt hatte? In welche Gesellschaft war er geraten? Hätte ich doch nur nicht angefangen, von den demolierten Geschäften zu sprechen! Hätten wir doch dieses Gespräch löschen können! Wie konnte er versuchen, mein Bild zu zerstören, versuchen, mir Wirklichkeit als Illusion hinzustellen. Sicher, ich war eine Frau, konnte nur wie eine Frau denken und fühlen, und es war leichter, mir Sand in die Augen zu streuen, als ihm; aber was ich täglich sah und hörte, konnte doch nicht alles gelogen sein. Wenn ich und mit mir die anderen Millionen nur Halbwahrheiten erfahren, woher wußte er die ganze, unglaubliche Wahrheit? Wenn er mir vorhielt, ich wäre auf die deutsche Propaganda hereingefallen, dann war er sicherlich ein Opfer der ausländischen.

Nein, ich mußte ihn aufrichten, ihm Mut machen, ihm wieder Glauben geben, wie sollte er sonst weiterleben? Sicher unterlag er nur einer augenblicklichen Stimmung, sah Gespenster, die sich verscheuchen ließen. Ich nahm mir vor, einfach nicht mehr mit ihm darüber zu sprechen, ihn nicht mehr zu fragen. Vielleicht war Politik wirklich nur etwas für Männer, für »Männer, die Geschichte machen«. Frauen machen nur Geschichten. So heißt es doch, oder?

Am Kaffeetisch hielt ich es für ein gutes Zeichen, als er nach dem ersten Schluck aus seiner Tasse das Gesicht zu einer Grimasse verzog und sagte: »Was soll denn das sein? Kaffee vielleicht?« Ich hatte den Satz des reinen Bohnenkaffees vom Frühstück aufgehoben und ein bißchen Kathreiners Malzkaffee dazugegeben. Das Ganze noch einmal aufgebrüht, um so den knappen, kostbaren Bohnenkaffe zu strecken, und bisher hatte er das Gebräu auch immer ohne Murren geschluckt. »Ich kann nicht den halben Tag durch die Stadt von Kaffeegeschäft zu Kaffeegeschäft laufen, um vielleicht ein Viertel zu ergattern. Es ist immer reiner Zufall, wenn ich welchen bekomme, liest du denn nicht auch überall die Schilder »Bohnenkaffee ausverkauft?«, verteidigte ich mich, und er foppte mich: »Ach ja, ich hatte vergessen, was uns der Führer versprochen hatte. Nur Arbeit und Brot, und beides haben wir. Von Bohnenkaffee und Butter war ja nie die Rede gewesen.« Ich lachte und sagte: »Mach es dir doch nicht so schwer, Hans, leg doch nicht jedes Wort auf die Goldwaage. Nichts wird so heiß gegessen, wie es gekocht wird«, und ich umarmte ihn.

»Ich denke nur nach«, erwiderte er. Ich verschluckte, was ich sagen wollte. »In die falsche Richtung denkst du«, wollte ich sagen, ließ aber nur »du grübelst zuviel« hören.

Wir machten uns auf den Weg ins Theater zur Vorstellung. Jan Rasmus schob ich im Kinderwagen vor mir her. Wortlos gingen wir an den zerstörten oder beschmierten Schaufensterscheiben der jüdischen Geschäfte vorbei. Jetzt erst wurde mir bewußt, wieviele jüdische Geschäfte es gab. Wenn diese Zerstörung, die später als die »Kristallnacht« in die deutsche Geschichte eingehen sollte, eine spontane Reaktion des Volkes gewesen war, so wie es Radio und Zeitungen verbreitet hatten, woher wußte dann das Volk so genau, welches Geschäft jüdisch war und welches nicht? Nein, es wird schon die SA gewesen sein, die alles verursacht hat, diese Ruhestörer und Fanatiker, und ich war ganz fest davon überzeugt, daß man diese Truppe, die ja eigentlich schon ausgedient hatte, da Hitler an der Macht war, dafür auch bestrafen würde.

Wir brachten unseren Sohn zu meinen Eltern. Ich gab meiner Mutter sein Rohkost-Abendbrot, damit sie ihn damit füttern konnte, und dann mußten wir auch schon ins Theater auf die andere Straßenseite.

In unserer gemeinsamen Damen-Garderobe waren die Ereignisse der vergangenen Nacht auch Thema Nr. 1. Die drei älteren Kolleginnen berichteten über ihre Eindrücke und eine schilderte, wie sie in der Nacht aus dem Schlaf gerissen worden war, als man die Synagoge gegenüber ihrer Wohnung angezündet und zerstört hatte. Ich fragte: »Was hat er denn bloß gegen die Juden?« Keine wußte eine Antwort. Einer hat etwas gegen Katholiken, einer etwas gegen Lutheraner, aber deswegen wurden ja auch keine Kirchen angezündet und Geschäfte demoliert. Meine Kolleginnen waren mit mir der Meinung, daß all' diese Ausschreitungen auf das Konto von halbstarken Rowdies gingen, die aber dafür bestraft werden würden. Als Letztes sagte die Älteste von uns: »Wir sind Frauen und Schauspieler, was verstehen wir schon von Politik. Das Beste ist, wir halten uns da 'raus und überlassen es denen, die mehr davon verstehen.« Und unsere Regierung verstand ja ihr Geschäft. Hitler war auf Staatsbesuch in Rom gewesen und war von den Italienern umjubelt worden. Die Österreicher hatten »heim ins Reich« gewollt und hatten unsere Soldaten mit Blumen und Hitler selbst mit Hymnen empfangen. Der englische Premierminister Chamberlain, Italiens Mussolini und der französiche Präsident Daladier hatten doch gerade erst in München ein gemeinsames Abkommen mit Hitler über die Abtretung des Sudetenlandes unterzeichnet und damit doch vor aller Welt die Rechtmäßigkeit seiner Politik bestätigt und Deutschland wieder als gleichberechtigten Partner anerkannt.

Das war doch die Wirklichkeit und nicht etwa die »Halbwahrheiten«, von denen Mahler erzählte.

Nach der Vorstellung gingen wir zu meinen Eltern hinauf, um Jan abzuholen, und ich hatte Angst, daß wir dort noch einmal über das Thema sprechen könnten. Ich hatte keine Angst, mit meinen Eltern darüber zu sprechen, aber davor, daß sie in einem gemeinsamen Gespräch bemerken könnten, daß ich mit meinem Mann nicht derselben Meinung war.

Freudestrahlend öffnete uns meine Mutter die Tür. Wir gingen zuerst ins Schlafzimmer, um nach unserem Sohn zu sehen, der friedlich in seinem Wagen schlummerte.

Bei meinen Eltern hatte es Erbsensuppe mit Knackwurst gegeben, und meine Mutter hatte natürlich für uns etwas aufgehoben, was wir mit großem Appetit aßen. Während Mahler und ich kräftig zulangten, blickten sich meine Eltern mehrmals an, lachten verschmitzt, und als wir endlich wissen wollten, was wohl los sei, hob meine Mutter an: »Jan hat doch viel von dir, Heidi.« »Jaaa, das nehm ich ja wohl an, er ist ja auch mein Junge.« »Na ja,« fuhr sie fort, »äußerlich ist er ganz der Vater, aber innerlich muß er viel von dir haben.« – »Woher willst du das wissen, Mammi?« »Das haben wir heute Abend festgestellt«, warf mein Vater ein, und meine Mutter erzählte nun, worüber sie sich beide totlachen konnten. Mein Vater hatte sich mit seinem Enkel auf dem Schoß zu Tisch gesetzt und ihn von der Erbsensuppen kosten lassen. Zuerst nur einen Löffel, aber Jan hatte lauthals nach mehr verlangt, und so hatte ihm sein Großvater Löffel für Löffel von der Suppe einverleibt. Dann war meine Mutter auf die Idee gekommen, eine halbe Knackwurst in kleine Stücke zu zerschneiden und ihn auch davon probieren zu lassen, und er hatte die halbe Wurst vertilgt.

Anschließend nun wollte meine Mutter ihn noch mit der von mir vorbereiteten Rohkost füttern, die er allerdings in hohem Bogen wegschleuderte. Selbst mit Zureden war es ihr nicht möglich gewesen, auch nur einen Löffel der Rohkost in ihn hineinzustopfen. Da er aber kundgetan hatte, daß er noch nicht gesättigt war, hatte nun sie ihm noch mehr von der Erbsensuppe und von der Knackwurst gegeben.

Wir lachten alle, aber an diesem Abend ärgerte ich mich über einen belanglosen Satz, den mein Mann in die Runde warf: »Der Junge hat eine ganz natürliche, instinktive Abneigung gegen alles Neumodische und weiß, was ihm guttut.«

An diesem Abend glaubte ich einen Vorwurf gegen mich aus seiner Äußerung herauszuhören, eine Kritik, die sich eigentlich nicht auf die vegetarische Ernährung unseres Sohnes bezog, sondern auf meine Betrachtungsweise der deutschen Politik.

Ich drängte zum Aufbruch, aus Angst, ich könnte mit etwas von dem herausplatzen, was mich seit diesem Vormittag beschäftigte, was mich beunruhigte,und aus Angst davor, er könnte vor meinen Eltern noch etwas von dem berichten, was er wußte und was sie genauso beunruhigen würde wie mich.

Es nieselte und ein kalter Wind fegte durch Hamburg an diesem Novemberabend, und aus Sorge um Jans Gesundheit gingen wir schneller als gewöhnlich den Weg in unsere Wohnung.

Als ich zu Hause Jans Windeln wechselte, ihn wusch und pu-

s Demoiselle Wanda in »Benefiz bi Mattler« mit Hans Mahler und Hans-Dieter Zeidler, 1949

'illy Cohrs« mit Hans Mahler, 1950

Noch einmal »Benefiz bi Mattler«, 1965.
Meine Tochter Heidi Mahler
spielte nun die Demoiselle Wanda.

»Wenn de Hohn kreit« mit Walter Scherau

»Das Loch im Zaun« mit Henry Vahl und Walter Scherau

)at Appelspill« mit Karl-Heinz Kreienbaum

»Der Winkeladvokat« mit Heini Kaufeld

wei Engel« mit Werner Riepel

Als Wirtin in »Der schönste Mann von der Reeperbahn«

»Venus von Müggensack«

derte, wachte er nicht einmal auf. Aber fortan verschmähte er meine Rohkost, er verschloß seinen kleinen Mund so strikt, daß ich kapitulieren und ihn auf ganz normale Kost umstellen mußte. Was ich ihm in den ersten zehn Monaten seines Lebens angewöhnt hatte, hatten ihm seine Großeltern in einer halben Stunde abgewöhnt.

Hans Mahlers Mutter war gestorben. Nach langer, schwerer Zucker-Krankheit. Seine Schwester und ihr Mann, die in demselben Haus mit meinen Schwiegereltern lebten, hatten sie bis zu ihrem Tod aufopfernd gepflegt. Meinen Schwiegervater, der sich schon an das Kranksein seiner Frau gewöhnt hatte, traf ihr Tod wie ein Keulenschlag. Trotz der ständigen Verschlechterung ihres Gesundheitszustandes hatte er immer noch gehofft, sie würde am Leben bleiben. Auch mein Mann hatte nicht mit dem Tod seiner Mutter gerechnet, und ich spürte, wie sehr er um sie trauerte. Wenn es sein Charakter doch wenigstens zugelassen hätte, darüber zu sprechen, mit mir, mit seinem Vater, mit seinen Schwestern, aber er schwieg. Er vergrub sich noch mehr in seine Bücher, in seine Rollen und beschäftigte sich immer mehr mit seinem Sohn. Plötzlich wurde er ein besorgter Familienvater. Er half mir mit im Haushalt, ohne daß ich ihn dazu auffordern mußte, und es machte ihm nichts mehr aus, wenn ich nach der Theatervorstellung noch tingeln mußte, Jan von meinen Eltern abzuholen und ihn im Kinderwagen in die Steinstraße zu schieben, ihn sauber zu machen und ins Bett zu bringen.

Rudolf Beiswanger und ich hatten einen großen Erfolg mit »Du«. Die Presse und Dr. Ohnsorg lobten uns über alle Maßen. Stolz, auch in einer Hauptrolle vor Publikum und Kritik bestanden zu haben, versuchte ich jetzt von Vorstellung zu Vorstellung mein Spiel zu vervollkommnen. Mahler hatte mit dieser Inszenierung seinen ersten großen Regie-Erfolg. Er arbeitete mit mir zu Hause so intensiv, daß mir Rudolf Beiswanger ungefähr nach der fünften oder sechsten Aufführung sagte: »Ich habe zwar die beiden Rollen für dich und für mich geschrieben, aber wenn ich gewußt hätte, was du daraus machen würdest, hätte ich das Stück wahrscheinlich mit einer anderen Partnerin gespielt. Du spielst mich ja fast an die Wand.« Ich küßte und umarmte ihn, ein größeres Lob hatte ich noch nicht bekommen.

Als ich abends Mahler wiederholte, was sein Freund und Kollege zu mir gesagt hatte, dämpfte er meine Eitelkeit mit dem Satz: »Paß bloß auf, daß aus dir nicht noch 'ne plattdeutsche Duse wird. Die Niederdeutsche Bühne braucht Volksschauspieler und keine Heroinen.«
Die Gefahr, daß aus mir eine Heroine werden würde, sah ich nicht. Aber im Überschwang der Freude über meinen Erfolg hatte ich soviel Überredungskraft, Mahler zu meinem Partner auf einem »Bunten Abend« zu machen. Weil er besser Akkordeon spielte als ich, schlug ich vor, er solle mich begleiten. So würde ich auf der Bühne nicht mehr vor dem Standmikrofon ausharren müssen, sondern könnte mich ohne Akkordeon mit dem Handmikrofon frei bewegen, ein paar Tanzschritte wagen und etwas mehr Schau bieten, ohne gleich die mondäne Rosita Serrano kopieren zu wollen, was ja bei meinem Typ, meinem Können und meinem Repertoire auch sinnlos gewesen wäre.
Tatsächlich probierte Mahler an den nächsten Tagen mit mir, und es klappte alles recht gut. Die Veranstaltung war an einem Sonnabend im Großen Saal des Hotels »Kaiserhof« am Altonaer Bahnhof.

Unsere Nummer stand. Einschließlich der Zugaben war alles bis ins Letzte probiert, mein Gesang und seine Musik liefen synchron. Nach der Theatervorstellung blieb uns im »Kaiserhof« gerade noch Zeit, uns umzuziehen, dann mußten wir auch schon auf die Bühne. Ich sang und tanzte und schon nach meinem ersten Lied raste das Publikum. Weiter! Tempo! Die Leute im Saal durften nicht mehr zur Besinnung kommen, Applaus, jetzt ein freches Gedicht von Ringelnatz und gleich hinterher das »Lied vom Hamborger Jung.« Das Publikum sang mit. Dann noch »Das Buddelschiff«, und wir traten ab. Das Publikum trampelte mit den Füßen, und ein paar Da-capo-Rufe waren zu hören. Ich verbeugte mich allein. Mahler hatte das Akkordeon abgelegt, er war schweißgebadet. Ich konnte ihn nicht mehr mit auf die Bühne ziehen. Er stand wie angewurzelt. »Komm raus, Zugabe!« zischte ich, aber er schüttelte den Kopf, reichte mir das Instrument, half mir die Gurte umzulegen und sagte: »Geh du allein. Ich mag nicht mehr.« Ich sang noch zwei Lieder, dann rannte ich in die Garderobe. Er war schon umgezogen. »Was war denn?« fragte ich, »hat doch alles fabelhaft geklappt.« »Ja alles – nur ich kann das nicht.« »Aber natürlich kannst du das, noch ein paar Auftritte und du hast kein Lampenfieber mehr«, munterte ich ihn auf, aber er schüttelte wieder nur mit dem Kopf.

Es war Mahlers erster und letzter Auftritt auf einer Tingel-Bühne. Auch als es uns ein paar Jahre später sehr schlecht ging, war er nicht bereit, mit mir auf »Bunten Abenden« aufzutreten. Für viele meiner kleinen Lieder schrieb er die Texte und die Musik, trug sie auch zu Hause mit Verve vor, aber vor einem großen Publikum brachte er es nicht über die Rampe. Selbst als routinierter Schauspieler nicht. Er sagte: »Ich weiß, daß ich so gut Akkordeon spiele wie du, aber ich bin am falschen Platz. Es stimmt einfach nicht, deshalb zittern mir die Knie, läuft mir der Angstschweiß herunter, du schließt den Kreis mit dem Publikum und ich bleibe draußen vor. Das liegt nicht an dir, nicht am Publikum, es liegt an mir. Ich bin kein Tingel-Maxe.«

Er hatte Recht – nur ich sah es erst viel später ein,erst als ich begriff, was es bedeutet, wenn man auf der Bühne eine Rolle spielen muß, mit der man nichts anfangen kann. Man bekommt mit der Zeit ein Gespür für dieses Vakuum, das zwischen dem Parkett und einem selbst entsteht. Ist man in der Rolle nur falsch besetzt und das Stück sonst gut, können die anderen Schauspieler in dieses Vakuum eindringen und den Abend retten, ist aber das Stück dünn, steht man auf verlorenem Posten.

Nur wer es einmal erlebt hat, kann sich vorstellen, was dann in einem vorgeht, wenn einen das Gefühl beschleicht, es ist nichts mehr zu retten, es geht bergab und das noch zwei Akte lang. Dann hat man Mühe, sich aufrecht zu halten, nicht zu schwanken, man beginnt zu überzeichnen, mehr Bewegungen zu machen, oder aber man ist wie gelähmt, steht neben sich und schaut sich zu und hofft nur noch auf das Ende der Vorstellung.

Hans Mahler konnte schon nach den ersten Minuten hören, ob das Publikum sich einfangen ließ, ob die gewisse Atemlosigkeit eintrat, ob sich im Zuschauerraum die Bereitschaft einstellte, mit den Schauspielern eine Einheit zu bilden. Wenn das nämlich zustandekommt, dann stellt sich bei den Schauspielern ein Hochgefühl ein, um dessenwegen sie bereit sind, alles zu vergessen. Den Alltag, die Mühsal der Proben, die Enttäuschungen und die physischen Anstrengungen, die der Schauspiel-Beruf auch mit sich bringen kann.

Kurz vor Weihnachten konnte man an den Eingängen der Theater, Cafés, Restaurants, Museen und anderen öffentlichen Einrichtungen weiße Emailleschilder entdecken, auf denen mit schwarzer Schrift zu lesen war: Juden unerwünscht. Im Theater erfuhr ich, daß diese Schilder von irgendeiner Behörde an die Eingangstüren angeschraubt worden waren, ohne daß die Eigentümer gefragt wurden. In Berlin war ein dementsprechendes Gesetz erlassen worden.

Noch brauchten die Juden nicht den gelben Davidstern zu tragen und hätten sich somit darüber hinwegsetzen können und weiter Kinos, Theater und Veranstaltungen besuchen können, aber wer riskiert das schon. Das Denunzieren erfuhr starke staatliche Förderung.

Wer von ihnen konnte sicher sein, nicht von irgendjemand erkannt zu werden, der dann durch einen Anruf bei der Polizei schon eine Verhaftung auslösen konnte?

Der Schnüffelstaat war installiert. An einem Vormittag nach einem der vielen staatlichen Feier- und Gedenktage klingelte es an unserer Wohnungstür. Ein Mann stellte sich als unser »Blockwart« vor und bat um Einlaß. Ich war mit unserem Jungen allein in der Wohnung, mein Mann war schon zur Probe im Theater. Eine Unruhe befiel mich, und ich wußte nicht warum, aber das freundliche Gehabe des Mannes war mir unheimlich. Er zog einen Ordner aus einer Aktentasche und stellte Fragen. Ihr Mann ist Parteimitglied? Ja. Sie sind in der Frauenschaft? Ja. Sie haben ein Kind? Ja, hier sitzt es. Sie sind beide als Schauspieler berufstätig? Ja, Herrgott nochmal. Und warum haben sie dann gestern nicht geflaggt? Sie wissen doch was gestern für ein Tag war? Ja, das wußte ich. Aber ich hatte keine Hakenkreuzfahne. Schon fing ich an zu stottern. Wir sind jung verheiratet und wir hatten so viele andere dringende Anschaffungen machen müssen, daß wir es ganz vergessen hätten, auch eine Flagge zu kaufen.

Der Blockwart lächelte mild, väterlich. Er sagte, er und die Ortsgruppe hätten dafür volles Verständnis, und er habe sich das alles auch fast schon gedacht und füllte dabei ein Formular aus. Das schob er mir 'rüber und gönnerhaft fügte er hinzu: »Damit gehen sie an einem der nächsten Tage, aber am besten gleich heute, zur Ortsgruppe, und dort wird man ihnen dann eine Fahne aushändigen. Kostenlos, aus Spenden anderer Parteimitglieder. So können dann auch sie mit dazu beitragen, daß unsere Steinstraße ein einziges Flaggenmeer wird.«

Ich war erleichtert. Wenn es weiter nichts war, als eine Fahne aus dem Fenster zu hängen, warum nicht. Ich wollte ja nicht aus der Reihe tanzen.

Der Blockwart reichte mir die Hand und ließ zum Abschied ein freundliches ‚Heil Hitler' ertönen.

Ich wischte mir den Schweiß von der Stirn und wußte eigentlich nicht, warum ich ins Schwitzen gekommen war. Ich hatte doch ein ganz reines Gewissen, aber dennoch hatte ich Angst.

Endlich kam Mahler zum Mittagessen nach Hause. Ich erzählte ihm von dem Besuch und zeigte ihm das Abhol-Formular. Als er laut an zu lachen fing, ertappte ich mich zum erstenmal dabei, daß ich den Zeigefinger an die Lippen legte und »Psst« durch die Zähne pfiff.

»Aber ich werde doch noch lachen dürfen!«, sagte Mahler und nahm mich in den Arm. »Ja schon, aber wenn es nun jemand hört. Könnte der nicht denken, wir lachten über den Blockwart. Oder vielleicht sogar über die Fahne?«

»Aber Heidi-Schnut, niemand würde von dir so etwas annehmen. Du als deutsche Frau und Mutter, als Frauenschafts-Mitglied. Du würdest doch niemals über deinen Blockwart oder über die Fahne der Bewegung lachen.« Sein Spott aus den gängigen Progaganda-Phrasen traf mich. Ich schwieg. Er beschäftigte sich mit dem Jungen, ließ mir Zeit zum Nachdenken, und wieder hatte ich Angst. Angst um unsere Zweisamkeit, Angst, ihn verlieren zu können, auch Angst vor seinem Spott.

Fahne und Fahnenstange holte ich ab und stellte sie in den Kleiderschrank. Der nächste National-Feiertag kam, und ich versuchte die Fahne aus unserem Fenster zu hängen. Da ich aber keine Haltevorrichtung geschenkt bekommen hatte, wußte ich nicht so recht, wie ich die Fahne befestigen sollte. Ich wagte nicht, Mahler zu bitten, mir dabei zu helfen. So öffnete ich einen Fensterflügel und klemmte unter Fensterrahmen und unterem Fensterrand die Fahnenstange.

Wir gingen zur Probe in Theater. Als wir zurückkamen, war unser Wohnzimmer zwar gut gelüftet, aber auch eiskalt. Mahler schlug sich mit verschränkten Armen auf die Schultern, eine übertriebene Geste, um anzudeuten, wie kalt ihm sei. Wütend über ihn holte ich die Flagge ein, schloß das Fenster und hängte die Fahne auf dieselbe Art aus unserem Schlafzimmer-Fenster, das zu einem Innenhof hinausging. Dort flatterte sie als einzige im Wind.

Am nächsten Tag bekam ich wieder Besuch vom Blockwart. Diesmal am Nachmittag. Wieder war ich mit Jan allein in der Wohnung. Sie haben doch nun eine Fahne? Ja, die habe ich ja selbst abgeholt. Und warum haben sie die gestern nicht herausgehängt? Habe ich doch. Ich aber habe hier eine Mitteilung, daß auch gestern ihre Wohnung unbeflaggt war. Nein, das stimmt nicht. Ich habe selbst die Fahne herausgehängt. Aber ich habe hier eine Meldung, daß ihre Fenster um 16 Uhr gestern unbeflaggt waren. Ach ja, entschuldigen sie, sie haben ja Recht. Als ich gestern mittag nach Hause kam, war es so kalt im Zimmer, weil ich das Fenster offenlassen mußte wegen der Fahne, und der Kleine hätte sich erkälten können, da habe ich die Fahne hereingenommen aber sie sofort wieder nach hinten herausgehängt. Nach hinten? Ja, aus dem Schlafzimmerfenster. Wieder schrieb er ein Formular aus, diesmal für einen Fahnenhalter. Den sollte ich dann wieder im Büro der Ortsgruppe abholen und mein Mann sollte ihn dann draußen am Fensterrahmen anschrauben. Dann kam noch, man müsse ja den jungen Volksgenossen unter die Arme greifen und ihnen helfen. Dazu sei er ja schließlich da, er der Blockwart. Ja, einer für alle und alle für einen und dann bis bald mal wieder. Heil Hitler! Heil Hitler! Mahler gegenüber erwähnte ich kein Wort von dem neuerlichen Besuch des Blockwarts. Ich wollte nicht sein Lachen hören über die Kleingeistigkeit dieses Parteimitglieds, denn ich war überzeugt, daß unser

Blockwart eine Ausname war. Hatte sich die Partei nicht höhere Ziele gesetzt, und diese auch immer wieder verkündet, als die Kontrolle darüber, wer wo wann eine Fahne heraushängte? Aber der Blockwart mußte ja auch Helfershelfer haben. Wer sonst hätte ihm Meldung machen können, daß die Fahne nicht aus dem Fenster gehängt worden war.
Wir wurden beobachtet. Aber warum? Was konnte gegen uns vorliegen? Nichts. Irgendetwas in mir lehnte sich auf, und als ich das Ortsgruppen-Büro betrat, und man mir den Fahnenhalter und sechs Schrauben aushändigte, sagte ich, wir hätten auch gar keinen Schraubenzieher, um das Ding zu befestigen, und weder ich noch mein Mann könnten mit Handwerkszeug umgehen. Wir seien nur Schauspieler.
Ich sollte dann doch 'mal Platz nehmen. Blicke wurden gewechselt, dann wurde ein junger Mann gerufen, und schon war alles geregelt. Der junge Mann kam gleich mit mir, mit Handwerkskasten. Fachmännisch montierte er den Halter an den Fensterrahmen und probierte dann noch aus, ob die Fahnenstange auch in die Halterung passen würde. Für ein paar Minuten war ich an diesem Tag die einzige, die in der Steinstraße Flagge zeigte.
Zuerst bemerkte Mahler gar nicht, was draußen an dem Fensterrahmen angebracht worden war, und als dann der nächste Flaggentag kam, und ich die Fahne in die Halterung steckte und das Fenster dann wieder schloß, sah er mir dabei zu und sagte nichts. Flaggen war also meine Sache, schloß ich daraus.
Das Wort Frieden konnte man immer öfter hören und lesen. Bald auch das Gegenteil: Krieg.
Angeblich wollte ihn keine Seite, und die ältere Generation führte immer wieder an, Hitler würde sich doch als Weltkriegsteilnehmer nicht noch einmal auf einen Zweifronten-Krieg einlassen, der uns schon 1918 die Niederlage gebracht hatte.
Aber nach Hitlers Ausdrucksweise bedrohten uns im Westen die Plutokraten und im Osten die bolschewistischen Untermenschen. Nur er, Hitler, bedrohte niemanden und wollte nur den Frieden. Nachdem er als letzte Gebietsforderung die Einverleibung des Sudetenlandes durchgesetzt hatte, marschierte er in die Tschechoslowakai ein und spaltete das Land in zwei Teile. Dann holte

er sich von Litauen das Memelland und nun forderte er von Polen Danzig und einen sogenannten Korridor durch Polen nach Ostpreußen.
Wenn man auch immer noch an die Vernunft glaubte, die Tatsachen sprachen dagegen.
Dann kam der 23. August 1938. Das Unfaßbare war geschehen. Der sowjetische Außenminister Molotow war in der Berliner Reichskanzlei und hatte mit Hitler und Ribbentrop einen Nichtangriffspakt geschlossen. Über Nacht wurde diese Nachricht verbreitet, und über Nacht wurden aus unseren Erzfeinden, den bolschewistischen Untermenschen, unsere Freunde. Radio und Presse jubelten. Hitlers diplomatisches Geschick wurde gerühmt und Mahler sagte lakonisch: »Das bedeutet Krieg.«
Mir aber bedeutete diese Wende etwas ganz anderes. Ich war erschüttert. Wie konnte ein deutscher Staatsmann, der uns allen immer wieder als höchste Tugenden Ehre, Glaube und Treue gepredigt hatte, über Nacht mit unseren Erzfeinden paktieren. Ich empfand es als Verrat. Stalin, über dessen Greueltaten immer ausführlich berichtet worden war, der uns zähnefletschend als unser aller Feind dargestellt worden war, erschien jetzt in unseren Zeitungen als freundlich lächelnder Menschenfreund. Wenn unsere Regierung so schnell von einem Extrem ins andere fiel, was sollte man denen noch abnehmen, noch glauben? Nichts. Die führten uns doch regelrecht an der Nase herum.
Abends nach der Vorstellung saß ich mit Mahler in unserem Wohnzimmer. Es fiel mir schwer, mit ihm in ein Gespräch zu kommen über das, was mich bewegte. Er sprach über Alltägliches, ich nickte und hörte gar nicht hin. Dann platzte ich damit heraus, ohne Übergang, ganz abrupt: »Hans, ich will 'raus aus dem Verein!« Ich sagte wirklich Verein und meinte die Partei. »Ich will mit den Leuten nichts mehr zu tun haben, deren Ziele sind nicht meine. Die belügen uns von morgens bis abends und von hinten und von vorn.« Ich war nicht zu bremsen, und er ließ mich weiterreden. »Ich will keinen Krieg, ich will in Ruhe und Frieden leben, will weiterarbeiten und etwas aufbauen, und ich will gefragt werden.« – »Was willst du gefragt werden?« – »Ob ich zum Beispiel ein Bündnis mit Rußland will, ob ich Krieg will, ob

ich, ich weiß nicht was, will. Ich möchte nicht immer nur vor vollendete Tatsachen gestellt werden, und ich möchte meine Meinung wenigstens sagen dürfen. Durch meinen Austritt möchte ich erklären, daß ich mit vielem nicht einverstanden bin. Das Recht dazu habe ich doch?« Er sprach leise und langsamer als sonst, so, wie er es immer tat, wenn er mir etwas erklären wollte: »Vielleicht hast du das Recht, deinen Austritt zu erklären, aber was dann kommen wird, hat mit dem Recht, das du zu haben glaubst, nicht mehr viel zu tun. Du wirst vielleicht für einige Zeit verschwinden, verhört werden, aber auf jeden Fall Arbeitsverbot bekommen, man wird uns die Existensgrundlage nehmen und uns zu Aussätzigen stempeln. Man kann heute nicht mehr von diesem fahrenden Zug springen, denn der rast bereits mit voller Fahrt einem unbekannten Ziel entgegen.«
»Aber es muß doch auch noch andere Menschen in Deutschland geben, die so denken wie ich. Die auch nicht mit allem einverstanden sind. Wo sind die?« »Die gibt es schon, nur sie geben sich schwer zu erkennen aus Angst, man könnte sie verraten. Ich schlug die Hände vors Gesicht und weinte. Verzweifelt fragte ich meinen Mann: »Warum nur hast du mir das alles nicht früher gesagt?« »Weil ich es früher auch nicht wußte, und wie ich anfing, das Dickicht ein bißchen zu durchschauen, war es schon zu spät.« »Wofür zu spät?« »Auszusteigen, abzuspringen und deine Hoffnung auf eine schönere Zukunft zu zerstören. Du warst so unerschütterlich davon überzeugt, daß alles gut werden würde, und oft hatte ich Zweifel, ob du nicht sogar Recht haben würdest. Dann aber hoffte ich im Stillen, du würdest eines Tages selbst dahinterkommen, erkennen, wohin alles führen wird, selbst zweifeln an den lauteren Absichten unserer Führung. Und nun bist du aufgewacht. Ich bin froh darüber, habe aber auch Angst, daß du nun wieder über das Ziel hinausschießt, dich wieder zu weit vorwagst und uns damit alle in Gefahr bringst.« Ich, der man immer gesagt hatte, man zeigt keine Gefühle, man weint nicht, man lacht nicht laut, ich konnte meine Tränen nicht zurückhalten. Mahler streichelt mein Haar und sagte leise: »Wir müssen jetzt die Nerven behalten und dürfen keine Dummheiten machen, vielleicht wird alles halb so schlimm.«

Endlich fand ich den Mut zu sagen: »Und ich habe dich damals in alles hineingeredet, weil ich wollte, daß du Karriere machst, weil ich dich heiraten wollte, es war meine Schuld.« »Es war die Schuld von uns beiden. Ich hätte dir nicht nachgeben dürfen, aber nun dürfen wir nach dem ersten Fehler nicht den zweiten machen und unsere Existenz aufs Spiel setzen. Damit ändern wir nichts.«

Ich dachte an Jan, an unsere Eltern, an unseren Beruf, und ganz langsam keimte in mir ein wenig Hoffnung auf, vielleicht wird alles halb so schlimm. Vielleicht würde es keinen Krieg geben, vielleicht würde sich Hitler mäßigen, zufrieden geben, mit dem, was er erreicht hatte, vielleicht würde wirklich alles halb so schlimm.

Es wurde schlimmer, viel schlimmer, als es sich jeder hatte vorstellen können. Am 1. September 1939 begann der Zweite Weltkrieg. In Europa gingen die Lichter aus. Am Sonntag, dem 3. September, vormittags erschien wieder einmal unser Blockwart mit zwei Helferinnen. Sie verteilten Lebensmittelkarten. Ab dem darauffolgenden Montag gab es Nahrungsmittel nur noch auf Marken und Schuhe, Strümpfe und Textilien nur noch auf Bezugsscheine.

Zusammen mit den sich überstürzenden Siegesmeldungen aus Polen brachten die Zeitungen immer wieder das Wort »Blitzkrieg«. Wie ein Blitz würde alles vorbei sein, Weihnachten sind alle Soldaten wieder zurück, Friede wird unter dem Tannenbaum sein.

Unsere Suche nach einer größeren Wohnung war inzwischen erfolgreich gewesen und wir waren gerade dabei, den Mietvertrag für eine elegante, aber auch teure Wohnung in der Sophienterrasse zu unterschreiben, als mein Mann seinen Gestellungsbefehl erhielt. Er wurde als Soldat eingezogen. Da wir beide nicht wußten, welche wirtschaftlichen Folgen damit verbunden waren, schreckten wir davor zurück, uns eine Miete aufzuhalsen, die ich allein gar nicht verdienen konnte. Nichtsahnend, daß die Wehrmacht auch die Mietzahlungen übernehmen würde, ganz gleich in welcher Höhe, entschieden wir uns für eine preiswertere Wohnung in der Binderstraße 18. Eine Vierzimmerwohnung in der ersten Etage.

In dieser ruhigen Seitenstraße der Rothenbaumchaussee konnte Jan wenigstens später auch einmal auf der Straße spielen, was ja in der damals schon stark befahrenen Steinstraße nicht möglich gewesen wäre.

Mit dem Beginn des Krieges waren auch die Sparguthaben teilweise blockiert. Man konnte nur höchstens RM 1.000,— im

Monat abheben, was meine weltkriegserfahrenen Eltern veranlaßte, regelmäßig diese Summe vom Konto zu holen, um dafür Sachwerte zu hamstern.
Sie schenkten uns ein Herrenzimmer und einen Teppich, für Jan ein Kinderbett, und ich leistete mir eine Haushaltshilfe, die auch abends, wenn ich im Theater war, bei Jan blieb. Obwohl alle über micht lachten, hatte ich Angst vor Fliegerbomben. Auch wenn Hermann Göring über das Radio posaunt hatte, er wolle Meier heißen, wenn auch nur eine einzige Bombe auf deutsches Territorium fiele, ich glaubte nichts mehr.
In den Zeitungen konnte man Photos vom Britischen Premierminister Chamberlain sehen, der auf dem Weg ins Unterhaus eine Gasmaske mit sich trug und der in den Bildunterschriften dafür hämisch als »Angsthase« verspottet wurde, gleichzeitig aber wurden auch an uns sogenannte »Volksgasmasken« verteilt. Mit einer solchen Maske hatte mich schon mein Vater, als ich noch Kind war, einmal erschreckt, als er aus dem ersten Krieg zurückkam und sich eine Gasmaske aufgesetzt hatte.
Jetzt wurde ich auf einer Luftschutzübung darin unterwiesen, mir so ein Ding sachgerecht überzustülpen. Dann mußte ich mit den anderen Bewohnern unserer Straße eine Feuerpatsche handhaben. Das war ein Besenstiel mit einer Querlatte, an der ein Feudel befestigt war. Den sollte man in Wasser tauchen und damit die Brandbomben ausschlagen. Dann übten wir eine Eimerkette. Der Luftschutzwart schärfte uns immer wieder ein, daß erst auf sein Kommando »Wasser marsch« hin der erste gefüllte Wassereimer bis an den Brandherd weitergereicht werden dürfte. Anweisungen darüber, was zu tun ist, wenn auf das Kommando »Wasser marsch« hin kein Wasser aus der Leitung kommt, bekamen wir auch. Jeder sollte deshalb vor seiner Wohnungstür im Treppenhaus zwei Eimer deponieren. Einen mit Wasser, den anderen mit Sand. Abschließend bei einem Rotkreuz-Kursus, wo man lernte, mit Verwundeten umzugehen und Verbände anzulegen, wurde dann betont, dies sei ja alles nur für den Ernstfall, der ja wohl kaum eintreten könne, schon allein deswegen nicht, weil Göring ja nicht in Meier umbenannt werden wolle.
Diese zwiespältigen Aussagen bestärkten mich weiterhin, nichts

mehr zu glauben, was von irgendeiner amtlichen Stelle ausgesagt wurde.
Mahler hatte Glück. Weil er schon neununddreißig war, wurde er zur Reserve eingeteilt und kam schon nach ein paar Wochen von den Soldaten zurück. Sofort beantragte das Theater seine uk.-Stellung, der auch stattgegeben wurde. Uk. hieß damals »unabkömmlich« für eine gewisse Zeit.
Viele Schauspieler konnten davon Gebrauch machen, denn das Regime legte mehr denn je Wert darauf, daß die Theater, die Kinos, Varietés und Kaffeehäuser weiter ihren Betrieb aufrechterhielten. Soldaten und Zivilisten sollten abgelenkt werden, sollten sich amüsieren und ihnen sollte ein Gefühl der Stärke vermittelt werden. Deutschland konnte Krieg führen und dennoch ging im Land alles seinen gewohnten Lauf. Das Tanzverbot, das gleich zu Beginn des Krieges ausgesprochen worden war, wurde gelockert. Mittwochs, sonnabends und sonntags durfte wieder getanzt werden. Wir siegten. Polen wurde überrannt und besiegt, die neutralen Staaten Dänemark und Norwegen besetzt, Holland und Belgien niedergemacht und schließlich wurde auch Frankreich besiegt. Aus dem Radio ertönten zwischen den Sondermeldungen über unsere Siege die Lieder »Bomben auf Engeland« und »Panzer rollen in Afrika vor«. Im Kino lachte das Publikum über die Sketche von »Tran und Helle«. Jupp Hussels und Ludwig Schmitz zeigten in immer neuen kurzen Episoden, wie man sich als Deutscher kriegsgerecht verhalten sollte. Ludwig Schmitz stellte als Tan den unbelehrbaren Hamsterer vor, der alles kaufte, was noch zu bekommen war. Von der Babywäsche bis zu leicht verderblichen Lebensmitteln, der sich Bezugsscheine erschlich, ohne Bedarf zu haben, und Jupp Hussels, als Helle, gab ihn dann der Lächerlichkeit preis und machte ihm und dem Kino-Publikum klar, daß angesichts unserer siegreichen Kriegsführung kein Grund bestände, Vorräte anzulegen. Wer damals genau das befolgte, was der dumme Tran vorspielte, wäre gut durch den Krieg gekommen.
Als sich dann unsere Versorgungsanlage doch mehr und mehr zuspitzte, verschwand diese Erfolgsserie über Nacht aus dem Kino-Beiprogramm. Sonst wären nämlich die Rollen vertauscht

gewesen, und das Publikum hätte über den naiven Helle gelacht und das getan, was der übervorsichtige Tran vorschlug.
In rasantem Tempo war das Konzept dieser Serie von der Aktualität überholt worden. Was gestern noch richtig erschien, war heute schon falsch.
In den Wochenschauen konnte man sehen, wie sich unsere Truppen an der Atlantikküste einigelten und den Atlantikwall bauten. Unsere Luftwaffe bombadierte Coventry und London, und die ersten ferngelenkten Raketen wurden auf London abgeschossen. Ich erinnere noch genau eine Schlußpassage aus einer Wochenschau, in der Luftaufnahmen vom brennenden London gezeigt wurden und immer wieder die sich öffnenden Schächte in unseren Flugzeugen, aus denen die Bomben herausfielen. Ein Sprecher kommentierte diesen pausenlosen Einsatz unserer siegreichen Luftwaffe im Kampf um England. Danach wurde »Bomben auf Engeland« gespielt. Das Publikum applaudierte.

Auch in Hamburg gab es jetzt Fliegeralarm. Meistens heulten die Sirenen gegen ein Uhr nachts, und die Entwarnung war zwischen drei und vier. Wir gingen damals noch in den provisorischen Luftschutzkeller in unserem Haus, vor allen Dingen, um Schutz vor den Splittern der Flakgeschosse zu finden. Und dann fiel, wohl mehr aus Versehen, die erste Bombe auf Hamburg. Am Nobistor in den schmalen Grenzgang, der einst Altona von Hamburg trennte. Fensterscheiben waren zersplittert, und von ein paar Hauswänden war der Putz heruntergefallen. Die Straßenbahn, mit der wir zu einem Abstecher ins »Haus der Jugend« nach Altona fuhren, konnte kaum durchkommen. Der Bombeneinschlag war das Ziel von vielen schaulustigen Spaziergängern. Zwei Jahre später brauchten die Hamburger nicht mehr weit zu gehen, um Ruinen und Zerstörungen zu besichtigen, sie fanden sie vor der Haustür.
In diesen ersten Kriegsjahren aßen Mahler und ich mittags nach den Proben oft im Restaurant des Theaters. Der Wirt hieß Paul Westergaard-Schmidt, war fast zwei Meter hoch und von der Breite

eines zweitürigen Kleiderschranks. Er war in früheren Zeiten ein erfolgreicher Ringkämpfer gewesen und Mitveranstalter von Ringkampf-Turnieren, die unter seiner Leitung in der »Flora« am Schulterblatt abgehalten wurden.
Damals mußte jedes Restaurant ein »Stammessen« anbieten, das war ein Gericht ohne Marken. Mußte man doch sonst, je nach dem was man auswählte, Fleisch-, Fett- und auch Nährmittelmarken abgeben. So schmeckte es dann meistens auch. Ausgenommen das Stammessen bei Westergaard-Schmidt. Er kochte einen Eintopf, der wegen seiner Qualität als Geheimtip galt. Deshalb war das Restaurant mittags immer gerammelt voll, aber weil er in seiner riesigen Brust auch ein Herz für die Schauspieler hatte, reservierte er immen einen Topf für uns, bis wir mit der Probe fertig waren.
Das Theater war für Hans Mahler und mich nicht nur unsere Arbeitsstätte, es war auch eine Zuflucht. Dort unter den Kollegen fühlten wir uns geborgen, dort konnte man miteinander reden, untereinander tauschen, ein Sommerkleid gegen einen Wollrock, einen englischen Anzugsstoff gegen zwei Paar Schuhe. Inzwischen gab es für Textilien eine Kleiderkarte mit Punkten, die natürlich nur für den nötigen Bedarf reichte. Aber selbst der war kaum zu decken und wenn, dann waren die angebotenen Textilien von einer Qualität, die man sich kaum vorstellen konnte. Auf den Kabarett-Bühnen war damals ein vielbelachter Witz: Ich habe mir einen neuen Anzug gekauft, und als ich im Mai zufällig in einen Regenschauer kam, sprossen grüne Blätter aus ihm.
Schuhe gab es nach wie vor nur auf Bezugsschein. So einen Schein mußte man bei seinem Ortsamt beantragen. Auf dem Antragsformular hatte man Fragen über den eigenen Schuhbestand zu beantworten. Wieviel Paar Schuhe besitzen sie? Wieviel Paare sind davon nicht mehr reparaturfähig? Wollte man einen Bezugsschein bewilligt bekommen, dann mußte man sich die Beantwortung der Fragen sehr genau überlegen, denn mehr als zwei Paare, einschließlich der beantragten, durfte man nicht besitzen. Also war man genötigt auf die erste Frage hin ‚zwei Paar' und auf die zweite hin ‚ein Paar' einzutragen, wenn man neue Schuhe haben wollte. An Eidesstatt mußte man unterschreiben, daß die Angaben

der Wahrheit entsprachen. So wurde man ganz offiziell zum Lügen und zu falschen eidesstattlichen Erklärungen gezwungen. Ganz gewitzte Zeitgenossen hatten ein paar völlig zerlatschte Schuhe in der Tüte und zeigten diese auf dem Amt vor, und auch ich wollte das auf den Rat einer Freundin versuchen. Von meiner Mutter lieh ich mir ein Paar, das sie nur noch beim Saubermachen und bei der Wäsche trug. Als ich das Paar mit traurigem Gesicht und dem ausgefüllten und unterschriebenen Bezugsschein-Antrag der Beamtin vorwies, stutzte diese. »Sie haben hier ein Paar Schuhe Größe 38 beantragt?« »Ja, habe ich,« erwiderte ich selbstsicher. »Aber diese Paar hier, das sie nun wirklich lange genug getragen haben, ist Größe 36«. »Ach wirklich, das kann ja wohl kaum angehen,« stotterte ich, und schon beugte sie sich über ihren Tresen und blickte streng auf meine Füße. »Ja, was haben sie denn nun für eine Größe? 36 oder 38?« »Jetzt habe ich 38, aber als ich die Schuhe kaufte, hatte ich noch 36. Nach der Geburt meines Sohnes lebe ich auf größerem Fuß, meine Füße sind um zwei Nummern gewachsen.« Sie blickte in meine Karteikarte, in der selbstverständlich auch das Geburtsdatum von Jan Rasmus vermerkt war. »Und dann haben sie sich die ganzen Jahre immer noch in diese Schuhe hier gezwängt?« »Ja. Meine Füße sind nicht auf einmal um zwei Nummern größer geworden, sondern so mit der Zeit. Langsam.« So etwas hatte die Beamtin noch nie von einer Antragstellerin gehört. Kopfschüttelnd füllte sie den Bezugschein aus, versah ihn mit einem Dienstsiegel und schob mir das Dokument 'rüber mit den Worten: »Sie sollten mal zu einem Orthopäden gehen und dem das zeigen.« Weil sie mir den begehrten Schein gegeben hatte, wollte ich die Arme über meinen Zustand trösten und sagte lächelnd: »Ja, da war ich schon, und der hat mir Pillen verschrieben, die das Wachstum nun zum Stillstand bringen sollen. Warten wir's 'mal ab.«

Lügen auf beiden Seiten. Lügen wegen einer Nichtigkeit von einem Paar Schuhe. Wir wurden nicht nur mit einer Lügenpropaganda überschwemmt, wir logen uns auch gegenseitig an. Niemand wagte mehr, die Wahrheit zu sagen. Halt bloß deinen Mund. Schweig' und sage nichts mehr. Mach gute Miene zum bösen Spiel.

Es begann die Zeit der Beziehungen. Wenn man sich mehr und mehr darüber wunderte, wie vielen gut angezogenen, ja fast eleganten Leuten man auf der Straße und besonders im Theater begegnete, dann waren das »Leute mit Beziehungen«. Beziehungen aber hatte man auch, wenn man einen Soldaten als Mann, Freund, Sohn oder Verlobten hatte, der in einem der besetzten oder eroberten Länder stationiert war. Besonders aus Frankreich, Belgien, Holland und Dänemark und Norwegen schickten sie das, was man bei uns nicht mehr kaufen konnte. Schokolade, Parfüms, reine Seide, hauchdünne Strümpfe, Schuhe und Pelze. Ganz besonders in Mode waren Silberfüchse, die meistens aus Norwegen mitgebracht oder geschickt wurden. Einige Damen stellten gleich zwei Silberfüchse zur Schau, einen über die rechte und einen über die linke Schulter. Andere hatten Capes, ich hatte nichts von alledem. Nicht einmal einen Fuchsschweif, aus dem man sich ein Hütchen hätte machen lassen können.
Um »Beziehungen anknüpfen zu können« war es damals notwendig, wenigstens einen begehrten Artikel zu haben, wie Fleisch und Butter, Kohlen, Zigaretten, Stoffe, Schuhe oder Strümpfe, Dinge des täglichen Bedarfs, die entweder gar nicht mehr hergestellt wurden oder aber nur gegen Marken zu kaufen waren. Dann konnte man tauschen, Butter gegen Zigaretten, oder Bohnenkaffe gegen einen Braten. Wir als Schauspieler hatten keine Tauschartikel und mußten von unseren Lebensmittel-Zuteilungen schlecht und recht leben.
Der einzige Vorteil einer solchen Lebensweise war, man behielt seine Figur und hatte keine Gewichtsprobleme. Zum zweitenmal bekam ich natürlich Figurprobleme, denn ich war wieder schwanger. Im strengen Winter 1941/42. Die Brennstoffzuteilungen für die Bevölkerung wurden stark eingeschränkt, und mein Vater begann damit, unseren Wald in Weihe abzuholzen. Es gelang ihm ein Gefährt zu organisieren, um das Holz nach Hamburg zu bringen. So konnten wir unser Wohnzimmer heizen und auch die Küche. Das Winterhilfswerk sammelte in diesem Winter nicht nur Geld, wie sonst, sondern auch Pelzmäntel. Für unsere Soldaten, die seit Juni 1941 nun auch weit nach Rußland hinein vorgedrungen, aber für einen so strengen Winter nicht ausgerüstet

waren. Aus der kurzen Freundschaft mit dem sowjetischen Volk war inzwischen wieder tiefste Feindschaft geworden.
Nachdem Hitler Rußland angegriffen hatte, standen unsere Soldaten dort »Horden bolschewistischer Untermenschen« gegenüber. In ihren Reden verhöhnten Hitler, Goebbels und Göring, letzterer hatte sein Versprechen, sich Meier zu nennen, inzwischen längst vergessen und natürlich wagte niemand, den Reichsmarschall daran zu erinnern, unsere Kriegsgegner und warfen mit Wörtern wie Vernichtung und Ausrottung um sich. Meine Ohren waren schon taub für die Schimpfkanonaden unserer Staatslenker, auch konnte man sich nicht vorstellen, welche Pläne sich in Wahrheit hinter »Vernichtung« und »Ausrottung« verbargen. Lange schon hatte sich der braune Vorhang über Deutschland gesenkt. Mit unseren Volksempfängern war es kaum möglich, ausländische Nachrichten zu empfangen, und wer war schon so sprachgeschult, diese auch zu verstehen. Als dann die ersten deutschsprachigen ausländischen Nachrichten gesendet wurden, galt das Anhören solcher Sendungen als »Zersetzung der Wehrkraft« und wurde mit schweren Strafen geahndet. Wer damals angezeigt wurde, die Nachrichten des Londoner Senders gehört zu haben, mußte vor der Polizei den unmöglichen Beweis erbringen, daß er nichts gehört habe. Einem widerlichen Denunziantentum war damit Tür und Tor geöffnet. Die Parole »Psst! Feind hört mit!«, mit der auf Plakaten überall vor Spionage gewarnt wurde, war wirklich ernst zu nehmen. Mundhalten, nicht auffallen, das war die Losung fürs Überleben. Der persönliche Feind saß unerkannt unter uns.
Wir waren an einem der Weihnachtstage bei meinen Eltern. Meine Mutter wollte ihre Bohnenkaffee-Zuteilung spendieren und ich einen selbstgebackenen Puffer. Mit wenig Fett und ohne Eier hatte ich den Teig angerührt und je ein Fläschchen Butter-, Zitronen- und Mandel-Aroma darunter gerührt, außerdem noch ein paar Rosinen hineingestreut. Wir saßen um den Kaffeetisch, und jeder hatte eine gleich dicke Scheibe vor sich auf dem Teller. Meine Mutter aß nur die Hälfte davon und hatte schon nach dem ersten Bissen ihr Gesicht verzogen, mein Vater aß sein Stück und dankte, mein Mann und ich aßen jeder zwei Scheiben und

Jan Rasmus hätte am liebsten den ganzen Puffer verschlungen. Ihm schmeckte der Kriegskuchen genauso gut, wie mir fünfundzwanzig Jahre zuvor die Steckrüben.
Gleich nach Weihnachten startete ich mit ein paar anderen Hamburger Sängern zu einer Front-Tournee durch Belgien. In Brüssel, Brügge, Namur und Charleroi gaben wir »Lustige bunte Abende« für unsere Soldaten. Grüße aus der Heimat. Sie waren das dankbarste Publikum, das ich bis dahin hatte. Mein Vater hatte fünfundzwanzig Jahre vor mir diesselben Städte mit einem Front-Theater besucht, hatte uns von dort Kakao, Schokolade und Kaffee geschickt, ich aber wollte die Gelegenheit nutzen, Kindergarderobe zu ergattern. Meine Gage bekam ich in Belgischen Francs und jeden Tag war ich auf dem Einkaufs-Bummel. Selbst das stark dezimierte Angebot in den belgischen Geschäften wirkte auf mich noch wie ein Schlaraffenland. Meine Wünsche waren natürlich viel größer als meine finanziellen Mittel. Aber ich konnte doch das Notwendigste für uns alle kaufen, vor allem Stiefel für Jan, der ja in dem Alter war, wo Kinder aus allem viel zu schnell herauswachsen. Dort in Belgien kam mir schmerzlich zum Bewußtsein, auf was wir alle verzichten mußten. Und das schon jahrelang. Und wofür?

Meine Schwangerschaft verlief wieder ohne Komplikationen. Auf der Bühne konnte ich meinen Zustand fast bis zuletzt durch geschickt ausgewählte Kostüme vertuschen, nur bei »bunten Abenden« mußte ich im Kleid auftreten, weil ich in meine blaue Schifferhose nicht mehr hineinpaßte. In dieser Zeit gewöhnte ich mir an, meine Akkordeon ständig mit mir herumzuschleppen. Ich nahm es mit ins Theater, in den Luftschutzkeller und hatte es immer in Reichweite. Es war mein wertvollster Besitz. Unersetzlich. Selbst mein Mann verstand allmählich meine Sorge und schleppte meistens den Koffer mit dem Instrument und den Noten. Selbst wenn wir nur für ein paar Tage in das Sommerhaus meiner Eltern nach Weihe fuhren, nahmen wir das Akkordeon mit. Mein Instinkt gab mir ein, mich unter keinen Umständen davon zu trennen.

Wir hofften, unser zweites Kind würde ein Mädchen werden. Hans Mahler war ganz versessen auf eine Tochter und deshalb wünschte auch ich, es möge uns eine kleine Heidi geboren werden. Denn ich wollte nicht mehr als zwei Kinder in diese Welt setzen. Schwangerschaftserfahren wußte ich, wie alles ablaufen würde und nahm schon alles mit der Gelassenheit hin, die sich unwillkürlich bei der Wiederholung eines jeden Vorgangs einstellt. Es stellte sich auch nicht mehr die Frage, ob ich mein zweites Kind vegetarisch ernähren wollte oder nicht, es würde das zu essen bekommen, was sich noch auftreiben ließ.

In letzter Minute, am Tag meiner Niederkunft, begleitete mich mein Mann in die Klinik in der Hagedornstraße. Zum Glück hatte man uns noch unseren privaten Telefonanschluß gelassen, weil unsere Schauspielertätigkeit als »unbedingt kriegswichtig« eingestuft worden war. So konnte ich Mahler ständig über meinen Zustand auf dem laufenden halten. Er war aufgeregter als ich und konnte die Ankunft seiner Tochter nicht erwarten. Aber er bekam einen zweiten Sohn am 27. Mai 1942, und darüber war er maßlos enttäuscht. Am liebsten hätte er mir die Schuld gegeben an diesem »Mißgriff«, dann aber rang er sich zu einem resignierten »Macht nichts, Heidi-Schnut, wir werden ihn einfach Heiko nennen«, durch. Nach Dr. Ohnsorg gaben wir ihm den zweiten Vornamen Richard.

Am nächsten Tag brachte mein Mann Jan Rasmus mit, damit auch er seinen Bruder in Augenschein nehmen konnte. »Ach, der ist ja noch so lütt,« machte er seiner Enttäuschung Luft, »mit dem kann man ja noch gar nicht spielen«, und dann wollte er wissen, warum wir nun doch kein Mädchen genommen hätten. Vorlaut erklärte sein Vater: »Beim nächstenmal nehmen wir bestimmt ein Mädchen«, aber ich wehrte ab: »Schluß ist, zwei sind genug. Man kann ja auch alles übertreiben.«

Anfang des Jahres 1943 wurde die 6. Deutsche Armee in Stalingrad eingeschlossen und zur Kapitulation gezwungen. Die Serie der Siege war zu Ende. Die Seiten der Zeitungen reichten nicht aus, um die vielen Todesanzeigen der Gefallenen zu drucken. Eine Woche Staatstrauer wurde angeordnet. Kein Theater, kein Tanz, keine Musik. Das Tanzverbot blieb auch danach bestehen, aber Theater, Kinos, Varietés und Konzert-Cafés spielten nach einer Woche weiter. Stimmung um jeden Preis. Der Wehrmachtsbericht gab zwar zu, daß unsere Truppen im Osten zurückwichen, aber ein Ende des Ostfeldzuges war noch nicht abzusehen. Zu weit waren unsere Soldaten im Osten vorgedrungen.

Ich war immer wieder dankbar, meinen Mann bei mir zu haben, und mein Mitgefühl gehörte den Frauen, die tagtäglich auf einen Feldpostbrief warteten und mit der Ungewißheit leben mußten, ob ihr Mann, ihr Verlobter, ihr Sohn noch am Leben war, wenn sie einen Brief von ihm in Händen hielten.

Ich stellte mir die Frage, ob es so schreckliche Kriege geben würde, wenn wir Frauen mehr Einfluß auf die Politik der Männer nehmen könnten, und eine schreckliche Vision stand mir vor Augen bei dem Gedanken, wie sich das Leben in Deutschland gestalten würde, wenn Hitler den Krieg gewinnen würde.

Immer wieder beruhigte mich mein Mann und sagte: »Es geht bergab. Abwarten, Mund halten, überleben!« Wann nur hatte dieses Völkermorden ein Ende, und wie würde dieses Ende aussehen? »Laßt uns den Krieg genießen, der Friede wird fürchterlich!«, diesen zynischen Spruch hörte ich zuerst im Kollegenkreis, und er sagte aus, welche Stimmung sich allmählich verbreitete. Lieber ein Ende mit Schrecken, als ein Schrecken ohne Ende. Aber noch lange sollte der Schrecken kein Ende finden.

Sommer 1943. Es waren Theaterferien und wir fuhren mit den beiden Jungen nach Weihe. In dem kleinen Wald, der zu dem Grundstück meiner Eltern gehörte, wollten wir Bäume fällen, um für den nächsten Winter Brennholz zu haben. Wir wollten im Wald Bickbeeren und Himbeeren pflücken, diese einkochen, Pilze sammeln und Vorräte für den kommenden Winter anlegen. Ende Juli hatte mein Vater wieder einen Dreirad-Lieferwagen organisieren können, der für uns Holz und Kartoffeln nach Hamburg brachte. Meine Eltern fuhren damit zurück und verstauten alles in den Kellern unserer Wohnungen. Es war Sonnabend und ein heißer Sommertag. Wir saßen abends noch lange nach Dunkelwerden draußen auf unserer Veranda und genossen die Stille. Der schreckliche an- und abschwellende Ton der Luftschutzsirenen dröhnte auf. Ich ließ die Kinder in ihren Betten und wartete ab, ob mit einem Angriff zu rechnen war. Draußen in der Heide würden wohl kaum Bomben fallen. Eine halbe Stunde ungefähr blieb alles totenstill. Gegen ein Uhr morgens spielte sich am Horizont, dort wo Hamburg lag, ein Schauspiel ab, grauenhaft und unvorstellbar schaurig. Hastig zog ich die Kinder an und brachte sie in den Keller, dann stellte ich mich wieder neben Mahler auf die Veranda und starrte mit ihm fassungslos auf den Horizont.
Zuerst hörten wir das wütende Gekläffe der Flak, gefolgt vom Dröhnen der Flugzeugmotoren und dann wie dumpfe Paukenschläge das pausenlose Detonieren der Bomben. Ein Feuerregen ging über Hamburg nieder.
Brandgeruch zog durch den Wald, und als das Inferno vorüber war, und langsam der Morgen dämmerte, lagen blauschwarze Rauchwolken tief über Hamburg.

Wir rannten hinüber in das Kinderheim und versuchten von dort bei meinen Eltern in Hamburg anzurufen. Vergebens. Das Fernamt meldete sich nicht.
Mein Mann schwang sich aufs Fahrrad und fuhr nach Harburg. Von dort wollte er versuchen, ein Stadtgespräch zu führen im Selbstwähldienst.
Ich blieb im Kinderheim neben dem Telefon und versuchte immer wieder, das Fernamt anzuwählen. Endlich erscholl das Besetzt-Zeichen. Besetzt, besetzt, besetzt.

Stunden der Ungewißheit vergingen, endlich kam Mahler zurück. Er hatte von Harburg das Theater erreichen können, die Luftschutzwache hatte sich gemeldet. Das Theater war stehengeblieben und auch das Haus, in dem meine Eltern wohnten. Aber meine Eltern hatten sich nicht gemeldet.
Am Nachmittag erreichte uns ein Anruf meines Vaters. Gott sei Dank. Sie lebten, ihre Wohnung und die Druckerei waren verschont geblieben, und auch unsere Wohnung in der Binderstraße. Mein Schwiegervater, Schwager und Schwägerin saßen auch noch in ihrem Haus in Bergedorf, wir atmeten auf.
Die Nacht zum Montag verlief ruhig, ohne Fliegeralarm. Dann kam ein neuer Großangriff auf Hamburg in der Nacht von Montag auf Dienstag, dann der dritte von Mittwoch auf Donnerstag.
Wieder hatten wir Glück. Unsere Wohnung und die meiner Eltern blieb erhalten. Auch das Theater der Niederdeutschen Bühne. Wir kehrten alle vier zurück nach Hamburg. Auf offenen Güter-Waggons. In Wilhelmsburg war die Fahrt zu Ende.
Wir mußten aussteigen, die Gleise nach Hamburg waren zerstört. Zu Fuß marschierten wir durch die Veddel und dann über die Elbbrücke nach Hammerbrook hinein. Dort bot sich uns ein Anblick, der sich mir unvergeßlich einprägte. Soweit man durch den Rauch sehen konnte, waren nur Ruinen, ausgebrannte, zusammengestürzte Häuser zu erkennen. Kaum eine der breiten Straßen, die Hammerbrook durchzogen, war noch auszumachen, Trampelpfade über Schuttberge waren daraus geworden. Jeder von uns hatte einen der Jungen auf dem Arm, Taschentücher vor Nase und Mund gebunden, so kletterten wir über Trümmer und

Leichen. Ab und an kamen wir an Notdienst-Trupps vorbei, die verkohlte Leichen auf ein Fuhrwerk luden und Desinfektionsmittel verstreuten. Sie trugen Schutzanzüge und Gasmasken. Wir orientierten uns an den Resten des Hochbahn-Viadukts, das von Rothenburgsort zum Hauptbahnhof führte und kamen dann nach Stunden rußgeschwärzt am Hauptbahnhof an.
Das Dach des Bahnhofs war weggebrannt. Nur das Eisengestänge ragte ausgeglüht in den Sommerhimmel. Die S-Bahn fuhr. Wir nahmen sie bis zum Dammtorbahnhof, der kaum Schaden genommen hatte. Als wir dort ausstiegen, sahen wir auf der Moorweide die Ausgebombten mit ihrer letzten Habe stehen. Von dort wurden Lastwagentransporte zusammengestellt, die die Obdachlosen aus Hamburg herausbrachten. Viele von ihnen sollten für Jahre »Butenhamburger« werden. Die Rothenbaumchaussee und die Binderstraße boten das gewohnte Bild. Harvestehude war von den Bomben verschont worden, auch hatte der Feuersturm das rechte Alsterufer nicht erreicht.
Die Luftschlacht über Deutschland begann.

Ich war im dritten Monat schwanger. Noch ein Kind in dieser Zeit. Wieviel hätte ich darum gegeben, es nicht austragen zu müssen, es nicht auf diese Welt kommen zu lassen. Während meiner dritten Schwangerschaft bekam ich ein mir ganz unbekanntes Verlangen nach weichen, glatten, schmeichelnden Stoffen. Ich ertappte mich dabei, wie ich über Samt strich, es genoß, eine seidene Bluse zu tragen und eine Abneigung entwickelte gegen die harte, verwaschene Kriegswolle. Plötzlich träumte ich von Kleider, von Seiden-Wäsche, von Ballkleidern, die ich nie besessen hatte. Ich konnte lange vor dem Spiegel sitzen, Frisuren ausprobieren, mich schminken und fand Spaß daran. Spaß an Dingen, die mir bis dahin ziemlich gleichgültig waren.
Wieder einmal suchten wir eine neue Wohnung. Möglichst am Stadtrand. Mit einem Garten, in dem die Jungen unbeaufsichtigt spielen konnten. Heraus aus der Stadt. In Bahrenfeld fanden wir eine Wohnung in einem Haus mit Garten. Wir nahmen sie und zogen ein. Heiko konnte gerade laufen, Jan sollte im nächsten Jahr schon in die Schule gehen.

Als wir gerade in die Zöllnerstraße umgezogen waren, nutzte ich einen spielfreien Abend, um die Schränke einzuräumen. Mein Mann rief aus dem Theater an und erklärte, daß er einen Gast mitbringen würde. Ich sollte doch etwas zu Essen und zu Trinken vorbereiten. An diesem Abend lernte ich Wolfang Borchert kennen. Wolfgang Borchert, den Dichter, der am 20. November 1947 an Schwindsucht starb und der den großen Erfolg seines Dramas »Draußen vor der Tür« nicht mehr erleben konnte. Er war damals zweiundzwanzig Jahre alt, Soldat und auf Urlaub von der Front. Wir tranken schwarzen Tee, und die Männer gossen sich einen Schuß Rum, den sie mitgebracht hatten, in ihre Tassen. Die Jungen schliefen, halbangezogen, für den Fall, daß es Fliegeralarm geben würde, und ich mit beiden noch den Hochbunker erreichen konnte. Immer kürzer waren mittlerweile die Zeitabstände zwischen dem Aufheulen der Sirenen und dem Beginn der Bombenangriffe geworden, und Leute, die einen weiten Weg zum nächsten Bunker hatten, gingen jeden Abend vorsorglich schon gegen 22 Uhr in die Betonburgen und verließen sie erst wieder im Morgengrauen. Dadurch waren die Bunker meistens schon randvoll, bevor der Alarm ausgelöst wurde, und wenn der Angriff begonnen hatte, war es kaum möglich, noch eingelassen zu werden.
Entweder war der Bunker schon überfüllt oder aber die Türen blieben wegen der Bombendetonationen fest verschlossen.
An diesem Abend blieb alles ruhig. Die Kinder konnten durchschlafen, wir im Haus sitzenbleiben.
Borchert und mein Mann kannten sich schon längere Zeit. Der Verleger, der Borcherts Lyrik herausbringen wollte, wann nur immer die Papierzuteilungen es zuließen, hatte sie zusammengebracht. Mahler hatte mir schon viel über Borchert erzählt, und ich war neugierig, ihn kennenzulernen. Er hatte mich schon einmal auf der Bühne gesehen und auch von Mahler einiges über mich erfahren. So waren wir schnell vertraut miteinander, und schon nach ganz kurzer Zeit hatte ich das Gefühl, Borchert schon lange zu kennen. Es faszinierte mich, worüber die Männer sprachen, und es machte mir Angst. Angst, die langsam in mir hochkroch und mir wie ein Kloß im Halse steckenblieb. Unfaßbares berichtete Borchert von Grausamkeiten, die er mit eigenen Augen

gesehen hatte, von Grausamkeiten, die Deutsche an Deutschen begangen hatten. Was erst mußte dann mit denen geschehen, die als Nichtarier, Untermenschen und entartet bezeichnet wurden? Was wirklich mit denen geschehen war, überstieg damals wohl nicht nur meine Vorstellungskraft, sondern auch die Millionen anderer. Aber schon was Borchert über die Straf-Bataillone der Wehrmacht berichtete und seine Informationen über die Konzentrationslager, die er von deutschen Soldaten hatte, die aus KZs in diese Strafbataillone entlassen worden waren, bestürzten mich so tief, das Borchert mich besorgt fragte, ob das Gespräch nicht meinem Zustand schaden könnte. »Nein«, sagte ich, »ich will es hören, und ich muß es hören. Endlich. Ich möchte endlich einmal die Wahrheit hören, die wirkliche Wahrheit. Die Wahrheit kann mir und unserem Kind nicht schaden.«
Ich fragte die Männer: »Was können wir tun, um alles zu beenden, um diesem Grauen ein schnelles Ende zu bereiten?«
Borchert antwortete: »Wir müssen versuchen, mehr zu werden, Gleichgesinnte zu finden, aber wir dürfen uns nicht auch noch an die Wand stellen lassen. Der Mut hört da auf, wo der Selbstmord anfängt.«
Es wurde hell, die ersten S-Bahnen fuhren schon, und immer noch saßen wir zusammen, ich konnte mich nicht satthören an dem, was dieser Mann zu sagen hatte. Und ich hatte Angst um ihn, große Angst davor, daß man ihn verraten könnte. Dann aber wollte ich seine Meinung hören darüber, ob es noch zu verantworten sei, Kinder in diese Welt zu setzen, wieder neue Menschen all dem auszusetzen, was Menschen einander antun und er antwortete: »Wir haben uns in eine Duldsamkeit, in eine Resignation treiben lassen und müssen aus dieser Erstarrung erwachen. Wir müssen wieder leben lernen, nicht nur gehorchen, vegetieren, und wir müssen auch neues Leben schenken. Denn unser Volk wird weiterbestehen, muß weiterbestehen, wie und wann auch immer dieser Krieg zu Ende gehen wird.«
In dieser Nacht hatte ich einen Freund gewonnen, und ich hoffte innig, auch er würde fühlen, was ich ihm entgegenbrachte. Gegen meine Gewohnheit umarmte ich ihn zum Abschied, zog seinen Kopf zu mir herunter und küßte ihn auf beide Wangen. »Seien

sie vorsichtig, passen sie auf sich auf und kommen sie bald wieder. Schnell und oft. Leben sie wohl und auf ein Wiedersehen,« sprach ich leise, und es dauerte eine Weile, bis er mich aus seinen Armen freigab.
Mahler begleitete ihn zum S-Bahnhof, ich sah beiden nach und eine wehmutsvolle Zuversicht überkam mich. Es war noch zu früh, die Jungen zu wecken, aber ich bereitete ein Frühstück vor. An Schlaf war nach diesen Gesprächen nicht mehr zu denken, und als Mahler sich an den Tisch setzte, sagte er: »Wolfgang hat gesagt, ich könnte stolz auf dich sein, aber ich bin mehr, als nur stolz auf dich: Ich verehre dich.« Lange sah ich ihn schweigend an, so als müßte ich mir sein Gesicht, in dem ich jede Pore kannte, ganz fest einprägen, dann stand ich auf, strich ihm übers Haar und ging nach oben, um die Kinder zu wecken. Ein neuer Tag begann.
In Erinnerung an unser Kennenlernen schrieb Wolfgang Borchert für mich ein Gedicht.

Die Bitte

Zart – wie die Seele
einer kleinen Blume
zitterst du im Licht.
Ein matter Hauch von Blütenstaub
liegt auf deinen schmalen Wangen,
über denen große Augen dunkel träumen,
von märchenfeinen Wimpern und
lieblich gemalten Brauen
sanft umklungen.
Schön bist du, Elfenkönigin –
so schlank und edel
und so zart . . .
Ich bitt' dich Wind:
Zerbrich sie nicht!

Bei einem der nächsten Großangriffe auf Hamburg hatte auch das Hinterhaus in den Großen Bleichen, in dem die Druckerei meines Vaters untergebracht war und in dem wir früher solange gewohnt hatten, Feuer gefangen.
Meine Eltern, die im Keller des Vorderhauses geblieben waren,

hatten das Feuer noch während des Angriffs entdeckt. Sie kletterten auf den Dachboden und begannen zu löschen, zuerst allein, dann kamen nach der Entwarnung die anderen Hausbewohner aus den Bunkern und Kellern heraus und es gelang, das Haus zu retten. Vorder- und Hinterhaus haben den Krieg, von ein paar Glasschäden abgesehen, überstanden. Erst Ende 1978 wurden sie abgerissen und mußten, wie so viele Alt-Hamburger Häuser, einem der wohl nur bei Architekten und Bauherren so beliebten Bürohäuser aus Stahl, Glas, Beton und Aluminium weichen.

Ohne meine Mutter hätte ich die Kriegsjahre mit den beiden kleinen Jungen nicht so überstanden. Zu ihr konnte ich die Kinder bringen, wenn ich abends Theater spielte, sie kam zu uns nach Bahrenfeld und ging mit den beiden in den Luftschutzbunker, wenn wir auf Abstecher waren, und sie nähte, stopfte und flickte. Aus den fadenscheinigsten Stoffresten zauberte sie noch etwas, was die Jungen anziehen konnten, und wenn die Füßlinge der Strümpfe nur noch aus gestopften Löchern bestanden, reppelte sie die Schäfte auf und strickte aus der Wolle ein paar neue.

Ihr gelang es auch, aus Resten vom Vortag und ohne Fett und Fleisch immer noch etwas auf den Tisch zu bringen, was schmeckte. Wenn ich so etwas versuchte, sagte mein Mann: »Dat schmeck nich na em un nich na ehr«, und er hatte Recht.

Nach der Sommerpause des Theaters 1943 setzte ich wegen meiner Schwangerschaft mit dem Spielen aus und fuhr mit den Kindern in die Heide nach Weihe. Heiko hatte sich eine asthmatische Bronchitis geholt, die durch kein Medikament zu heilen war. Nachts im Haus und im Bunker mußte ich ihn auf dem Arm aufrechtsitzend hin- und hertragen, weil er im Liegen kaum atmen konnte. Dort in der Heide zwischen Wiesen und Wald erholte er sich zusehends. Ich mich auch, denn hier fiel der nächtliche Weg in den Bunker aus. Ich blieb mit den Kindern im Keller des Hauses, das inmitten eines Waldes verborgen war.

Meine dritte Niederkunft war Anfang des Jahres 1944. Vorsichtshalber hatte ich mich für die Geburt in zwei Kliniken angemeldet, in Hamburg und in Buxtehude, je nachdem, wo ich mich auf meiner Pendelei gerade befinden würde und auch im Hinblick darauf, ob die Hamburger Klinik nicht inzwischen ausgebombt

werden würde.
Ich wollte das Kind in Hamburg zur Welt bringen, schon deswegen, um in der Nähe meines Mannes zu sein, aber es kam ganz anders. Am 30. Januar 1944 packte ich in Weihe die Koffer, um mit den beiden Jungen nach Hamburg zu fahren. Da ging es los, mit den Wehen und mit den Schmerzen.
Für mich ein völlig neues Gefühl, weil ja bei meinen beiden ersten Geburten alles ohne die obligaten Wehen abgelaufen war.

Ich schickte mein Mädchen ins Kinderheim gegenüber, um von dort zu telefonieren, damit ich auf irgendeine Art und Weise in die Klinik nach Buxtehude geschafft werden könnte.
Aber in der Nacht war kein Gefährt mehr aufzutreiben gewesen, und so kamen die Heimleiterin und mein Mädchen gleich mit Waschwannen und Bettwäsche zurück. Es wurde tüchtig eingeheizt und eine Hebamme angerufen, die in der Nähe von Buchholz wohnte. In dieser Nacht lag hoher Schnee und die Hebamme hätte zu Fuß fast zwei Stunden für den Weg zu uns gebraucht. Sie versprach zu kommen und zwar motorisiert, auf einem Fahrrad mit einem Hilfsmotor.
Die Heimleiterin hatte ihr genau erklärt, wo unser Haus zu finden war, aber es war ja stockfinstere Nacht und Verdunkelung. Es brannten keine Straßenlaternen und auch unsere Fenster durften ja keinen Lichtschein nach außen durchdringen lassen. Immer wieder hörten wir auf der Chaussee das Motorrad entlangbrausen bis in das nächste Dorf, dann kam es zurück. Hin und her, aber sie fand nicht den Weg durch den Wald zu unserem Haus. Dann nahm mein Mädchen eine Stall-Laterne mit einem Kerzenstummel darin und stapfte durch den Schnee bis an die Landstraße. Es war mittlerweile fünf Uhr morgens geworden, als die Hebamme endlich zu uns kam.
Da alles vorbereitet war, benötigte sie nur noch fünf Minuten, um das Kind zu holen. Es war ein Mädchen, endlich hatten wir unsere Heidi, die wir uns so sehr gewünscht hatten. Damals begriff ich nicht, warum ich bei meinen ersten Geburten immer darauf bestanden hatte, in eine Klinik zu gehen, und ich mußte meiner Mutter Recht geben, die mir immer wieder gesagt hatte:

»Eine Hausgeburt ist viel persönlicher, für beide, für die Mutter und für das Kind.«
Ganz besonders aber genoß ich damals einen alten Brauch, der unter den Heidebauern auch im Krieg gepflegt wurde. Wenn eine Frau niederkam, kochte reihum jede Bauersfrau ein besonders gutes Mittagessen für die Wöchnerin und brachte es ihr. Zehn Tage verwöhnten mich die Bauern aus Schierhorn mit Köstlichkeiten, die ich nur noch vom Hörensagen kannte. Huhn mit Reis, Kalbsfrikassee, eine kräftige Bouillon mit Rindfleisch. So kam ich schnell wieder zu Kräften.
Schon am Vormittag kamen mein Mann und meine Eltern und Dr. Ohnsorg mit der Eisenbahn nach Weihe, um mich zu besuchen. Der Krieg war für mich ein paar Tage ganz weit weg. Wir hatten es warm, hatten zu essen und kümmerten uns um keinen Fliegeralarm. Für ein paar Tage hatte ich die Illusion von Frieden, Geborgenheit, von Ruhe, und ich wünschte, daß dieser Zustand doch endlich für uns alle der normale sein würde.

Im Berliner Sportpalast fragte Joseph Goebbels ein paar Tausend eingeladene Zuhörer: »Wollt ihr den Totalen Krieg?« und die Menge im Saal schrie ihm ein begeistertes »Ja« als Zustimmung entgegen. Die Millionen anderen Deutschen wurden nicht gefragt. Der »Totale Krieg« bedeutete die Schließung aller Theater. Alle männlichen Schauspieler wurden zur Wehrmacht eingezogen, alle weiblichen wurden dienstverpflichtet.
In den Lokalen durfte keine Musik mehr gemacht werden, alle Musiker wurden eingezogen. Der »Volkssturm« wurde aufgestellt, aus Männern, die über das wehrpflichtige Alter von 45 Jahren hinaus waren und die nun die Heimat verteidigen sollten. Die Jugendlichen wurden zu »Wehrwölfen« ausgebildet, die mit Panzerfäusten unser Land vor dem Einmarsch der Allierten schützen sollten.
An Bahnhöfen, Luftschutzbunkern und anderen öffentlichen Gebäuden waren Parolen zu lesen, die über Nacht mit weißer Farbe an die Wände gemalt worden waren: »Führer befiehl, wir folgen dir!« und »Ein Hundsfott, wer jetzt den Führer verläßt!« und »Deutschland wird leben, auch wenn wir sterben müssen!« Hans Mahler wurde Soldat. Im Theater wurde ein Abpack-Betrieb für Futtermittel eingerichtet. Das ganze weibliche Personal mußte aus großen Trögen Kleie für die Viefütterung in Säcke füllen.
Ich versuchte Dr. Ohnsorg klarzumachen, daß ich nicht acht Stunden täglich meine drei Kinder allein zu Hause lassen könne, um Viehfutter zu verpacken, und er sagte mir: »Du konntest ja auch Theaterspielen mit zwei Kindern, dann kannst du jetzt auch mit drei Kindern für den Endsieg arbeiten.«
So nahm ich die drei Kinder mit ins Theater und setzte sie, damit sie uns nicht im Wege standen, alle drei in den Trog, mitten hinein in das Viehfutter. Das gefiel ihnen ausnehmend gut. Sie tobten und buddelten darin und gingen uns allen so sehr auf unsere

strapazierten Nerven, daß wir immer froh waren, wenn meine Mutter herüberkam und sie alle drei zu sich holte. Dann kam eine Verordnung heraus, daß Frauen mit kleinen Kindern nicht mehr dienstverpflichtet werden konnten, und ich war von Fronarbeit befreit.

Bald danach waren auch meine Kolleginnen von dieser Arbeit befreit, denn der Kleie-Nachschub funktionierte nicht mehr. Das Futtermittelwerk war von den Bomben zerstört worden. Fliegeralarm war Tag und Nacht. Manchmal hatten die Hamburger Glück, wenn die Bomber an der Stadt auf ihrem Weg nach Berlin vorbeiflogen, es passierte aber auch, daß ein Teil der Bomberverbände auf dem Rückweg von Berlin noch einmal Hamburg angriff und die tödliche Last auf die Stadt abwarf.

Auch der Zugverkehr war jetzt stark beeinträchtigt. Fernzüge zogen hinter der Lokomotive ein Flak-Geschütz auf einem offenen Güterwagen mit sich, um die Tieffliegerangriffe auf die fahrenden Züge abzuwehren.

Tagsüber war ich jetzt meistens damit beschäftigt, die Fenster unseres Hauses zu vernageln. Scheiben hatten wir schon lange keine mehr, aber immer wieder wurde auch die Pappe der Abdichtung aus der Verschalung gerissen. Die Küche war der einzige Raum im Haus, den ich noch heizen konnte, die Schlafzimmer und die Wohnräume waren im Winter eiskalt. Wenn wir zu Bett gingen, zogen wir uns dafür nicht aus, sondern an. Warme Pullover, Wollsocken, Strickjacken, denn durch die nur provisiorisch abgedichteten Fenster zischte ein eisiger Wind. Im Frühjahr 1945 rückte die Front immer näher. Die Russen marschierten auf Berlin, die Flüchtlings-Trecks aus dem Osten setzten sich in Bewegung und die Engländer lagen vor Hamburg.

Wochenlang standen die Truppen im Süden Hamburgs an der Stadtgrenze, ohne daß dort ein Schuß fiel. Die Straßenbahnlinie 33 fuhr nicht mehr bis zur Endstation Apeldorn, weil das schon von den englischen Truppen besetzt war. In Hamburg wurden Straßensperren errichtet, Schützengräben ausgehoben und äußerlich so viele Vorbereitungen getroffen, die darauf schließen ließen, daß die Stadt verteidigt werden sollte. Im stillen hoffte jeder, es möge nicht dazu kommen. Diese Hoffnung auszusprechen, aber wagte niemand, denn sofort wurde man provozierend gefragt: »Glauben sie vielleicht nicht an den Endsieg?«

Dann am 20. April 1945 nahm sich Hitler im Bunker der Reichskanzlei das Leben. Der Rundfunk verbreitete: »Der Führer ist heute auf seinem Gefechtsstand in der Berliner Reichskanzlei gefallen. Admiral Dönitz hat er zu seinem Nachfolger ernannt.« Lügen über den Tod hinaus.

Am 4. Mai wurde Hamburg kampflos an die Engländer übergeben. Ein Aufatmen ging durch die Stadt. Kein Blutvergießen, keine Zerstörungen mehr, keine Luftangriffe.

Zur Übergabe wurde angeordnet, daß alle Personen nach 11 Uhr morgens in ihren Häusern sein mußten. Niemand durfte die Straße betreten, niemand an den Fenstern stehen. Nach der Übergabe wurde über Rundfunk bekanntgegeben, ab wann man die Häuser wieder verlassen durfte.

Es war herrliches Frühlingswetter an diesem Morgen. Mit den drei Kindern fuhr ich zu meinen Eltern. Wir wollten zusammensein, um uns helfen und beistehen zu können. Von meinem Mann war ich seit Wochen ohne Nachricht.

Um 12 Uhr verabschiedete sich der Reichssender Hamburg. Es wurde die Hamburg-Hymne »Stadt Hamburg an der Elbe Auen« und danach das Kaiser-Quartett von Josef Haydn gespielt. Dann war Funkstille. Die Stadt sah wie ausgestorben aus. Nichts rührte sich, alles Leben stand still.

Wir ließen das Radio laufen, aber auch ein Pausenzeichen wurde nicht mehr gesendet. Dann, am frühen Nachmittag, erscholl plötzlich Tanzmusik aus dem Radio. Ohne Ansage, einfach so. Englische Schlager mit Gesang. Am laufenden Band. Wir blickten uns fragend an, und mein Vater sagte: »Im Funkhaus an der Rothenbaumchaussee müssen sie ja nun schon sein.« Dann hörten wir Motorenlärm auf der Straße. Wir liefen an die Fenster und blieben hinter den Gardinen. Die ersten englischen Truppen fuhren die Poststraße hinauf in Richtung Rathausmarkt. Immer einzelne Kolonnen. Dann kam eine Motorradstaffel die Großen Bleichen herauf und wollte in Richtung Jungfernstieg. Auf der Kreuzung Poststraße/Große Bleichen stieß dann die Motorradstaffel mit einer Fahrzeugkolonne zusammen und eine Karambolage entstand. Wir kicherten in klammheimlicher Freude hinter den Gardinen. Dann plötzlich tönte aus dem Radio eine Stimme: »Here is the Britisch Network Broadcasting System« und es folgten Nachrichten und Durchsagen an die einzelnen Truppenteile in verschlüsseltem Englisch. Die beiden Jungen wollten nun von uns wissen, was die fremdklingenden Stimmen sagten. Wir verstanden nur sehr wenig. Meine Mutter erzählte ihnen, die fremde Stimme würde davor warnen, auf die Straße zu gehen, laut zu schreien und zu toben und den Kindern sagen, daß sie bald ins Bett gehen müßten.

Als es dunkel wurde, bemerkten wir, daß sie die Truppen erst einmal in den umliegenden Büros einquartierten. Da wurden nämlich die Fenster aufgerissen und man konnte die Soldaten singen, lachen und sprechen hören.

Sie drangen in die Geschäfte ein und wir konnten, immer noch hinter den Gardinen versteckt, sehen, wie sie ungeheure Mengen an Textilien, Radio-Apparate, Spirituosen und Lebensmittel aus den Läden heraustrugen und auf Lastwagen verluden.

Dann gab es Nachrichten für die Bevölkerung. Kurz und knapp hieß es, die Stadt sei besetzt worden, und die Militärregierung unter General Montgomery hätte die Hoheitsrechte übernommen. Die Bevölkerung solle noch in den Häusern bleiben und, wenn weiterhin alles ruhig verlaufen würde, dürften wir am übernächsten Tag wieder auf die Straßen. Das wurde auch eingehalten, und so konnten wir dann von 11 Uhr an bis 5 Uhr nachmittags heraus. Aber es galt strenges Fraternisierungs-Verbot. Niemand durfte mit den Soldaten Kontakt aufnehmen, sprechen und sich ihnen nähern. Punkt elf Uhr verließen wir sechs das Haus. Erst einmal gingen wir hinüber zum Theater, aber dort war alles verriegelt und verrammelt. Die Straßen waren voll mit Menschen. Wir gingen über den Jungfernstieg, durch die Colonnaden in Richtung Esplanade. Dort war unter den Bäumen der Mittel-Allee ein Militär-Lager. Eine Art Proviant-Ausgabestelle für die Truppen. Gulaschkanonen dampften, Soldaten saßen auf ihren Autos und löffelten ihr Essen aus Blechschüsseln. Der stark parfümierte Duft des englischen Zigaretten-Tabaks lag in der Luft und über allem lag eine verhaltene Fröhlichkeit. Waffenstillstand,

Friede, Ruhe. In den Straßen herrschte hektische Betriebsamkeit. Jeder machte ein paar Besorgungen von Lebensmitteln, die Ladenbesitzer lagerten gehamsterte Vorräte aus. Um Punkt 17 Uhr erstarb wieder jegliches Leben in den Straßen.
In offenen Jeeps patroullierte die Militär-Polizei durch die Stadt und griff jeden auf, der noch auf der Straße war. Im Schnellverfahren wurde der Betreffende zu ein paar Tagen Haft verurteilt und kam auch sofort ins Gefängnis.
Dann wurde nach drei Tagen unsere Ausgehzeit verlängert. Von 8 bis 19 Uhr und als am 9. Mai 1945 die bedingungslose deutsche Gesamtkapitulation in Kraft trat, durfte die Bevölkerung erstmals probeweise bis 21 Uhr draußen bleiben.
Ich war mit den Kindern wieder nach Bahrenfeld in unser Haus zurückgekehrt und wartete auf irgendeine Nachricht von meinem Mann. Es war ein herrliches, warmes Sommerwetter, als abends gegen 22 Uhr unser Nachbar über den Gartenzaun kletterte, um mich zu fragen, ob seine Frau bei mir sei. Nein, sie war es nicht. Er erzählte, seine Frau sei mit einer Schüssel Milch vor die Tür gegangen, um die Katze damit hereinzulocken, aber weder sie noch die Katze seien zurückgekommen.
Wir riefen laut nach ihr, fragten bei den anderen Nachbarn, aber sie blieb unauffindlich. Am nächsten Morgen hielt ein Polizei-Fahrzeug vor dem Nachbarhaus. Die Polizisten überbrachten die Nachricht, daß die Frau von der englischen Militär-Polizei aufgegriffen worden war, als sie vor ihrer Vordergarten-Pforte mit der Milchschüssel stand und immer nach ihrer Katze »Muhle, Muhle, Muhle« rief. Erst nach acht Tagen kehrte sie nach Hause zurück, im Hauskittel mit der Milchschüssel. Sie hatte acht Tage im Gefängnis sitzen müssen und galt als vorbestraft. Die Lebensmittel-Zuteilungen wurden stark gesenkt. Zum Überleben war es zu wenig und zum Verhungern zu viel. Das Angenehmste und Schönste aber war das Schlafen. Man konnte endlich wieder die Nacht durchschlafen. Man konnte mit der Gewißheit ins Bett steigen, darin auch am Morgen wieder aufzuwachen. Man wußte, das Dach, unter dem man wohnte, würde auch am nächsten Tag noch Unterschlupf bieten, und als ich später wieder ein paar Scheiben in meinen Fenstern hatte, wußte ich, sie würden nicht in ein

paar Stunden oder Tagen wieder zersplittert sein.
Die Niederdeutsche Bühne hatte den Krieg überstanden, nur der ausgelagerte Kulissen-Fundus war zum größten Teil verbrannt. Sonst war von den Hamburger Theatern nur noch das Schauspielhaus an der Kirchenallee unversehrt geblieben und wurde deswegen wohl auch von der Besatzungsmacht beschlagnahmt. Dort wurde dann für die Soldaten Revuen, Operetten, kurz englisches Front-Theater gespielt.
Von der Staatsoper war nur das Bühnenhaus gerettet worden, der Zuschauerraum total zerstört, beim Thalia-Theater war es umgekehrt, dort war das Bühnenhaus zerstört worden und der Zuschauerraum erhalten geblieben. Die beiden großen Operetten-Theater an der Reeperbahn und am Millerntor waren restlos zerstört und auch das Hansa-Varieté am Steindamm.
Endlich bekam ich Nachricht von meinem Mann. Aus einem englischen Kriegsgefangenen-Lager. Er war gesund und hoffte auf seine baldige Entlassung.
Trotz seiner schweren Herzerkrankung raffte sich Dr. Ohnsorg auf und versuchte, so schnell wie möglich wieder den Spielbetrieb der Niederdeutschen Bühne aufzunehmen. Dafür aber war eine Lizenz von den Kultur-Offizieren der Besatzungsmacht notwendig. Er hatte das ‚Privileg', daß er niemals Mitglied der NSDAP geworden war, es gar nicht werden konnte, weil er bis zum Verbot der Deutschen Logen Bruder einer Freimaurer-Loge gewesen war. Während seiner langwierigen Verhandlungen mit der Besatzungsmacht setzte Dr. Ohnsorg schon den Spielplan fest, besetzte die Rollen mit den Schauspielern, die zur Verfügung standen, und gleich nach der Lizenzerteilung wollten wir mit den Proben beginnen. In seiner ersten Nachkriegs-Premiere sollte ich die Hauptrolle übernehmen. Ich freute mich auf die Arbeit, ich freute mich endlich wieder auf der Bühne zu stehen, endlich wieder Theaterluft zu atmen.
Im Juli zogen bei uns Untermieter ein. Zwei alte Schwestern. Unsere beiden Schlafzimmer waren für sie beschlagnahmt worden. Ich war gerade dabei umzuräumen, die Kinderbetten im Wohnzimmer aufzustellen und im Garten auf einer provisorischen Feuerstelle aus markenfreier Wurstbrühe ein Mittagessen zu

kochen, im geblümten, geflickten Hauskittel, Kopftuch um und in Holzpantinen kniete ich vor dem Suppentopf. Die beiden Jungen suchten im Garten nach Zweigen und Ästen, um damit das Feuer in Gang zu halten. Da stand plötzlich mein Mann vor mir. Vor Freude brachte ich kein Wort heraus. Unversehrt und gesund stand er vor mir, und als ich mich nach ein paar Sekunden gefaßt hatte, begrüßte ich ihn so, als sei er nur ein paar Stunden fortgewesen. »Na da bist du ja wieder. Dann komm man erst 'mal 'rein.«
Wir fingen beide an zu lachen, fielen uns in die Arme, küßten uns wieder und wieder, dann kamen Jan und Heiko angestürmt und sprangen abwechselnd an ihrem Vater hoch. Noch reichlich wacklig auf den Beinen kam Heidi, Hans stemmte sie hoch in die Luft und rief voller Stolz: »Und du kannst schon laufen!« Wir waren wieder zusammen, waren wieder eine Familie, noch einmal waren wir davon gekommen.
Sofort stürzte sich mein Mann in die Arbeit, nahm Kontakt mit Dr. Ohnsorg auf, und ein Tatendrang bemächtigte sich seiner, der auf mich übersprang.
Wir besichtigten die Reste des Dekorations-Fundus und überlegten, welche Stücke man noch mit den vom Feuer verschonten Kulissen ausstatten könnte, überlegten, wo man eventuell Kostüme ausleihen könnte, und schließlich legte mein Mann Dr. Ohnsorg sein Konzept vor, in dem er festgehalten hatte, wie er sich den Neubeginn der Niederdeutschen Bühne vorstellte.
Wir wurden zu den Proben eingeteilt, es war Mitte Juli 1945. Wir standen in den Startlöchern.
Als wir dann eines Morgens pünktlich zu den Proben erschienen, trafen wir schon vor der Tür auf Dr. Ohnsorg, der wohl auf uns gewartet hatte. Bevor er etwas sagte, blickte er abwechselnd mich und Mahler an, prüfend, wir grinsten, sahen an uns herunter, ob vielleicht an unserer Kleidung etwas nicht in Ordnung war, aber dann kam es. »Kinners, es tut mir furchtbar leid, aber ihr könnt nicht proben, die Kollegen haben sich geweigert, sie wollen nicht mehr mit euch auf der Bühne stehen.«
Noch heute fallen mir in entscheidenden Situationen immer nur banale, ganz alltägliche Floskeln ein, Sätze, die überhaupt nicht

ausdrücken, was ich im Augenblick fühle. Eine Lähmung meiner Gehirnzellen setzt ein, mit einem starken Schmerz hinter meinen Augäpfeln. Die von meiner Großmutter geerbte Migräne. So war es auch damals. Mein Mann starrte Dr. Ohnsorg an, fassungslos, sprachlos und ich hörte, wie ich automatisch von mir gab: »Na ja, denn nicht, dann müssen wir eben nach Hause gehen.« Dr. Ohnsorg zuckte mit den Schultern, hilflos, atmete tief aus, reichte uns die Hand und sagte: »Na, dann erst 'mal Tschüß.« Tschüß, tschüß. Tschüß, tschüß.

Wir gingen hinauf zu meinen Eltern. Sprachen kein Wort miteinander, so wie zwei Verurteilte, die glauben, mit jedem Satz nur ihre Richter anzustacheln, ihr Urteil noch zu verschärfen.

Mahler erklärte meinen Eltern, was gerade vorgefallen war. Meine Kehle war wie zugeschnürt, ich starrte auf die Tapete an der Wand. Mein Magen revoltierte, ich stürzte hinaus, um mich zu übergeben. Als ich aus dem Badezimmer herauskam, ging ich in die Küche zu meiner Mutter, die Tee aufbrühte. Erschöpft ließ ich mich auf einen Küchenstuhl fallen und streckte die Beine von mir. Plötzlich mußte ich lachen, so schrecklich lachen, daß meine Mutter ihren Arm um meine Schultern legte und leise sagte: »Kind, der Krieg ist aus, wir leben, alles wird weitergehen. Irgendwie. Ihr seid noch jung, wir haben doch Schlimmeres durchgemacht. – Was jetzt noch kommt, is doch n' Klax mit de Wichsböst.«

Als wir zu unseren Männern ins Wohnzimmer zurückkamen, hatte ich meine Sprache wiedergefunden. Ausgerechnet die Kollegen! Mit denen ich fast dreizehn, mein Mann zwanzig Jahre auf der Bühne gestanden hatte, die wußten, was wir dachten, was wir fühlten, genauso, wie wir es von ihnen wußten.

Oder es nur zu wissen glaubten? Denn wie sonst konnte sich die Mehrzahl von ihnen weigern, mit uns auf der Bühne zu stehen. Wir waren ja nicht die beiden einzigen Parteimitglieder des Ensembles gewesen, und wie oft hatten wir mit allen darüber gesprochen. Ich war ja diejenige gewesen, die mit allen mir zur Verfügung stehenden Mitteln meinen Mann überredet hatte, 1936 in die NSDAP einzutreten. Gegen seine Überzeugung. Mir zuliebe. Als dann endlich auch mir die Augen aufgingen, in welchen

Verein ich ihn hineingeredet hatte, war es zu spät. Der Zug raste bereits dem Abgrund entgegen, Aussteigen während der Fahrt nur unter Lebensgefahr möglich! Jede Kollegin und jeder Kollege kannte meine damaligen, egoistischen Beweggründe und wie oft hatten wir vor allen offen bekannt, daß wir die Rechnung ohne den Wirt gemacht hatten! So kam ich darauf, daß noch andere Gründe eine Rolle gespielt haben mußten. Wem standen wir im Weg? Wer wollte unsere Rollen? Wer witterte für sich eine Chance, wenn wir ausgeschaltet waren? Da fielen mit dann etliche ein, auch Parteimitglieder wie wir, Kollegen, die wir für Freunde gehalten hatten, die es vielleicht sogar waren bis zu diesem Tag, als sie die Gelegenheit nutzten, ihren Vorteil zu unseren Lasten wahrzunehmen.

Mitgefangen – mitgehangen, ich war bereit die Suppe auszulöffeln, die ich uns eingebrockt hatte, nur, an diesem Tag im Sommer 1945 ist in mir etwas zerbrochen, daß ich bis heute nicht mehr kitten konnte. Mein Vertrauen in meine Mitmenschen. Seit diesem Tag wurde ich mißtrauisch, ich glaubte nicht mehr alles und jedem und begann, um mich herum eine Mauer aufzurichten, die mir die Menschen auf Distanz halten sollte. Ich, die immer angenommen hatte, alle mögen mich, alle verstehen mich, und alle ziehen mit mir an dem Strang, der Niederdeutsche Bühne hieß, ich mußte jetzt erkennen, daß ich mich getäuscht hatte. Oder, daß ich getäuscht worden war, wie auch immer.

Ich bin damals ganz tief verletzt worden, heute ist die Wunde vernarbt. Die, die sie mir zufügten, leben fast alle nicht mehr; ich habe ihnen inzwischen längst verziehen, denn sie haben ja alle mit dazu beigetragen, daß ich meine Jugend-Ideale über Bord warf. Abrupt sah ich meine Umwelt in einem anderen Licht, nicht mehr in einem rosaroten, sondern im grellen Scheinwerfer der Wirklichkeit.

Daraus erwuchs mir eine Kraft, die ich vorher nicht aufgebracht hätte. Wenn unsere Schuld in den Augen unserer Kollegen so groß war, daß man nicht mehr mit uns zusammenarbeiten konnte, dann mußte es auch so gehen. Weitergehen würde es immer. Und es ging weiter.

Dr. Ohnsorg bliebt nicht Direktor seiner Niederdeutschen Bühne,

er wurde zum Ehren-Direktor ernannt und das Theater in Richard-Ohnsorg-Theater umbenannt. Der neue Direktor wurde unser Kollege, der Schauspieler Rudolf Beiswanger. Unter seiner Leitung wurde das Haus am 2. September 1945 wieder eröffnet. Mit der Uraufführung eines Stückes vom Kulmey »Neigungsehe«. Zum erstenmal in der Geschichte des Theaters wurde ein Stück in hochdeutscher Sprache gespielt. Beiswanger glaubte nicht mehr an die Anziehungskraft der plattdeutschen Sprache. Er nahm an, das plattdeutsche Publikum sei durch die Kriegswirren in alle Winde zerstoben und wollte jetzt mit einer Boulevard-Komödie einen Zuschauerkreis in das Haus ziehen, der früher ins Thalia-Theater gegangen war.
Es blieb bei diesem Versuch, schon am 29. September wurde wieder plattdeutsch gespielt, »Inske« von Fabricius. Das Theater war jeden Abend ausverkauft. Auch in die anderen Hamburger Theater, die wieder, meistens in provisorischen Räumen, spielten, strömte das Publikum.
Neben Miete, Gas, Strom und den wenigen Lebensmitteln, die es auf Marken zu kaufen gab, waren auch Theaterkarten zu normalen Preisen zu kaufen, und dementsprechend war der Run. Eine Zigarette auf dem Schwarzen Markt kostete RM 6,—, der teuerste Theaterplatz RM 18,—, das war der Preis für drei Zigaretten.
Das Publikum war theaterhungrig. Es lebte in beengten Wohnverhältnissen, zwei oder mehr Personen in einem Zimmer und so nahm man jede Gelegenheit wahr, aus dem Haus zu kommen. Kaffeehäuser, Restaurants, Kinos, Varietés, alles war überfüllt. Auf der Reeperbahn, die für alle Besatzungssoldaten out of bounds war, wurde wieder getanzt, in der Musikhalle waren konzertante Opernaufführungen und bunte Operetten-Abende. Man ging aus, man wollte sich amüsieren, den Krieg vergessen, ein paar Stunden Fröhlichkeit genießen, bevor man wieder in den tristen Ruinen-Alltag zurückkehren mußte.
Das Waterloo-Kino an der Dammtorstraße wurde wieder eröffnet, und das Publikum stand Schlange bis zum Stephansplatz, um den Helmut Käutner-Film »Große Freiheit Nr. 7« zu sehen. Ein Film, der das Hamburg zeigte, das in Schutt und Asche versunken war. Wenn Hans Albers am Schluß dieses Films das weltbekannte

»La Paloma« sang, weinten die Hamburger im Parkett und keiner schämte sich deswegen. Wir trauerten um ein Hamburg, das für alle Zeit verschwunden blieb und dessen glanzvollen Wiederaufbau damals wohl kaum jemand vorausahnen konnte.
Das Flora-Varieté am Schulterblatt wurde als Operetten-Bühne mit Kalmans »Gräfin Mariza« eröffnete, die von Arno Assmann inszeniert wurde, und Dr. Ohnsorg brachte als Regisseur eine Ur-Aufführung: »Frische Bris« von Gesch-Koglin.
Wir saßen zu Hause und beratschlagten, was wir arbeiten könnten, wo wir Geld verdienen könnten. Da meldete sich Bernhard Jakschtat am Telefon. Der bekannte Hamburger Volkssänger. »Was machst du?« »Nichts. Wir dürfen nicht auftreten.« »Umso besser, dann kanst du mit uns tingeln. Wir brauchen dich.«
Berni Jakschtat hatte um sich eine Truppe versammelt, mit der er die verschiedensten Programme bestreiten konnte. Hamburger Abende, Operetten-Abende, Plattdeutsche Abende.
Je nachdem, was gefragt war. Und Unterhaltung war gefragt, auf dem flachen Land. So tingelten wir durch Schleswig-Holstein und Niedersachsen, sangen unsere Lieder und wurden in Naturalien bezahlt. Berni organisierte alles. Wir traten auf gegen Schinken, Eier, Butter und Speck. Alles wurde nach der Vorstellung geteilt. Wir sangen in Landgasthöfen bei Vereinsfesten, in Kinos nach der letzten Filmvorführung, im Kurhaus von Westerland für die ersten Nachkriegs-Urlauber. Wir fuhren mit dem Lastwagen, der mit Holzgas angetrieben wurde, und der oft anhalten mußte, weil der Fahrer Holz in den Tank nachlegen mußte.
Nach unserer Vorstellung wurden wir fast immer von den Veranstaltern zum Essen eingeladen. Zu Starkbier, Schnaps, Bohnenkaffee, Buttercreme-Torten und zu Zigaretten. Bis zu zwanzig Zigaretten rauchte ich an diesen Abenden an, drückte sie dann so aus, daß keine verbrannten Tabakreste mehr an den Glimmstengeln waren, und warf die Kippen in meine Handtasche. Für meinen Mann.
Es gab damals im Monat für Männer zwanzig und für Frauen zehn Zigaretten, womit ein Raucher vielleicht zwei Tage auskam, und mit meinen Kippen konnte Mahler seine Monatsration verbessern. Weil ich die Zigaretten meistens schon nach zwei Zügen

ausdrückte, konnte er sie neu entzünden und zu Ende rauchen und brauchte nicht den Tabak von der Papierumhüllung zu befreien, um mit Zigaretten-Papier daraus neue zu drehen. Als ich einmal ein parfümiertes Taschentuch in meiner Handtasche hatte, war der Parfümduft in die Zigaretten gezogen und hatte natürlich deren Geschmack verdorben. Daraufhin bekam ich von Mahler einen Tabaksbeutel, den ich fortan immer in meiner Handtasche bei mir trug, um darin die Kippen sachgerecht zu verstauen.

Dank Bernhard Jakschtat brachte ich meine Familie durch diese schwere Nachkriegszeit. Damals praktizierten Mahler und ich schon die heutige Entwicklung: Ich arbeitete und er war Hausmann. Er kochte, hielt die Wohnung sauber, machte mit Jan Schularbeiten und erledigte allein die große Wäsche. Ich war sehr zufrieden mit ihm, waren doch Hausarbeit, Nähen und Flicken nicht meine Stärke.

Bernhard Jakschtat war nicht nur ein Liebling des Publikums, wenn er sein »Lütt beten hett Woter« schmetterte und alle sofort mitsangen und schunkelten, er war vor allem ein hervorragender Organisator. Er handelte Naturalien-Gagen aus, von denen man nicht zu träumen wagte. Nördlich der Elbe, in Schleswig-Holstein, waren wir etwas preiswerter als südlich in Niedersachsen. Das hatte den Grund, weil wir auf dem Rückweg über die Elbbrücken mußten, und das war der gefährliche Engpaß. Dort kontrollierten die englischen Besatzungssoldaten alle Fahrzeuge, man mußte die Fahrerlaubnis vorzeigen, alle Insassen ihre Personal-Papiere, und vor allem wurde das Gepäck und die Ladung durchsucht. Alles, was rationiert war, wurde auf der Stelle beschlagnahmt. Und was war eigentlich nicht rationiert? Man konnte froh sein, wenn man nicht noch wegen Schwarzhandels eingesperrt wurde. Deshalb, weil es schwer war, mit unserer Naturalien-Gage nach Hamburg hereinzukommen, mußten die Veranstalter in Niedersachsen mehr bezahlen. Auf der Rückfahrt saß Berni immer vorn im Wagen neben dem Fahrer. Wenn wir dann an den Kontrollpunkt heranrollten, zeigte Berni die Papiere vor und verwickelte die Soldaten fast immer in einen Schwatz. Trotz Fraternisierungs-Verbot. »We all are artist. You know what I mean?« Wenn überhaupt eine Antwort kam, dann nur ein knappes »Yes«. Ich zitterte hinten auf der Ladefläche unter dem Persenning. Dann mußten wir alle aussteigen, unsere Ausweise vorweisen und mehrere Soldaten kletterten auf die Ladefläche und durchsuchten den Wagen. Anschließend mußte man Handtaschen und Aktentaschen öffnen, manchmal auch Jacken und Mäntel ausziehen. Wenn sie nichts fanden, durfte man weiterfahren. Diese Prozedur hatten wir bereits ein paarmal durchgestanden und hatten auch wirklich nichts im Wagen versteckt gehabt. Wir hatten uns die Naturalien gutschreiben lassen, um erst einmal zu probieren, wie alles ablaufen würde. Besonders mein Koffer mit dem Akkordeon erregte immer die besondere Aufmerksamkeit der Kontrolleure. Oft fragten sie, wer darauf spielen würde. Berni antwortete für mich: »This little nice girl. She sings, she dances, she smokes, but she has not enough to eat. We all have not enough to eat.« Mit seinem Charme hat er es tatsächlich einmal erreicht, daß uns die Soldaten beschenkten. Ich bekam Schokolade, die Männer Zigaretten.

Dafür mußte ich am Straßenrand Akkordeon spielen, und wir alle sangen »Auf der Reeperbahn nachts um halb eins «

Danach wollte es Berni riskieren, beim nächstenmal einen Teil unserer Naturalien über die Elbe zu schmuggeln. Dafür wurden die Säcke mit den Holzstücken für den Lastwagen-Tank ausgeschüttet und das Holz zu einem Haufen auf der Ladefläche aufgeschichtet. Darin wurden Pakete mit Schmalz und Butter versteckt. Die frischen Eier wickelten wir in unserer Bühnengarderobe ein und verstauten diese in Koffern und Taschen. Aber wohin mit dem Fleisch? Dem Speck? Wie immer fand Berni einen Ausweg. Ein zweiter Akkordeon-Koffer mußte her. Er organisierte auch den und anstelle des Instruments, füllten wir den Koffer mit Fleisch und Würsten.

So kamen wir wieder an die Elbbrücke, aber an diesem Abend wurden wir einfach durchgewinkt und konnten unkontrolliert passieren. Schon am nächsten Abend hatten wir den Rest im Wagen auf die gleiche Art versteckt.

Diesmal sahen wir schon, als wir auf die Brücke zufuhren, die vielen Lastwagen, die durchsucht wurden. Berni stieg aus und machte seinen englischen Spruch. Weil es regnete, durften wir

hinten auf dem Wagen sitzenbleiben und unsere Ausweise wurden dort kontrolliert. Ein Soldat deutete auf die beiden Akkordeon-Koffer. Eifrig sprang ich auf und öffnete den einen in dem mein Instrument lag. Etwas umständlicher als es erforderlich war, schloß ich den Koffer wieder und tat dann so, als wollte ich auch den anderen öffnen. Aber er winkte ab. Wir waren ja ‚Artists'. Er blickte auf den Holzhaufen und stocherte ein-, zweimal mit einem Stock darein, dann wurde unser Kleidergepäck kontrolliert. Die Soldaten faßten seitlich am Kofferrand entlang und dann auch zwischen die Kleidungsstücke. Ich zitterte. Um die Eier. Die waren nämlich in die zusammengelegte, dicke blaue Schifferbüx, die ich auf der Bühne trug, eingeschlagen. Er fand sie nicht. Wir konnten durchfahren. Als wir auf das Berliner Tor zufuhren, sagte Berni: »Wir werden ein Akkordeon-Orchester gründen. Sieben Koffer und ein Instrument!«
Wir trugen unsere Schätze nach Hause. Damals gab es auf Lebensmittel-Karten im Monat für einen Erwachsenen:

1	Liter Magermilch
1	Pfund Zucker
130	Gramm Fett
400	Gramm Fleisch
62,5	Gramm Käse
1	Pfund Fisch
8	Kilo Brot
2,5	Pfund Nährmittel
8	Kilo Kartoffeln

Auf dem Stiftungsfest des Kegelvereins der Gemüsegroßhändler sangen wir für Bohnen, Weintrauben, Kohlrabi, Erbsen und Kartoffeln. Wir konnten die vielen Kisten gar nicht auf unserem Lastwagen mitnehmen, sie wurden am nächsten Tag frei Haus geliefert. Berni machte das möglich. Ohne ihn wären viele meiner Kollegen und auch ich nicht durch die schweren Nachkriegsjahre gekommen, ich bin ihm noch heute dankbar dafür.

Deutschland war damals in vier Besatzungszonen eingeteilt. Die

Stadt Berlin in vier Sektoren. Mit der »Kollektivschuld« hatten die Siegermächte erst einmal jeden Deutschen, der vor 1919 geboren war, schuldig gesprochen. Wir alle waren schuld am Krieg, an den Verbrechen unserer Führung und sollten auch die Folgen tragen. Die Hauptkriegsverbrecher standen in Nürnberg vor Gericht. Täglich konnten wir in den Zeitungen Fotos sehen und Berichte lesen über die Greueltaten in den Konzentrationslagern und konnten zuerst nicht glauben, was da in unserem Namen geschehen war. Es war unglaublich, unfaßbar. Das alles war geschehen ohne unser Wissen, ohne unser Zutun? Ich wußte, daß es KZs gab, aber ich wußte nicht, daß es »Vernichtungsfabriken« waren, daß dort Menschen zu Tode gequält worden waren, daß man sie hatte buchstäblich verhungern lassen. Ich schämte mich, und ich schäme mich noch heute. Unwissenheit schützt nicht vor Strafe, aber sie gibt auch den Richtern das Recht, mildernde Umstände in Betracht zu ziehen. Wir fanden in den Engländern milde Sieger. »Zur Befreiung des Deutschen Volkes vom Nationalsozialismus und vom Militarismus« wurden wir entnazifiziert. Auch Hans Mahler und ich. Es war ein umständliches Verfahren mit vielen Fragebogen, Zeugenaussagen, nach welchem man in eine der fünf Kategorien eingestuft wurde: Hauptschuldige, Belastete, Minderbelastete, Mitläufer und Nichtbetroffene. Je nach Einstufung wurde die Strafe festgesetzt. Gefängnis, Geldstrafen, Vermögenseinzug, Amtsverlust, Berufsverbot usw.

Mein Mann wurde als Mitläufer eingestuft, ich als Nichtbetroffene. Wir erhielten keine Strafe.

Dieses Entnazifizierungsverfahren und selbstverständlich auch die vorhergegangene deutsche bedingungslose Kapitulation brachte ein paar Merkwürdigkeiten mit sich. Eine davon: Man traf und sprach keinen ehemaligen Parteigenossen mehr, die waren Anfang Mai 1945 alle vom Wind verweht. Bekannte, die einst stolz ihr Parteiabzeichen zur Schau gestellt hatten, waren, aber nur, wenn man sie darauf ansprach, »immer dagegen gewesen« und steigerten sich dann oft soweit in ihre Gegnerschaft zum Nationalsozialismus, daß man glauben sollte, sie seien Widerstandskämpfer gewesen. Oft kam ich mir vor, als sei mein Mann das einzige Parteimitglied und ich das einzige Mitglied der NS-

Frauenschaft gewesen. Ein Verdrängungs-Mechanismus setzte ein, der seltsame Blüten trieb. »Sie wissen doch auch, daß ich immer dagegen war und daß ich vielen geholfen habe aufgrund meines Partei-Postens?« Ich wußte es nicht und kann mich auch heute nur an ganz wenige erinnern, die ihre Parteizugehörigkeit dazu benutzt haben, anderen aus Schwierigkeiten herauszuhelfen.

Vom Theater hörten wir nichts in diesen Tagen. Wenn ich meine Eltern in den Großen Bleichen besuchte und mir Kollegen entgegenkamen, gingen diese meistens auf die andere Straßenseite, um nicht mit mir sprechen zu müssen. Wir waren Ausgestoßene. Die einzigen aus dem Ensemble.

Dann wurde in Hamburg der Filmball 1946 vorbereitet. Viele Schauspieler waren aus dem heißumkämpften Berlin entweder nach Hamburg oder München geflohen. Hier und dort hofften sie eine neue Heimat und Beschäftigung zu finden. Aber im Deutschland der Stunde Null wurden keine Filme mehr gedreht. Hamburg hatte ja auch damals keine Film-Ateliers. So spielten die meisten bekannten Filmschauspieler Theater und auf den Hamburger Bühnen waren damals Stars zu sehen, die das Publikum nur von der Leinwand kannte. Hilde Krahl und Gustav Knuth spielten unter Helmut Käutners Regie »Der Widerspenstigen Zähmung« im Saal des Gewerkschaftshauses am Besenbinderhof, Axel von Ambesser inszenierte an Ida Ehres gerade ins Leben gerufenen Hamburger Kammerspiele sein Erfolgsstück »Das Abgründige in Herrn Gerstenberg« und Lothar Olias stand mit Heinz Ehrhardt auf der Bühne des Kabaretts Bonbonnière in den Raboisen. Im Ausweich-Quartier des Thalia-Theaters in der Aula meiner früheren Schule an der Schlankreye spielten Ehmi Bessel und Werner Hinz »Nora« von Ibsen, und ein paar Häuser weiter spielte in der Jungen Bühne Will Quadflieg »Torquato Tasso«.

Der Treffpunkt der Stars war damals die Konditorei L'Arronge in der Dammtorstraße. Mittags aßen und saßen dort nur Prominente. Von Max Schmeling und Anny Ondra bis zu Grethe Weiser, von Kristina Söderbaum bis zu Hilde Weissner.

Dazwischen saß fast immer Berni Jakschtat.

Dort nun im L'Arronge wurde damals die Idee geboren, in Hamburg einen Filmball zu veranstalten. Aber es gab keine Ballsäle. Conventgarten und Sagebiel waren zerbombt. Im Curio-Haus tagte ein Alliierter Gerichtshof, Atlantic-Hotel und Vier Jahreszeiten waren beschlagnahmt von der Besatzungsmacht, und so kam man auf das »Allotria« an der Reeperbahn, das von den Bomben verschont, inzwischen wieder in »Alkazar« umbenannt worden war. Dort nun sollte das Ereignis stattfinden. Als Wohltätigkeitsball. Deswegen bekamen die Initiatoren auch die Genehmigung, während der Sperrstunden durchtanzen zu lassen. Um 23 Uhr sollte es losgehen und erst um 5 Uhr morgens konnten die Gäste dann das Haus verlassen. In der Zwischenzeit durfte ja niemand die Straße betreten. Nun sollte auf diesem Ball das Alkazar-Varieté-Programm angereichert werden durch Auftritte prominenter Künstler. Neben der Alkazar-Kapelle spielte das Schauorchester Wilfried Seyffert und eine lange Reihe von Prominenten hatte sich für den guten Zweck kostenlos zur Verfügung gestellt. Einige spielten Sketche, Bob Iller konferierte abwechselnd mit Lothar Olias, Willy Fritsch sang »Das gab's nur einmal«, Erich Arnold und Hilde Kuntz sangen Operetten-Lieder. Es war ein Monster-Programm. Die Eintrittspreise waren horrend, aber für Schwarzhändler ein Pappenstiel. Berni fragte mich, ob auch ich in diesem Ball-Programm auftreten wolle, und ich sagte begeistert zu. Der Ball wurde in allen Zeitungen lange vorher angekündigt, als das Ereignis der Saison, und die teuren Eintrittskarten waren sofort vergriffen. Ausverkauft.

Auch mein Name stand nun auf dem Programm.

Da ging zu Hause unser Telefon. Der Sprecher des Ohnsorg-Ensembles teilte mir mit, kurz und knapp, das Ensemble hätte beschlossen, ich dürfe auf keiner Hamburger Bühne stehen. Nicht nur nicht auf der Niederdeutschen Bühne, nein, auf gar keiner Hamburger Bühne. Diesen Beschluß wollte ich nun einmal schriftlich vor mir sehen und bat darum, es mir mitzuteilen. Schriftlich. Ich hätte gar kein Recht, auch noch schriftlich etwas zu verlangen, sagte mir mein Kollege, und ich würde auch nichts Schriftliches bekommen. Gut, dann trete ich auf. Sollte ich das wagen, wurde mir gedroht, würde man mich von der Bühne holen. Mit Gewalt. Ich war bereit gewesen, eine Strafe auf mich zu nehmen, ich hatte

it Heinz Rühmann bei der Verleihung des »Goldenen Bildschirms« 1967

ıf dem Sommerball in Bonn 1970

»Die Kartenlegerin« mit Henry Vahl und Willi Millowitsch – Aufzeichnung zur Eröffnung der Fernseh-Lotterie 1968

Bei den Dreharbeiten zu der Fernseh-Serie »Kleinstadt-Bahnhof« mit Gustav Knuth

Zweimal Geburtstag: Willi wird 60 . . .

. . . und Henry wird 75. Na denn Prost!

In der Peter-Alexander-Show

mich ja auch dem Entnazifizierungs-Verfahren unterzogen und hätte auch ein Auftrittsverbot der Militärbehörde oder Kulturbehörde akzeptiert, aber welche Macht nur hatte auf einmal das Ensemble? Ich wußte es nicht und war verunsichert.

Mein Mann und ich überlegten, was ich tun sollte, aber ich brachte nicht den Mut auf, trotz dieser Drohung aufzutreten. Ich sagte ab.

Am Montag nach dem Ball brachte die kommunistische Hamburger Volkszeitung einen großen Bericht über den Filmball. Eine Liste der Gäste war abgedruckt, zusätzlich eine Liste der Autonummern der Wagen mit denen die Gäste vorgefahren waren. Damals bekam man nur eine Benzin-Zuteilung und eine Zulassung für Autos, wenn man »für die allgemeine Versorgung wichtige Fahrten« auszuführen hatte. Die Volkszeitung fragte nun, waren diese Fahrten versorgungspflichtig? Dann wurden die Tombola-Preise aufgeführt, die fast nur aus bewirtschafteten Raritäten bestanden. Der 1. Preis war ein Herrenfahrrad, vollbereift. Die Weinkarte offerierte Spitzenweine zu Spitzen-Schwarzmarktpreisen. Das Foto eines Zigaretten-Mädchens war abgedruckt, weil diese eine 20er Packung für RM 120,— feilbot und auch verkaufte, man konnte markenfrei Delikatessen zu sich nehmen, und die Kleider der abgebildeten Ballbesucherinnen waren Staatsroben ähnlich.

Mit Recht prangerte die »Volkszeitung« an, was sie hatte in dieser Nacht beobachten können, Millionen hungerten und hatten nicht das Notwendigste und wenige schwelgten im Überfluß und Luxus.

Ich ertappte mich dabei, daß ich gern in dieser Nacht dabeigewesen wäre. Einmal wieder tanzen, lustig sein, sorglos für ein paar Stunden, ich sehnte mich danach. Nur einmal den Kreis der Gedanken durchbrechen. Was wird aus uns? Wie wird die Zukunft sein? Ich spürte, wie mein Mann unter seiner Untätigkeit litt. Er hatte zu malen angefangen, um sich abzulenken an den langen Abenden, wenn ich tingelte und erst mitten in der Nacht nach Hause zurückkehrte. Er machte mir nie Vorwürfe.

Dadurch wurde mein Schuldbewußtsein nur größer. Hätte ich doch damals nicht darauf gedrungen, daß er in diese Partei eintritt, und immer wieder fiel mir ein, was ich damals endlos

wiederholt hatte. »Tu es mir zuliebe, wenn schon nicht unseretwegen. Es ist doch nur eine Formsache!«
Still bewunderte ich, wie er alles trug, wie er unseren Haushalt in Ordnung hielt und die Kinder erzog. Jan brachte seine Schulfreunde mit nach Hause, er ertrug deren Lärmen und Toben und malte dabei. Was sollte aus uns werden? So konnte es doch nicht weitergehen. Fast jeden Tag tingelte ich mit Berni über Land. Dadurch hatten wir zu essen und brauchten nicht zu hungern, aber oft war ich auch froh, wenn ich die häusliche Traurigkeit hinter mir lassen und auf der Bühne stehen konnte.
Dann kam der große »Bunte Abend«. In der Aula der Schule in der Hegestraße. Lisa Jungkind, Rupert Glawitsch, Johannes Draht, Bernhard Jakschtat sollten an diesem Abend in Eppendorf auftreten. Und auch ich sollte mit dabei sein. Jakschtat sagte: »Was soll denn passieren? Die vom Ensemble haben gar kein Recht, dich von irgendeiner Bühne herunter zu holen. Riskier es, dann werden wir sehen, was sie machen.« Er hatte Recht. Ich unterschrieb den Vertrag und ließ auch meinen Namen mit auf das Plakat setzen.
Am Sonnabend, einen Tag vor der Veranstaltung, rief mich die Konzert-Direktion an und berichtete mir, daß wieder derselbe Kollege als Sprecher des Ensembles angerufen habe, mit der Drohung, die Veranstaltung zu stören und mich von der Bühne mit Gewalt herunterzuholen, wenn ich es wagen würde, in Hamburg aufzutreten. Zum zweitenmal wagte ich es nicht. Aber ich wollte nun endlich wissen, wer eigentlich diese Auftrittsverbote über uns verhängt hatte. Wer verschanzte sich hinter der Anonymität »Das Ensemble«?
Am Montagmorgen ging ich mit Mahler in die Höhle des Löwen. In das Phrix-Haus an der Esplanade. Dort saß der Besatzungs-Offizier der die Rechte der Theaterkammer wahrnahm. Wir ließen uns anmelden und wurden sehr bald vorgelassen. Der Offizier sprach akzentfreies Deutsch und hörte sich an, was geschehen war. Wir legten unsere Unterlagen vor, unsere letzten Verträge mit der Niederdeutschen Bühne, und dann fragte er, wo der Bescheid über die Auftrittssperre sei. Wir hatten nie einen Bescheid bekommen. Noch einmal erzählte ich, was Dr. Ohnsorg gesagt

hatte, nämlich, daß sich das Ensemble geweigert habe, mit uns auf der Bühne zu stehen und mir dann auch verboten habe, auf irgendeiner anderen Bühne in Hamburg zu stehen. Der Offizier entschuldigte sich, verließ das Zimmer und ließ uns vor seinem Schreibtisch sitzen. Wir konnten nur seine Stimme hören, als er vom Nebenzimmer telefonierte, aber wir verstanden nichts. Leise sagte ich zu Mahler: »Wir gehen hier nicht eher 'raus, als bis wir schriftlich haben, daß wir nicht mehr arbeiten dürfen. Ich will Gewißheit, ich will es schwarz auf weiß.«
Der Offizier kam zurück, lächelte freundlich und sagte: »Gehen sie sofort in die Großen Bleichen ins Theater. Sie können beide sofort wieder arbeiten.«
Ungläubig blickten wir ihn an. »Sie können mir glauben, es liegt nichts gegen sie vor.« »Ja, aber könnten sie mir nicht vielleicht einen Brief, einen Zettel mitgeben, wo dann . . .«, ich kam nicht mehr weiter, denn er sagte: »Sie müssen wissen, ich kann kein Berufsverbot aufheben, daß gar nicht bestanden hat. Warum sind sie nicht früher zu mir gekommen?« »Früher? Wir wußten doch gar nicht, daß es sie gab.« »Sie müssen eben auch, wie alle Deutschen, lernen, sich zu informieren. Nicht immer alles glauben, nicht immer ‚Jawohl' sagen.« Wie Recht er hatte. Wir standen auf und ich sagte: »Wie können wir ihnen danken?« »Wofür, ich habe nichts für sie getan.«
Mahler war sprachlos und so führte ich das Wort: »Dürfen wir wiederkommen, wenn die uns im Theater wieder rausschmeissen?« »Das wird nicht passieren,« antwortete er und lächelte, »aber sie dürfen immer wiederkommen, wenn sie Sorgen haben.«
Fast hätte ich geweint, befreit geweint und vor lauter Verwirrung machte ich zu unser aller Erstaunen einen Knicks, als wir uns verabschiedeten.
Als wir am Stephansplatz standen, wurde mir übel. Vor lauter Aufregung, vor Freude, vor Empörung, vor Wut. Wir machten uns auf den Weg ins Theater. Schnurstracks. Unterwegs legten wir uns zurecht, mit welchen Sätzen wir hereinkommen wollten, denn vielleicht war alles nur ein Spaß, ein böser Spaß, ein Ulk. Wir kamen ins Theater. Es wurde auf der Bühne geprobt. Direktor Rudolf Beiswanger führte Regie. Wir gingen durch den Zuschauer-

raum, Beiswanger unterbrach die Probe, als er uns sah, kam uns entgegen und sagte: »Ja, ihr dürft also wieder. Wie schön, ich freue mich.« Er ging mit uns in sein Büro.
»Dann wollen wir man gleich loslegen. Ich hab zwei schöne Rollen für euch, wie sind eure Termine? Wann könnt ihr anfangen?«
Das große Wundern begann in den nächsten Tagen. Wir fanden keinen Kollegen, der bekannt hätte, daß er für unseren Ausschluß gestimmt habe, es waren immer nur diejenigen gewesen, die gerade nicht anwesend waren.
Keiner wollte es gewesen sein.
Durch unser Wiederauftauchen entstand aber eine gespannte Atmosphäre im Ensemble. Wer würde wohl Einzelheiten an dem Vorgefallenen mir oder meinem Mann zutragen? Wir stürzten uns in die Arbeit und vermieden jeden Kontakt, soweit er zu vermeiden war. In der Garderobe unterhielt ich mich nur über Belanglosigkeiten, über das Wetter und genoß in dem strengen Winter die herrlich geheizten Räume des Theaters. Der Bau war an die Fernheizung angeschlossen, die für die Bürogebäude der Besatzungsmacht wieder in Betrieb genommen war. Ich glaube, damals war unser Theater das einzige Theater in Hamburg, das geheizt war, in allen anderen Theatern saß das Publikum in Mänteln, mit Decken um die Beine gewickelt und mit Handschuhen.
Ich weiß noch, daß das Faun-Tanzkasino am Gänsemarkt damals geheizt war. Es hatte ein Heizungs-System mit dem darüberliegenden Lessing-Kino zusammen, das nur für die Besatzungs-Soldaten geöffnet war und deswegen auch warm gehalten wurde.

Dr. Ohnsorg lag schon etliche Wochen mit Herz- und Kreislaufschwäche im Bett in seiner Wohnung in der Schäferkampsallee. Dann am 11. Mai 1947 starb er mit siebzig Jahren.
Am 20. Mai wurde er auf dem Ohlsdorfer Friedhof in der Nähe der Gräber von Fritz Stavenhagen und Hermann Boßdorf beerdigt. Mehr als vierzig Jahre seines Lebens hatte er seiner Niederdeutschen Bühne und der Durchsetzung der plattdeutschen Dramatik gewidmet. Wir trauerten um ihn, wir hatten einen Freund verloren.

Dadurch, daß ich wieder Theaterspielen durfte, fehlten in unserem Speiseplan die Lebensmittel, die ich zusammengetingelt hatte. Jetzt konnte ich nur noch an spielfreien Abenden mit Bernhard Jakschtat über die Dörfer fahren, und der Hunger wäre wieder unser ständiger Gast gewesen, wenn nicht eines Tages von dem Bruder meiner Mutter aus Kanada ein Koffer eingetroffen wäre. Ein Koffer voll ungeröstetem Bohnenkaffee. Fast fünfzig Pfund. Meine Mutter gab uns die Hälfte davon, und wir hatten für lange Zeit einen begehrten Tauschartikel. Der Preis für ein Pfund Kaffee lag damals so zwischen RM 400,— und RM 450,— auf dem schwarzen Markt, wir hatten also ein kleines Vermögen geschenkt bekommen.

Damals schwor ich mir, sollte ich noch einmal wieder normale Zeiten erleben, in denen man kaufen kann, was man will und solange das Geld reicht, als erstes wollte ich mir einen Sack Rohkaffee kaufen und den im Keller deponieren. Für die nächste Zwangsbewirtschaftung. In den nächsten Krieg wollte ich mit einem Kaffee-Vorrat gehen, denn wer einen Artikel hatte, der begehrt war, hatte auch all die anderen lebensnotwendigen Dinge, aber bis heute habe ich kein Kaffee-Depot angelegt, zu schnell habe ich in der Zeit des Überflusses die Hunger-Jahre vergessen. Gott sei Dank.

Unser Theater war täglich ausverkauft. Wir nahmen auch wieder die Abstecher auf und spielten in Hamburgs Umgebung für die vielen ausgebombten Hamburger, die außerhalb ihrer Stadt eine neue Bleibe gefunden hatten. Diese »Butenhamburger« waren ein so dankbares Publikum, für sie war unser Ensemble ein Stück Vorkriegszeit, etwas, wonach wir uns alle sehnten. Friedenszeiten.

Wir machten auch eines Tages einen Abstecher in die Hamburger Veddel und spielten dort in der Aula einer Schule. Ein Teil des

Gebäudes hatte starke Bombenschäden erlitten, und hinter der Bühne, in den provisorischen Garderoben, gab es kein Wasser. Waschbecken waren noch vorhanden, Toiletten auch, aber die damals kostbaren Rohrleitungen waren abmontiert worden.
Vom Hausmeister der Schule borgten wir zwei Wassereimer, einen für die Damen-, den anderen für die Herren-Garderobe. Die erste Szene des Stückes hatte ich allein zu spielen. In einem Wohnzimmer mußte ich nach Strickzeug suchen, es dann in einer Schublade finden und mich dann strickend auf ein Sofa setzen. Ich strickte und strickte und wartete, daß Walter Scherau auftreten würde. Plötzlich entdeckte ich zwischen meinen Füßen Wasser, zuerst war es nur eine Lache, aber schnell wurde daraus ein See. Immer größer und größer. Scherau trat auf, entdeckte sofort das Wasser, das langsam in Richtung Bühnenrampe floß und fing an zu lachen. Wir spielten unsere Szene, dann ein Knall. Die erste Glühbirne der Rampenbeleuchtung fiel aus. Kurzschluß. Die einzelnen Beleuchtungskörper waren mit offenliegenden, oft verwendeten Elektroschnüren verbunden, die so brüchig waren, daß die Isolierung das Wasser durchließ.
Noch ein Knall, dann ein dritter. Das Publikum lachte und am Ende des ersten Aktes mußten wir eine Reparatur-Pause einlegen, weil die Bühne durch den Ausfall der drei Lampen falsch ausgeleuchtet war.
Wer hatte die Schuld? Natürlich unsere Männer. In ihrer Garderobe hatte das Waschbecken noch ein Abflußrohr, deshalb hatten sie das Waschwasser ins Becken gegossen und nach Gebrauch den Verschlußstöpsel herausgezogen. Sie hatten aber vorher nicht nachgesehen, wohin das Wasser abfließen würde. Es floß nämlich auf die Bühne. Auf der Rückseite der Garderobenwand war das Rohr einfach abgesägt worden und so konnte das Wasser ungehindert unter dem Bühnenprospekt hindurchfließen.
Wasser spielte bei unseren Abstechern immer eine Rolle. Verwöhnt von unserem geheizten Theater froren wir immer jämmerlich, wenn wir in irgendeiner kalten Aula oder in anderen ungeheizten Räumen gastieren mußen. Dann ließen wir uns immer einen Eimer voll warmen Wassers bringen, in das wir vor dem Auftritt unsere Hände tauchten, damit wir wenigstens mit den

Fingern gestikulieren konnten. Seitlich der Bühne hatte ich immer eine Wolldecke liegen, damit ich mich darin sofort einwickeln konnte, wenn ich abgegangen war.
Man kann sich heute gar nicht mehr vorstellen, unter welchen Umständen damals Theater gespielt und überhaupt ins Theater gegangen wurde. Das Publikum saß eingemummelt stundenlang im Parkett. Hüte auf dem Kopf, Schals um den Hals, Handschuhe an den Fingern und Decken um die Hüften.
Und dennoch war die Stimmung im Parkett immer ausgezeichnet. Die Menschen wollten lachen, sich amüsieren und für ein paar Stunden den grauen, sorgenreichen Alltag vergessen.
Der Sommer 1947 war sehr heiß und trocken. Das Ferienhaus meiner Eltern in Weihe war beschlagnahmt worden, und Flüchtlinge wohnten jetzt darin. Aber das Kinderheim des Vereins geborener Hamburger war wieder frei geworden, und so verbrachten wir den Sommer dort.
Der erste Feriensonntag in Weihe war der Muttertag. Heiko und Heidi schenkten mir einen Wasser-Kessel. Blitzblank hatte Heidi ihn geputzt; Heiko hatte ihn gefunden. Auf dem Müllplatz. Der Kessel sah auf den ersten Blick auch noch ganz brauchbar aus, aber als ich ihn dann mit Wasser gefüllt hatte, stellte ich fest, daß er leckte. Über das große Brandloch im Kesselboden hatten sie von innen ein Stück Pappe gelegt und waren nun enttäuscht, daß ich mit ihrem Geschenk nichts anfangen konnte.
Dafür überreichte mir Jan einen herrlichen Strauß Vergißmeinnicht. Neugierig fragte ich: »Und woher hast du diese wunderschönen Blumen?« »Aus dem Garten von Bauer Soundso«. Ich ahnte Böses, holte tief Luft und wollte zu einer Standpauke ansetzen, als mein Ältester schnell hinzufügte: »Ich habe sie eingetauscht, Mammi, gegen ein altes Winterhilfswerk-Abzeichen.« »Wogegen?« »Gegen ein altes Winterhilfswerkabzeichen, das auf Papas Nachttisch lag.«
Ich blickte meinen Mann an, der mit den Achseln zuckte, dann zog ich Jan mit ins Schlafzimmer, damit er mir genau den Platz zeigen konnte, wo er das Abzeichen gefunden hatte. »Hier hat es gelegen«, und er deutete auf die Marmorplatte des Nachtschranks, auf der nun auch die goldene Krawatten-Nadel meines Mannes

nicht mehr zu sehen war. Ich ließ Jan genau beschreiben, wie das angebliche Abzeichen ausgesehen habe und schickte ihn dann schnurstracks mit den Blumen zum Bauern, um die Krawatten-Nadel zurückzuholen. Er brachte das Schmuckstück zurück, die Blumen mußte er dort lassen.
Als wir dann im Herbst nach Hamburg zurückkehrten, lag Jan seinem Vater und mir in den Ohren, weil er unbedingt mit ein paar Schulkameraden zum Güter-Rangier-Bahnhof nach Eidelstedt wollte, um dort Kohlen, Koks und Briketts zu klauen.
»Kohlenklau« war zu einer bitteren Freizeitbeschäftigung geworden. Die Figur des Kohlenklau war während des Krieges auf Plakaten populär gemacht worden, um damit die Bevölkerung zur Energieeinsparung aufzufordern. Inzwischen war »Kohlenklau« der Begriff für kostenloses, widerrechtliches Aneignen von Brennstoffen geworden. Täglich zogen Männer, Frauen und Kinder zu den Rangierbahnhöfen und warteten dort auf die Kohlenzüge. Sie sprangen dann, oft auch bei voller Fahrt, auf die offenen Güterwaggons und sammelten und sammelten von dem »Schwarzen Gold« ein, soviel sie in ihren Säcken wegschleppen konnten. Die Polizei drückte dabei meistens beide Augen zu, aber es kam sehr oft zu schrecklichen und tödlichen Unfällen, wenn sich die »Kohlenklaus« beim Auf- und Abspringen verschätzten und unter die Räder kamen.
Als mein Mann Jan davon abhalten wollte, sich als Kohlenklau zu betätigen, sagte der maulend: »Dann habt ihr eben selber Schuld, wenn ihr im Winter friert.« Wir hatten damals Mühe, dem Neunjährigen klarzumachen, was Recht und Unrecht ist. Wir konnten ihm nur Theorie anbieten. »Aber das machen die anderen doch auch«, war seine Entgegnung, und es war ihm schwierig klarzumachen, daß viele in der Not Unrechtes tun müssen, es dennoch aber dadurch nicht rechtens wird.
Anders unser Heiko, damals fünf Jahre alt. Er ging häufig mit mir einkaufen und beobachtete, wie ich Marken für Lebensmittel geben mußte. Ein bedrucktes Stück Papier.
Eines Tages suchten wir Heiko. Wir suchten im Garten, auf der Straße, fragten bei den Nachbarn, aber niemand hatte ihn gesehen. Endlich erlöste uns eine Nachbarin, sie hatte ihn im Brot-

geschäft stehen sehen. Ich rannte los, kaum hatte ich den Laden erreicht, da ging die Tür auf und er kam mir entgegen. Er strahlte mich an und reichte mir ein in sein schmutziges Taschentuch eingewickeltes Etwas. Es war ein Rundstück. Frisch und knusprig. Hatte er es erbettelt?

In diesem Augenblick kam die Bäckersfrau heraus. »Ihr Heiko wollte ihnen ein Rundstück kaufen und hat mir dafür eine Brotmarke gebracht.« In der Hand aber hielt sie einen kleinen Fetzen Zeitungspapier.

Der »Schwarze Markt« hatte in Hamburg mehrere Zentren. Am Hauptbahnhof zwischen Hansaplatz und Steintorweg und an der Reeperbahn zwischen Hamburger Berg und Talstraße.

Tag und Nacht konnte man dort alles kaufen, wenn man nur genügend Geld hatte. Zigaretten, Kaffee, Zucker, Schuhe, Butter, Brot und Margarine. Auch Schreibmaschinen, Uhren, Schmuck und Anzugstoffe, immer wieder machte die Polizei Razzien, lud Käufer und Verkäufer auf Lastwagen und verhaftete sie. Aber schon nach ein paar Stunden ging das Leben und Treiben weiter.

Inzwischen war das Fraternisierungs-Verbot aufgehoben worden, und viele »Fräuleins« hatten einen Besatzungssoldaten zum Freund. Die Soldaten bekamen ihren Sold in englischen Besatzungs-Pfunden, und nur mit dem Geld auch konnten sie in ihren Kantinen einkaufen. Je höher der Dienstgrad, je höher der Sold, also waren Offiziere auch besonders begehrt. Diese durften nämlich zum Beispiel ihre Freundinnen in den Offiziers-Clubs einladen. Besonders gern gingen die Damen natürlich in das beschlagnahmte Atlantic-Hotel. Am liebsten am Nachmittag. Das hatte den besonderen Grund, daß der Kiosk im Hotel nur bis 19 Uhr geöffnet war. Dieser Kiosk bot für die Besatzungs-Offiziere Spirituosen, Seife, Parfüms, Nylon-Strümpfe und Schokolade und Toffee-Bonbons feil. Gegen entsprechende Gunst-Beweise konnten die Damen dann an dem Kiosk ihren Bedarf decken, vorausgesetzt, der Offizier war bereit, es von seinem Geld zu bezahlen. Deutsche Reichsmark wurden nicht angenommen. Dann aber kam die zweite Hürde. Beim Verlassen des Hotels mußte man an einem Doppel-Wachposten vorbei, der Ausweise kontrollierte und nach Kiosk-Waren suchte. Nur Engländer durften mit Waren ungehin-

dert das Hotel verlassen. So konnte man immer wieder beobachten, wie die Besatzungs-Offiziere ihre deutschen Mädchen den Holzdamm hinaufbegleiteten, sich verabschiedeten und dann ins Hotel zurückkehrten. Es soll damals Damen gegeben haben, die so gut im Geschäft waren, daß sie Bestellungen für Nylon-Strümpfe entgegennahmen. Die Bestellungen konnten ruhig detailliert sein. Besondere Wünsche nach Größe und Farbe, nachtschatten war besonders gefragt, konnten erfüllt werden. Selbst unter verschiedenen Duftnoten bei den englischen Seifen konnte man auswählen. Nach ein, zwei Tagen brachten die »Fräuleins« dann das Gewünschte. Wir hatten im Theater eine besonders hübsche und zuverlässige Lieferantin, die sogar eine Original-Waren-Angebots-Liste des Kioskes in ihrer Handtasche hatte und danach verkaufte.
Von ihr kaufte ich mein erstes Paar Nylons. Nachtschatten mit schwarzer Naht und verziertem Fersenkeil. Sie kosteten ein Vermögen, fast RM 500,—, wenn ich mich richtig erinnere, aber sie hielten. Keine Laufmaschen, kein Stopfen mehr, wunderbar. Diese ersten Nylons waren nicht kaputtzukriegen, ich habe sie fast über zwei Jahre ständig getragen, sie zwar schonend behandelt, aber der hohe Preis hat sich wirklich amortisiert.
Dazu trug man damals Schuhe mit Kork-Plateausohlen, Keilabsätzen und Fesselriemchen. Auf den Hinterkopf setzte man großrandige Filzhüte, die in der Stirn Platz für eine Haartolle freiließen.
Immer öfter stand jetzt in den Zeitungen, daß mit einer neuen deutschen Währung zu rechnen sei. Eine Währung für die drei westlichen Besatzungszonen, die man volkstümlich »Trizonesien« nannte.
Dann kam am 20. Juni 1948 die Währungsreform. Es war ein Sonntag, als wir zum Ortsamt gingen und pro Kopf 40,— Reichsmark in 40,— neue Deutsche Mark eintauschen konnten. Ab Montag galt nur noch die DM, und sie löste ein wahres Wunder aus. Schon in der Nacht vom Sonntag zum Montag wurden die Geschäfte neu dekoriert. Waren, die es bisher nur auf dem Schwarzen Markt gab, lagen in den Auslagen. Stoffe, Schuhe, Kochtöpfe und Geschirr, natürlich auch die heißbegehrten Eier, das Stück zu 60 Pfennigen.

An vielen Restaurants waren Aufkleber auf den Fensterscheiben zu sehen, die Gänsebraten mit Rotkohl für DM 6,— die Portion anboten, Spitzenweine und Markenspirituosen waren zu kaufen, und das Bedienungspersonal war von einer Höflichkeit und Freunlichkeit, die oft schon peinlich war. Die Jagd auf die DM begann. Die Rationierung der Grundnahrungsmittel war zwar noch nicht aufgehoben, aber die Ladenbesitzer nahmen es nun nicht mehr ganz so genau mit der Abgabe von Lebensmittelmarken. Geflügel war markenfrei, auch Edelfisch und wer schon genügend DM hatte, konnte sich in den Restaurants sattessen.
Wir hatten für unsere fünfköpfige Familie DM 200,—. Davon mußten wir schon am 1. Juli die Miete, Gas und Strom bezahlen, so blieb zum Leben kaum etwas übrig. Das Theater hatte Sommerpause, zahlte aber dann im Juli einen Gagenvorschuß, und schon im August sollten die ersten Abstecher gegen Gage in harter DM stattfinden.
Wir spielten vor leeren Stuhlreihen. Ein oder zwei Dutzend Zuschauer waren schon viel, sehr oft waren auf der Bühne mehr Personen als im Zuschauerraum.
Aber nicht nur uns erging es so, allen anderen Theatern auch. Das Publikum kündigte die Abonnements, es hatte kein Geld mehr für die Unterhaltung übrig.
Die Freßwelle wogte heran. Englische Cadbury-Schokolade, Schlagsahne, Schinken, Speck und Eier waren nun einmal nach zehn Jahren der Entbehrung begehrter als Theater.
Unser Theater war bald pleite. Direktor Beiswanger konnte unsere Gagen nicht mehr bezahlen und auch die von uns einbehaltenen Kranken- und Sozialversicherungsbeiträge nicht mehr abführen. In den Jahren der Reichsmark-Schwemme, als täglich Schlangen an der Vorverkaufskasse standen, hatte er auf den staatlichen Zuschuß der Kulturbehörde verzichtet. Nun fehlte der, aber der Zuschuß war fürs Überleben einfach notwendig, sollte nicht der Betrieb eingestellt werden.
Beiswanger legte die Direktion des Theaters nieder. Er fühlte sich der Situation nicht gewachsen, denn noch konnte niemand abschätzen, wann das Publikum wieder Geld für das Theater ausgeben könnte. Allen ging es erst einmal um körperliche Nah-

rung, nicht um geistige.
Im März 1949 wurde Hans Mahler mit der künstlerischen Direktion der Bühne betraut. Ihm zur Seite als kaufmännischer Direktor stand Walter Scherau.
Der sah im buchstäblichen Sinn rot, als er die Geschäftsbücher prüfte. Rote Zahlen, Defizite, Schulden.
Was war zu tun? Vieles. Mahler und Scherau machten eine Eingabe an die Kulturbehörde zur Wiedererlangung des staatlichen Zuschusses. Die Antwort war, in einem Anhörungsverfahren sollten die beiden das künstlerische und kaufmännische Konzept für das Theater der Kulturbehörde persönlich vortragen. Danach würde dann entschieden werden, ob für das Haus ein finanzieller Zuschuß gewährt werden könne. In vielen Besprechungen bereiteten sich mein Mann und Walter Scherau auf dieses Anhörungsverfahren vor. Sie formulierten ihre Argumente, schrieben sie auf und formulierten sie wieder um. Das ganze Ensemble zitterte dem Tag entgegen, an dem beide ins Rathaus mußten. Unser aller Existenz hing jetzt ab von der Entscheidung der Kulturbehörde.
Es war ein heißer Tag im Juli 1949 als die beiden Männer ins Rathaus gingen. Frau Scherau und micht hielt es nicht zu Haus, wir begleiteten unsere Männer und warteten auf dem Rathausmarkt auf sie. Stundenlang gingen wir draußen auf und ab, setzten uns dann ab und an in die kühle Rathaus-Halle, hofften, beiden möge Erfolg beschieden sein und wagten uns nicht auszumalen, was geschehen sollte, wenn die finanzielle Hilfe nicht gewährt werden würde.
Sollte nicht Dr. Ohnsorgs jahrzehntelange Arbeit und Mühe umsonst gewesen sein, mußte das Theater erhalten bleiben. Die durch die Währungsreform verursachte Geldknappheit mußte überbrückt werden, und wenn der erste Hunger erst einmal gestillt war, würde auch unser Publikum wieder zu uns finden.
Endlich kamen unsere Männer wieder. Sie hatten erreicht, was sie sich vorgenommen, wir alle erhofft hatten. Die Kulturbehörde hatte für die nächste Spielzeit den Zuschuß wieder bewilligt. Wir waren gerettet! Das Theater war gerettet, das Spiel ging weiter. Jetzt, nach den Stunden des angespannten Wartens, verspürten

wir Durst und Hunger. Mit ein bißchen Überredung gelang es Charlotte Scherau und mir, die beiden Männer zu überreden, gemeinsam zu Abend zu essen. Wir verspürten unbändige Lust, den Erfolg zu feiern.
Die Männer fragten uns, wo wir denn gern essen würden. Wenn schon, denn schon, dachten wir und schlugen das Esplanade-Hotel vor. Der Fünf-Uhr-Tee war gerade beendet, als wir das elegante Tanz-Restaurant betraten. Der Oberkellner wies uns einen sehr guten Tisch an und offerierte, daß das Diner-Dansant um neun Uhr beginnen würde. Charlotte Scherau und ich stießen uns mit den Ellbogen, von den Männern unbemerkt, an. Diner-Dansant, so etwas hatten wir noch nie erlebt. Wir lehnten uns in den Sesseln zurück und betrachteten die wertvolle Einrichtung. Stuck, Kronleuchter, Teppiche, Tische und Stühle. Heute hatten wir Grund, fröhlich zu sein, zu feiern und endlich auch einmal wieder zu tanzen. Wir studierten alle vier die Speisekarte. Was es nicht alles da zu bestellen gab: Vorspeisen, Zwischengerichte, Hauptgerichte, Desserts, Menues. Bei einer solchen Auswahl fiel einem wirklich die Entscheidung schwer, ich hätte am liebsten von allem ein bißchen probiert.
Ich bemerkte, wie mein Mann und Scherau leise miteinander sprachen. Sicherlich besprachen sie, welchen Wein sie uns vorsetzen wollten, aber dann sagte Mahler plötzlich: »Kommt, steht auf, wir gehen!« »Wie bitte?« »Wir gehen woanders hin.« »Aber warum um Gottes Willen? »Hier ist es doch so gemütlich und schön.« Jetzt kam Scherau: »Da habt ihr Recht. Gemütlich und schön teuer ist es. Zu teuer. Hier kostet ja das Abendessen für uns alle fast eine Monatsmiete.«
Der Kellner fragte, ob wir einen Apéritif wünschten. Anstatt zu bestellen, erhoben wir uns. Der Geschäftsführer eilte herbei und fragte, ob etwas nicht in Ordnung sei, und Mahler antwortete: »Es ist alles wunderbar in Ordnung, nur für uns leider zu teuer.« Ich wurde knallrot. Wenn wir nur erst draußen wären, aber wir mußten noch die Hotel-Halle durchqueren. Walter Scherau trompetete: »So leicht verdienen wir ja nun unser Geld nicht, daß wir es hier zum Fenster 'rauswerfen können.« Mein Mann gab ihm Recht. Auf dem Weg zum Dammtorbahnhof sprachen wir Frauen

kein Wort mit unseren Männern. Wir waren wütend, doch die beiden Männer hatten den Vorfall bereits vergessen und schon wieder das Theater im Kopf. Sie unterhielten sich äußerst angeregt.
In der Bahnhofshalle blieben sie stehen und fragten, ob wir im Wartesaal mit ihnen essen wollten. Ironisch fügten sie hinzu: »Im Wartesaal 2. Klasse natürlich.«
Nun aber reagierten wir bockig. Nein, das sei zu teuer, wir wollten überhaupt nicht mehr essen, wir wollten jetzt nur noch nach Hause. Katzenfreundlich sagte ich: »Wir können ja bei uns Abendbrot essen. Ich hab alles im Haus. Leberwurst, Quark, Schwarzbrot und einen Knust Mettwurst und noch einen Rest Kirschsuppe mit Griesklößen.« Wir nahmen die S-Bahn und fuhren zu uns nach Bahrenfeld. Nach dem Abendessen erfuhren wir, wie nun alles weitergehen sollte.
Abonnenten mußten gewonnen werden. Die alten Stamm-Abonnenten mußten aufgefordert werden, wieder für die neue Spielzeit abzuschließen. Sie waren die Grundlage für Walter Scheraus geschäftliche Kalkulation. Geld für eine Abonnenten-Werbung war keines vorhanden. Deshalb sollten ab sofort alle Schauspieler, Regisseure, Requisteure, der Buchhalter, die Kassiererin und auch Charlotte Scherau, als »Nur-Ehefrau«, hausieren gehen. Nach der früheren Abonnenten-Kartei bekam jeder von uns einen Bezirk zugewiesen, wo wir Hausbesuche machen und die früheren Abonnenten wieder zu einem Abschluß einer Platzmiete bewegen sollten.
Zuerst lachten wir über das Ansinnen, dann aber ließen wir uns überzeugen, daß es wohl anders kaum möglich war, wieder einen festen Zuschauer-Stamm an die Bühne zu binden.
Da viele frühere Abonnenten kein Telefon hatten, schrieben wir Briefe und baten um Besuchstermine. Dann gingen wir von Tür zu Tür.
Wir alle schafften es, für die kommende Spielzeit wieder unser Publikum zum regelmäßigen Besuch unseres Theaters zu veranlassen. Außer erheblichen Preisnachlässen boten wir auch Ratenzahlungen an und hatten Erfolg. Ich schaffte bis zu sechs Besuche an einem Nachmittag und frühen Abend und mußte dreimal Ku-

chen und Kaffe und dreimal zu Abend essen, und ich bekam allmählich Angst um meine Linie.
Ein paar Pfunde mehr konnten meiner Figur zwar nicht schaden, aber der Bund meines einzigen, modischen Rocks begann, zu eng zu werden. Denn inzwischen war auch über uns deutsche Frauen der »New Look« gekommen. Der französische Modepapst Christian Dior hatte ihn weltweit den Frauen verordnet, und nun wollten auch wir deutschen Frauen endlich einmal wieder modisch sein. Zu einem »New Look-Kostüm« reichte es bei mir noch nicht, und so ließ ich mir erst einmal von meiner Mutter einen wadenlangen, weit schwingenden Rock aus grauem Flanell schneidern, dazu einen weißen Unterrock, der am Saum mit einer breiten weißen Spitze besetzt war. Außerdem nähte mir meine Mutter eine weiße Bluse mit einem Spitzen-Jabots und schenkte mir ein Paar weiße Glacé-Handschuhe. Diese ungewohnte, neue weibliche Silhouette setzte sich mit einem Tempo durch, das man gar nicht mehr gewohnt war. Mode, dieses Wort hatten wir Frauen schon lange aus unserem Sprachschatz gestrichen, aber jetzt fand auch ich einen solchen Spaß daran, daß ich am liebsten meinen ganzen alten Kleiderbestand weggeworfen hätte. Endlich 'mal 'was Neues! Bald schon trug man nicht nur einen, sondern gleich mehrere Unterröcke und die nannte man Petticoats. Im Radio hörte man nicht mehr »Es geht alles vorüber, es geht alles vorbei« sondern Rudi Schuricke weckte Fernweh mit seinem Lied von den Capri-Fischern. Meinem Fernweh wurden von meinem Mann Grenzen gesetzt. Er schloß für die kommende Spielzeit neue Abstecher-Verträge, die uns weit über Hamburgs Umgebung hinaus führen sollten, bis an die Grenzen des plattdeutschen Sprachgebietes. Wieder einmal stand zur Diskussion, ob wir nicht unsere Stücke auch in Hochdeutsch, oder in dem Dialekt, den die Hamburger für Hochdeutsch halten, nämlich in »Missingsch« spielen sollten.
Die vielen »Butenhamburger« und die Flüchtlinge aus Mecklenburg und Pommern wollten ihre Heimatsprache hören und wollten über das Band der plattdeutschen Sprache wieder dort anknüpfen, wo sie verwurzelt gewesen waren und daraus die Kraft schöpfen, sich in ihrer neuen Heimat zurechtzufinden.

Damals bestand das kulturelle Angebot in den Landgemeinden fast nur aus Filmen, ausländischen Filmen, die synchronisiert waren, und den ersten wenigen Produkten einer wieder entstehenden deutschen Filmproduktion. Orson Welles »Dritter Mann« mit dem gezitterten »Harry-Lime-Thema« machte Rekordkassen und ebenso der deutsche Film »Film ohne Titel«, der Hildegard Knef in die erste Reihe der deutschen Filmschauspielerinnen katapultierte.
Mahler wollte mit unseren Gastspielen in Dörfern und Kleinstädten das Angebot an Unterhaltung verbreitern, wollte heimatverbundenes Volks-Theater nach der Ohnsorgschen Tradition »unters Volk bringen.« Er sagte: »Wir müssen mit dem Theater zum Publikum, wenn es wegen der weiten Entfernung nicht zu uns kommen kann.« Damals begannen unsere Tourneen, die uns heute durch den ganzen deutschsprachigen Raum führen.
Allmählich merkte ich, daß ich nicht nur mit Hans Mahler verheiratet war, sondern auch mit dem Theater, dessen Direktor er geworden war. Wir sprachen nur noch über das Theater und über die vielen Probleme, die es dort zu lösen galt. Alles andere war Nebensache, selbst wenn die Polizei sich wegen der Kinder meldete. Zuerst kam noch ein Wachtmeister, dann aber rief nur noch das Polizeirevier an und sagte: »Frau Mahler, es ist wieder soweit, sorgen sie bitte für Ruhe.«
Der Krach entstand, weil mein ältester Sohn Jan inzwischen seine Vorliebe für den Fußball entdeckt hatte und mit den Nachbar-Jungen und Schulfreunden die Straße vor unserer Wohnung in ein Fußballfeld verwandelte.
Ich hatte mich an den Lärm bereits so sehr gewöhnt, daß ich ihn schon nicht mehr wahrnahm, im Gegensatz zu unseren beiden Untermieterinnen. Die beiden alten Damen wurden in ihrer Mittagsruhe gestört, und wenn sie die Jungen zur Ruhe ermahnten, was sie oft genug getan hatten, ernteten sie fast nur Gelächter. Ich auch. So schritten die Damen zur Selbsthilfe. Mit zwei Groschen in der Hand baten sie mich, unser Telefon benutzen zu dürfen. Von unserem Apparat aus riefen sie dann die Polizei an und baten die, für Ruhe zu sorgen.
Eigentlich hätten sie immer den Hörer gleich an mich weiter-

reichen können, dann hätten sie dem Wachtmeister auf dem Revier das Wählen erspart, aber das vermieden sie. So schrillte regelmäßig zwei Minuten später das Telefon, und der stereotype Satz: »Frau Mahler, es ist wieder soweit,« schallte aus dem Hörer. Da ich gegen die Fußballer auch machtlos war, bat ich meinen Mann, als Vater des Mannschaftskapitäns, ein energisches Wort mit Jan zu reden. Das bestand dann darin, daß mein Mann fragte: »Wer hat denn gewonnen?« und sich von seinem Sohn überreden ließ, einen richtigen Fußball mit einer Lederhülle zu schenken.

Er nahm ihm dann zwar das Versprechen ab, mit diesem neuen Fußball nur noch auf der Wiese des nahegelegenen Altonaer Volksparks zu spielen, aber er glaubte selbst nicht, daß die Jungen das Versprechen halten würden. Mehr und mehr wunderte ich mich über die Geduld, die mein Mann aufbrachte. In allem. Ob es die Kinder waren oder die Kollegen, niemals gab es einen lauten Ton, immer wieder fand er eine Entschuldigung für alles, und wenn Jan mehr Interesse für Fußball und Musik zeigte als für seine Schulaufgaben, sagte er: »Nur mit Schulwissen wird er sich später im Leben auch nicht behaupten können, er kommt schon eines Tages allein dahinter, was er lernen muß. Hauptsache, er bleibt nicht sitzen.« Er blieb auch nicht sitzen, aber er war auch kein Klassen-Primus, und ich war der Meinung, mit etwas mehr Strenge, hätte er bessere Zensuren nach Hause bringen können. Damals begann die große Zeit des Films. Der deutsche Film machte seine Schauspieler über Nacht zu Stars. Maria Schell, Ruth Leuwerik, Romy Schneider, Sonja Ziemann, an deren Seite Dieter Borsche, O.W. Fischer, Rudolf Prack und Karlheinz Böhm verhalfen den Kinos zu Rekordeinnahmen. Der deutsche Heimatfilm stand in der Gunst des Publikums an erster Stelle. Aber auch Filme wie »Des Teufels General«, »Die letzte Brücke« und Ludwig II.« waren Publikumserfolge, und das Kino mit seinen im Vergleich zu den Theatern bedeutend niedrigeren Eintrittspreisen wurde für uns eine spürbare Konkurrenz. Wir mußten die großen plattdeutschen Erfolgsstücke in unseren Spielplan wieder aufnehmen, wenn wir täglich die 374 Sitzplätze füllen wollten. »Dat Düvelsbook« von Heinrich Behnken, »Benefiz bi Mattler« von

Wilhelm Meyer-Brink und »In Luv und Lee die Liebe« von Friedrich Lindemann. Nur 15 % der Kosten für den Spielbetrieb wurden als Zuschuß vom Kulturamt der Behörde für Wissenschaft und Kunst beigesteuert, 85 % mußte das Theater selbst aufbringen. Am Ende jeder Spielzeit mußte Walter Scherau der Kulturbehörde die Bücher vorlegen und auf Mark und Pfennig abrechnen.
Unsere Gehälter waren bescheiden und so nutzte ich die Sommerpause 1950, um Geld für uns dazuzuverdienen. Ich trat in der Hamburg-Revue »Kap Horn« im »Allotria« auf der Reeperbahn auf. Dort, wo ich einst mit Hans Mahler zum erstenmal getanzt hatte, stand ich nun jeden Nachmittag und jeden Abend auf der Bühne. Umrahmt von einem Ballett sang ich meine Hamburger Lieder. Von der einstigen Reeperbahn war nicht viel übriggeblieben. Außer dem »Allotria« hatten nur noch das St. Pauli-Theater, das »Zillertal«, »Heckel« und »Reichelhaus« den Luftkrieg überstanden. Die Trümmer wurden verdeckt durch die vielen Imbißbuden, dazwischen waren Holzverschläge mit merkwürdigen Aufschriften. »Die Sterne lügen nicht«, »Das Orakel« oder auch »Tamara lüftet den Schleier ihrer Zukunft«. An den Eingängen prangte immer ein Schild »Jetzt zu sprechen«. Für DM 3,— wurde dort aus der Hand gelesen, wurden die Karten gelegt, oder ein Papagei zog schon für 50 Pfennige einen Briefumschlag aus einem Pappkarton, der ein Horoskop enthielt. Eine dieser Wahrsagerinnen, die sich »Madame Manon» nannte, streifte nachts, wenn sie ihren Stand am Millerntor geschlossen hatte, durch die Lokale und Künstlergarderoben von St. Pauli und kam auch regelmäßig zu uns ins »Allotria«.
Von ihr ließ ich mir eines Abends nach der Vorstellung meine Zukunft voraussagen. Sie betrachtete meine Hände und legte dann die Karten aus. Arbeit, nichts als Arbeit sah sie auf mich zukommen, aber dann sagte sie, ich stünde erst am Anfang meiner Karriere als Schauspielerin und eines Tages würde mein Name weit über Hamburgs Grenzen hinaus bekannt werden.
Ich mußte darüber lachen, weil ich mir nicht vorstellen konnte, wie das geschehen sollte. Plattdeutsch blieb auf den norddeutschen Raum beschränkt, wie sollte ich damit Norddeutschlands Grenzen sprengen? Ich zahlte Madame Manon DM 2,50, denn sie

gewährte 50 Pfennige »Künstler-Rabatt« und ärgerte mich, daß ich von meiner Tagesgage von DM 100,— DM 2,50 verplempert hatte.

1952 startete der Nordwestdeutsche Rundfunk das erste deutsche Fernsehprogramm nach dem Krieg. Aus dem Hochbunker auf dem Heiligengeistfeld wurde ein 2-Stunden-Programm ausgestrahlt. Die ersten Fernseh-Apparate in den Schaufenstern der Radio-Geschäfte lockten mit ihren schwarzweißen Bildern aber nur wenige Neugierige an, noch konnte der kleine Bildschirm nicht mit der farbigen Cinemascope-Leinwand der Kino-Paläste konkurrieren.

Im Jahre 1953 kam Oberspielleiter Hanns Fahrenburg zu Walter Scherau und wollte ein Stück für das Fernsehen aufzeichnen. In Hochdeutsch. Viele lange Besprechungen zwischen Scherau und meinem Mann folgten. Würde eine Fernseh-Ausstrahlung nicht dem Theater Besucher entziehen? Aber vielleicht würden auch viele Fernseh-Zuschauer angeregt werden, die vielen anderen Stücke auf der Bühne zu erleben, die nicht im Fernsehen ausgestrahlt würden. Würden nicht die Stücke durch die Übertragung des Textes ins Hochdeutsche viel von ihrer Defigkeit, ihrer Direktheit einbüßen? Ausschlaggebend, das Wagnis einzugehen, war dann schließlich die geringe Zahl der Fernsehzuschauer. Sollte die erste Aufführung im Fernsehen nicht den Maßstäben entsprechen, die Mahler und Scherau nun einmal für unser Theater anlegten, konnte man ja von weiteren Aufführungen absehen. Die wenigen Fernsehzuschauer, die das Experiment gesehen hatten, würden dem Ruf des Theaters nicht allzusehr schaden können. Hanns Fahrenburg wählte aus unserem Repertoire Eberhard Försters »Seine Majestät Gustav Krause« aus, und Ruprecht Essberger sollte die Fernseh-Regie führen. Im Januar 1954 wurde das Stück im Fernseh-Studio auf dem Heiligengeistfeld aufgezeichnet. Die damalige Kameratechnik ließ es noch nicht zu, in unserem kleinen Theater mit Publikum aufzuzeichnen. Die Bühnendekorationen wurden zum Heiligengeistfeld geschafft, und viele Proben waren erforderlich, bevor Essberger mit der Aufzeichnung beginnen konnte. Wir Schauspieler mußten ja nicht nur den hochdeutschen Text lernen, sondern uns auch mit dem neuen Medium vertraut machen. Um Platz für die Kameras zu haben, mußten wir weiträumiger spielen, als auf unserer kleinen Bühne. Für die Großaufnahmen mußten wir anders geschminkt werden, als wir es gewohnt waren, und immer wieder mußten wir daran denken, im Eifer des Spiels nicht in den gewohnten plattdeutschen Text zu verfallen.

Ruprecht Essberger nahm sich viel Zeit und hatte unendliche Geduld mit uns, was sich in der Qualität der Aufführung niederschlug. Walter Scherau zog in der Titelrolle sämtliche Register seines Könnens und seiner Komik, so daß wir Mitspieler auch zu Leistungen herausgefordert wurden, die wir nicht so ohne weiteres erbracht hätten. Er war die Antriebskraft für uns alle.
Unsere erste Fernsehsendung wurde ein Erfolg.

Als dann 1954 die Fußball-Weltmeisterschaft im Fernsehen übertragen wurde, stieg die Zahl der Fernsehbesitzer schlagartig an. 1956 übernahm Alfred Joost die Regie für unsere Fernseh-Aufführungen, diese wurden nun mit dem Publikum live aus unserem Theater gesendet. Walter Scherau, Otto Lüthje, Heini Kaufeld wurden Lieblinge des Fernseh-Publikums, und auch ich bekam jetzt die ersten Autogrammbitten aus allen Teilen Deutschlands.
Walter Scherau und mein Mann suchten einen Schauspieler, der in Vertretung für den erkrankten Otto Lüthje im »Meister Anecker« den Schustergesellen Matten spielen konnte, und ihnen war in plattdeutschen Rundfunksendungen ein gewisser Henry Vahl aufgefallen. Henry Vahl spielte zu dieser Zeit in Friedrich Schütters »Jungen Theater« den Candy in John Steinbecks »Von Mäusen und Menschen«. Alfred Joost, Walter Scherau und mein Mann besuchten eine Aufführung, um sich Vahl anzusehen.
Vahl überzeugte sie, nach der Vorstellung gingen die drei zu ihm in die Garderobe, und Scherau fragte Vahl, ob er Lust hätte, im »Meister Anecker« den Matten zu spielen. Man machte einen Termin.
»Wieviel kriege ich dafür?«, war Henrys erste Frage, als er einige Tage später im Büro auftauchte. Walter Scherau und mein Mann kamen durch diese Frage ganz schön in die Zwickmühle. Scherau stimmte sogleich sein Klagelied an, daß uns anderen Ensemble-Mitgliedern nur allzu vertraut war, und er nannte dann eine Gage, die weit unter Henrys Vorstellungen lag. Der wollte DM 50,— Abendgage und zusätzliches Probengeld. Nach langem Hin und Her einigten sie sich auf DM 40,—.
Die Premiere von August Lähns »Meister Anecker« war ein großer Erfolg. Unter Walter Scheraus Regie spielten Karl-Heinz Kreien-

baum, Christa Wehling, Heiner Kollhoff und Ilse Seemann und zum erstenmal auf unserer Bühne Henry Vahl als Matten.
Ich saß mit meinem Mann unten im Parkett. Schon nach der Anfangs-Szene zwischen Kreienbaum und Vahl nickten wir uns zu, ein Talent war für das plattdeutsche Theater entdeckt worden. Henry Vahl, damals schon sechzig Jahre alt, brachte das Publikum zum Lachen durch seine kauzige Mimik, und selbst wenn er ganz allein auf der Bühne stand, Selbstgespräche führend, riß er das Publikum zu Lach-Orkanen hin.
Alfred Joost versuchte alles beim Fernsehen, daß diese Aufführung aufgezeichnet wurde, aber die Leitung des Senders entschied sich für eines unserer anderen Stücke, noch hatte der Name Henry Vahl beim Fernsehen keinen Klang. Noch Jahre sollte es dauern, bis auch das Fernsehen diesen einmaligen Typ des Volkstheaters präsentierte, aber soweit war es noch lange nicht.
Noch hatten mein Mann und Scherau keinen festen Vertrag mit dem Fernsehen abgeschlossen, und nur sporadisch wurden Stücke aus dem Theater gesendet, die, nach welchen Gesichtspunkten auch immer, vom Sender ausgesucht wurden.
Noch waren wir kein fester Bestandteil des Programms.
Kurz nach Weihnachten 1954 kam mein Vater ins Krankenhaus. Die Ärzte bereiteten meine Mutter darauf vor, daß sie mit dem Tod ihres Mannes zu rechnen habe, aber sie schob den Gedanken beiseite und hoffte auf ein Wunder. Als er am 30. Januar 1955 von seinen Leiden erlöst wurde, galt meine ganze Fürsorge nur noch meiner Mutter. Sie hatte ihren Lebensinhalt verloren, mein Mann, meine Kinder und ich konnten ihr nicht das ersetzen, was wir zu Grabe getragen hatten. Sie trauerte auf ihre Art. Still, allen Schmerz in sich verschließend, nur darauf bedacht, ihre Umwelt nicht spüren zu lassen, wie es ihr um's Herz war. Oft besuchte ich sie allein und fragte sie, ob sie zu uns ziehen wolle, wir würden dann eine größere Wohnung mieten, vielleicht sogar ein Haus kaufen. Ich sagte ihr, ich wäre froh, sie bei uns zu haben, sie könne die Kinder beaufsichtigen und die beiden Jungen dazu anhalten, ihre Schulaufgaben zu machen, aber sie wollte nicht aus ihrer gewohnten Umgebung in den Großen Bleichen heraus. Sie wollte dort bleiben, wo sie fast fünfzig Jahre mit meinem

Vater verbracht hatte, und ich hoffte, die Zeit würde vieles heilen. Vielleicht würde der Tag kommen, wo sie doch noch Lust hätte, in unserem turbulenten Haushalt eine Aufgabe zu übernehmen, denn es bedrückte mich, sie in ihrer großen Wohnung so allein zu wissen.
Zuerst dachte ich, es sei die Umstellung auf ihr Alleinsein, daß sie über Appetitlosigkeit klagte, und wann immer ich es einrichten konnte, aß ich bei ihr zu Mittag oder zu Abend und meine Gesellschaft regte sie auch zum Essen an. Aber sie verlor an Gewicht. Zusehends. Sie ging zum Arzt, nahm Medikamente. Aber gegen Trauer gibt es keine Medizin.
Jan, unser Ältester, zog zu ihr. Sie umsorgte und verwöhnte ihn, wie es Großmütter gern tun. Aber auch der Hunger eines Siebzehnjährigen wirkte auf sie nicht ansteckend, sie aß von Tag zu Tag weniger.
Anfang 1956 mußte sie ins Krankenhaus und starb dort am 25. März an Darmkrebs. Sie hatte keinen Widerstand mehr geleistet gegen die tödliche Krankheit, ihre Kraft war erschöpft.
Mich traf der Tod meiner Eltern tief. Mit ihnen war aus meinem Leben eine Zuflucht geschwunden, ein Platz, wo ich immer wieder Aufnahme gefunden hatte, wo ich über meine Sorgen und Nöte hatte sprechen können und wo ich immer einen Rat bekommen hatte, immer Trost fand.
Es fiel mir schwer, den Haushalt aufzulösen, die Wohnung zu kündigen. Zuviel Erinnerungen hafteten an jedem Stück. Als alles vorüber war, wußte ich, meine Kindheit und Jugend waren endgültig vorbei, blieben nur mehr Erinnerung.
Die Druckerei meines Vaters verpachteten wir in der Hoffnung, einer unserer Söhne würde sie vielleicht eines Tages übernehmen wollen. Das Ferienhaus in Weihe mußten wir verkaufen, um den Anteil meiner Tante an der Druckerei auszahlen zu können.
Jan machte in Hamburg eine Setzer-Lehre durch, hatte danach aber wenig Lust, den Beruf auszuüben und ging dann auf die Kunstschule, um Grafiker zu werden.
Zu dem Zeitpunkt hätte ich in die Druckerei viel Geld investieren müssen, um sie mit neuen Maschinen auszustatten. Der technische Fortschritt hatte uns längst überholt, und da ich nicht soviel Geld

aufbringen konnte, um den Betrieb wieder in die Gewinn-Zone zu hieven, verkaufte ich ihn.
Jan beschäftigte sich in seiner Freizeit fast ausschließlich mit Jazz. Er spielte Baß, Posaune, Gitarre und Flöte und hatte eine Kapelle gegründet, die im Keller unserer Wohnung übte. Mein Mann und ich brauchten eine lange Zeit, um das Wesen des Jazzes zu verstehen. Es klang in unseren Ohren ungewohnt. Den größten Lacherfolg erzielte ich damals bei meinen Kindern, als ich an einem Sonntagvormittag laut mitsang, als aus dem Radio Paul Linckes »Glühwürmchen-Idyll« ertönte. »Mutti,« riefen sie im Chor, »wie kannst du das nur schön finden? Das ist doch Kitsch!« »Gut, dann finde ich eben Kitsch schön,« verteidigte ich meinen Geschmack und sang weiter. »Glühwürmchen glimmre, flimmre«. Und eigentlich nur, um sie restlos zu der Überzeugung zu bringen, daß mein Geschmack unverbesserlich sei, summte ich den folgenden Paul-Lincke-Schlager auch noch mit: »Wenn auch die Jahre enteilen, bleibt die Erinnerung doch.« Das löste dann selbst schon bei Heidi, die damals erst dreizehn war, nur noch Kopfschütteln aus. Sie konnten nicht verstehen, daß ich Musik zum Hausgebrauch mochte. Musik, die ich mitsingen konnte, bei der ich kochen, waschen und saubermachen konnte, bei Jazz mußte ich zuhören, mich konzentrieren, aber bei Paul Lincke konnte ich auch staubsaugen.
Erst als mir Jan dann die ersten Schallplatten von Ella Fitzgerald, Duke Ellington und Louis Armstrong vorspielte, ging mir ein Knopf auf und ich verstand, was man mit Jazz alles ausdrücken kann, und ich sagte zu meinem Mann: »Jetzt begreife ich erst, wohin die Jungen in unserem Keller wollen, nur haben die noch einen weiten Weg vor sich, bis sich ihre Musik nur annähernd so anhört, wie die von Duke Ellington.« »Für mich ist das, was die Jungen machen auch nur Katzenmusik,« gab mir Mahler Recht, »aber man braucht ihnen das ja nicht zu sagen, die Meister fallen ja bekanntlich nicht vom Himmel.«
Wir hatten dann auch bald eine Jazz-Session in unserer Wohnung. Jan lud zu seinem siebzehnten Geburtstag eine holländische Jazz-Kapelle ein, die in der Musikhalle gastierte. Ich stand in der Küche und schmierte unaufhörlich Brote, die wie warme Semmeln

weggingen, und Mahler, der mir zuerst dabei geholfen hatte, war später nur noch damit beschäftigt, die Nachbarn zu beruhigen, die sich über die Musik beschwerten.
Meinem Mann gelang es dann in den frühen Morgenstunden, die Musiker zu bewegen, Blues zu spielen, so daß unsere Nachbarn ein bißchen schlafen konnten. Wir stopften uns dann Watte in die Ohren und versuchten, auch zu schlagen, denn wir hatten am nächsten Tag morgens Proben im Theater.
Als ich gegen acht Uhr morgens aus unserem Schlafzimmer kam, waren immer noch Musiker in unserem Haus. Ich machte Frühstück und rief nach unserem Siam-Kater, aber der kam nicht. Er hatte die Flucht ergriffen, und erst als ich mittags von den Proben wieder nach Hause kam, fand ich ihn vor der Kellertür miauend sitzen. Vor Operetten-Klängen war das sensible Tier bisher nicht geflüchtet, aber was es in dieser Nacht in unserem Haus zu hören gab, war für Katzen-Ohren unerträglich. Unser Kater wurde kein Jazz-Fan.
Heute spielt Jan in der Gruppe von Knut Kiesewetter.
Dann wurde das Haus in Bahrenfeld von seinem Besitzer verkauft. Der Käufer meldete Eigenbedarf an und wir bekamen die Kündigung. Für fünf Personen mußten wir eine neue Wohnung finden. Ich hatte zwar ein bißchen Geld gespart, aber das reichte bei weitem nicht für einen Baukostenzuschuß, der damals, Ende der Fünfziger, für eine entsprechend große Altbau-Wohnung verlangt wurde.
Wir beratschlagten hin und her und kamen zu dem Schluß, daß wir einen verlorenen Baukostenzuschuß dann lieber zur Anzahlung eines kleinen, eigenen Hauses verwenden sollten und versuchen, es mit Hypotheken und Krediten zu erwerben. Mit Hilfe eines Maklers versuchten wir, etwas Passendes zu finden. Ein Haus, in dem wir alle Platz hatten, das aber auch so lag, daß wir mit einem öffentlichen Verkehrsmittel das Theater erreichen konnten.
Auf der Suche nach einem solchen Objekt lernte ich meine Vaterstadt gründlich kennen. Von Hummelsbüttel bis Harburg und von Blankenese bis Friedrichsruh.
Endlich fanden wir ein Haus in Nienstedten. Es bot Platz für uns

alle, war aber wiederum nicht so groß, daß wenn ich eines Tages mit meinem Mann allein leben würde, wir uns darin verloren hätten. Es lag unmittelbar am S-Bahndamm, und das war der Grund, daß es für uns erschwinglich war. Die Hypotheken, Kredite und Zinsen waren zwar eine Belastung für uns, aber das Haus hatte den Vorteil, daß es sofort beziehbar war. An das Rattern der S-Bahn-Züge gewöhnten wir uns schnell. Wir kamen ja nur an spielfreien Abenden so rechtzeitig ins Bett, daß der S-Bahn-Betrieb noch lief, gewöhnlich war der letzte Zug nach Blankenese schon vorübergerauscht, wenn wir aus dem Theater zurück waren und uns schlafen legen konnten. So schliefen wir immer ohne Störung ganz ruhig ein und wurden auch nach ein paar Wochen morgens nicht mehr wach, wenn gegen fünf Uhr die ersten S-Bahnen wieder an unseren Fenstern vorbeirumpelten.

Das Haus hat unten zwei ineinandergehende Wohnräume und im ersten Stock drei Schlafzimmer. Zusätzlich hat es im Keller noch eine Garage. Wir fühlten uns auf Anhieb wohl in dem Haus am Bahndamm und hatten endlich eine Bleibe gefunden, die eines Tages ganz uns gehören würde und aus der wir nicht vertrieben werden konnten. Noch heute bin ich froh, daß wir uns damals zu dem Kauf entschlossen haben, auch wenn das für uns eine jahrelange große finanzielle Anstrengung mit sich brachte. So wohne ich heute mietefrei und kann in meiner gewohnten Umgebung bleiben, auch wenn ich eines Tages nicht mehr Theaterspielen sollte und von meiner Altersrente leben muß.

Im Jahre 1961 verloren wir einen Freund, einen Kollegen, und mein Mann einen Partner, mit dem er so harmonisch zusammengearbeitet hatte, wie es wohl nur selten zwischen zwei Menschen möglich ist. Der gemeinsame Erfolg hatte ihre persönlichen Bande aufs engste verknüpft, wenn sie sich nicht täglich sehen konnten, telefonierten sie miteinander, und als nun »der Dicke«, wie wir Walter Scherau liebevoll nannten, plötzlich gestorben war, hinterließ er ein Vakuum. Als Mensch, als Schauspieler, als Direktor. Unser Ensemble hatte seinen Publikums-Liebling verloren, wir einen Freund, ohne dessen Initiative wir jetzt auskommen mußten. Mein Mann war damals schon in einem Alter, wo der Tod eines Freundes schwerer wiegt und auch schwerer vernarbt als in jüngeren Jahren. Einfach, weil man weiß, daß man mit dem Älterwerden auch kritischer wird, höhere Ansprüche an die Menschen stellt, denen man sich anschließt, und dadurch kaum neue Menschen mehr findet, die an die Stelle der Verstorbenen treten könnten. Mahler stürzte sich noch mehr in seine Arbeit und versuchte so, über den Verlust unseres Freundes hinwegzukommen.

Henry Vahl gehörte inzwischen zu unserem Ensemble. Wenn er die Bühne betrat, applaudierte das Publikum und lachte, noch bevor er einen Satz gesagt hatte. Es genügte, daß er zu sehen war. Seine Mitspieler allerdings brachte er oft in Verlegenheit. Schon immer war es ihm schwergefallen, Texte zu lernen. Deshalb wiederholte er immer wieder seinen Spruch: »Die Souffleusen waren immer meine besten Freundinnen«, aber oft verließ er sich nicht einmal auf seine Freundinnen, nämlich immer dann, wenn ihm Passagen einfach zu lang waren. Dann verließ er sich auf uns, die anderen Schauspieler, die wir mit ihm auf der Bühne standen. Henry schob uns so manches Mal, wenn er nicht textsicher war, den Schwarzen Peter zu, und wir mußten sehen, wie wir damit fertig wurden. Dann hieß es improvisieren und nochmals improvisieren. Doch richtig böse konnten wir ihm nicht sein. Henry hatte etwas, dem kaum jemand widerstehen konnte, er hatte Charme. Er konnte damit alles erreichen, bei seinen Freunden und bei seinem Publikum. Er brachte ein paar Prozente mehr auf die Bühne an Ausstrahlung, an verschmitztem Charme, und das ließ ihm die Gunst des Publikums nur so zufliegen.

Es machte uns allen Spaß, mit ihm auf der Bühne zu stehen, auch wenn man vor Überraschungen nicht sicher war, aber man war sicher, daß sich das Publikum amüsierte, und diese Stimmung im Parkett ist nun 'mal das Elixier aller Schauspieler. Durch die Resonnanz der Zuschauer, ihr Lachen, ihr Raunen kommt man in die Stimmung, die nun mal für heitere Volksstücke erforderlich ist, für die Darstellung der oft grotesken Situationen, und Henry hatte das Talent, nicht nur das Publikum, sondern auch seine Mitspieler auf der Bühne in echte Jux-Stimmung zu bringen.

Wir spielten Werner Schuberts »Der möblierte Herr«. Henry spielte die Titelrolle. Ich hatte eine Szene, in der ich als neugierige Nachbarin das Zimmer Henrys durchsuchen mußte und dabei im geschlossenen Kleiderschrank eine Gips-Büste entdeckte, die den möblierten Herrn darstellte. Daraufhin mußte ich zu Tode erschrocken die Schranktüren zuknallen und aus dem Zimmer rennen.

Wir waren mit dem Stück auf Abstecher-Tournee irgendwo in Schleswig-Holstein. Die Vorstellung lief und das Publikum schrie und lachte so sehr, daß wir an diesem Abend oft Mühe hatten, nicht mitzulachen. Es kam die bewußte Szene. Ich durchsuchte alle Schubladen im Zimmer und kam dann auch an den Kleiderschrank, riß die Türen auf und erschrak wirklich. Das Gesicht ganz weiß geschminkt, um den Hals aus Dextropur die Nachbildung eines Büstensockels, starrte mich der leibhafte Henry an und zwinkerte mir mit dem rechten Auge zu. Vor Lachen vergaß ich, die Schranktüren zuzuknallen, und Henry mußte die Minuten, bis der Vorhang fiel, unbeweglich als sein eigenes Standbild ins Publikum starren.

1965 feierte Henry sein 50. Bühnen-Jubiläum. Er bat meinen Mann, noch einmal den Matten in »Meister Anecker« spielen zu dürfen. Wie schon gesagt, man konnte Henry nichts abschlagen, und Mahler erklärte sich bereit, diesmal das Stück von August Lähn selbst zu inszenieren. Mit Henry spielten Jochen Schenk, Christa Wehling, Heini Kaufeld und Gisela Wessel. Diese Inszenierung sollte ein Meilenstein in der Geschichte des Ohnsorg-Theaters werden. Henry hatte zwar sonst keine Text-Schwierigkeiten, nur tat er sich schwer mit einem Satz. Der lautete: »Meine Mutter war eine Frau, die konnte ihre Zunge nicht im Zaum halten.« Bei den Proben kam er nach kurzem Luftholen fast immer fehlerfrei über diesen Satz hinüber, aber abends in der Vorstellung machte er immer etwas anderes daraus. Von »Meine Mutter war eine Frau, die steckte ihre Zunge immer durch den Zaun« bis »Meine Mutter war ein Zaun, die konnte ihre Zunge nicht im Mund halten« hatte er alles im Repertoire.
Die Premiere am 26. September 1965 war ein Riesen-Erfolg. Die anschließende Jubiläumsfeier mit Henry und seiner Frau Germaine dauerte bis in den frühen Morgen. Germaine Vahl war unermüdlich, alle anwesenden Männer reihum laufend zum Tanzen aufzufordern. Sie konnte Boogie, Tango, Rock 'n Roll, Charleston, und je länger sie tanzte, desto munterer wurde sie. Tanzen, feiern, singen im Freundeskreis war für beide Vahls der schönste Zeitvertreib. Wenn sie nicht zu sich einluden, dann waren sie eingeladen. Deshalb mochte Henry nicht allzugern auf Abstecher gehen, die mit Übernachtungen verbunden waren. Er gab zwar immer vor, in fremden Betten nicht schlafen zu können, aber in Wahrheit wollte er nur deswegen nach der Vorstellung nach Hamburg zurück, um noch auf eine Party zu gehen, zu tanzen, mit Leuten zu sprechen und sich zu amüsieren.
Inzwischen gab es in der Bundesrepublik 10,6 Millionen Fernseh-Empfänger. Mein Mann hatte für das Ohnsorg-Theater einen Vertrag abgeschlossen, der das Haus verpflichtete, fünf heitere Volksstücke pro Saison für das Fernsehen aufzuzeichnen. Die Auswahl der Stücke blieb der Anstalt, wie sich das Fernsehen gern selbst bezeichnet, überlassen.
Die Anstalt entschied, daß »Meister Anecker« aufgezeichnet

werden sollte. Direkt im Theater mit Publikum. Regisseur Alfred Joost war es gelungen, seine Vorgesetzten davon zu überzeugen, daß sein Lieblings-Schauspieler Henry Vahl endlich auch dem Fernseh-Publikum vorgestellt werden müsse.
Für Henry war es die erste wichtige Fernseh-Aufzeichnung. Er selbst ahnte damals noch nicht, wieviele er noch machen sollte. An diesem Abend brachte er sogar das Kunststück fertig, fehlerfrei zu sagen: »Meine Mutter war eine Frau, die ihre Zunge nicht im Zaum halten konnte.«
Er selbst wollte sich darüber totlachen, daß ihm das doch noch gelungen war, aber dieser Abend war überhaupt eine Sternstunde, und es klappte einfach alles. Am 13. November 1965 wurde die Sendung über die ARD ausgestrahlt und an diesem Sonnabend-Abend häuften sich im Theater die Telegramme an Henry Vahl. Das Telefon stand nicht mehr still, Blumen wurden abgegeben, Henry war Deutschlands »Fernseh-Opa« geworden. Über Nacht wurde mit ihm auch das Ohnsorg-Theater zu einem Begriff für ganz Deutschland. Selbst Alfred Joost war erstaunt, wie sein Schützling Henry Vahl in den deutschen Wohnzimmern eingeschlagen hatte. Er hatte es zwar immer vorausgesagt, aber auf den Erfolg war auch er nicht gefaßt gewesen. Henry am allerwenigsten. Er mußte erst 68 Jahre alt werden, um bundesweit bekannt zu werden. Noch in derselben Nacht sagte er zu mir am Telefon: »Das lag an der Rolle. Wann hat man auch schon so eine Rolle?« Aber es lag nicht an der Rolle des Matten, wie wir bald sehen sollten, es lag einzig an ihm. Er kam mit seinem Spiel nicht nur über die Rampe, er kam auch über die Kamera und traf beim Publikum genau den Nerv, an dem es sich dann gängeln läßt. Henry Vahl konnte mit dem Publikum machen, was er wollte, es liebte ihn.
Diese Liebe des Publikums übertrug sich auf uns alle, auf uns, seine Kollegen, und da ich neben ihm oft die andere Hauptrolle hatte, ganz besonders auch auf mich.
Für Henry, für meinen Mann und für mich kamen die schönsten Jahre unserer Karriere, und das Ohnsorg-Theater wurde Deutschlands bekannteste Volksbühne.
Wir spielten für das Fernsehen »Verteufelte Zeiten« und »Wenn

der Hahn kräht«, »Der rote Unterrock« und »Opa wird verkauft«, »Und oben wohnen Engels« und »Der Bürgermeister-Stuhl«, Henry und ich sangen und spielten in der »Haifischbar«, wir waren in Vico Torrianis »Goldenem Schuß« dabei und in der Peter Alexander-Schau. Wir ließen uns Autogrammkarten drucken und im Ohnsorg-Theater gingen Kartenbestellungen aus ganz Deutschland ein. Mahlers Rechnung war aufgegangen, die fünf Fernsehspiele im Jahr weckten im Publikum das Bedürfnis, auch die Stücke unseres Spielplans zu sehen, die nicht im Fernsehen gesendet wurden. Das Theater war jeden Abend ausverkauft. Das Fernsehen hielt das Publikum nicht etwa ab, in unser Theater zu kommen, weil wir ja jetzt zu ihm nach Hause kamen, nein, es regte gerade dazu an, in unser Theater zu kommen.

Am 26. Oktober 1967 feierte Henry seinen 70. Geburtstag. Mit einem Sonderwagen der Straßenbahn fuhr er durch Hamburg und machte ein Volksfest aus seinem Ehrentag. Horst Trinkwald hatte inzwischen mit Henry eine Schallplatte produziert, die nun auf Hamburgs Straßen aus dem Straßenbahn-Wagen ertönte. »Mit Siebzig fängt das Leben erst an« war da von Henry zu hören und er selbst wünschte und hoffte so sehr, daß er noch lange mit soviel Erfolg arbeiten könnte. Auch mit mir produzierte Horst Trinkwald eine Schallplatte, auf der ich »Tratschen, das tu ich nicht« und »Das Original von der Wasserkante« sang.

Wenn ich im Schallplatten-Studio stand, mußte ich immer an Berni Jakschtat denken, der am 3. Mai 1965 auch für immer von uns gegangen war.

Er hatte immer wieder zu mir gesagt, warum machst du keine Schallplatten, und ich hatte ihm damals in den ersten Nachkriegs-Jahren nur immer antworten können: »Weil kein Produzent mich haben will.« Außerdem, mit Seemanns-Liedern und Hamburg-Songs waren ja damals Lale Andersen, Liselotte Malkowsky, und immerhin auch noch Hans Albers auf dem Schallplattenmarkt, und gegen die Konkurrenz glaubte ich, nicht bestehen zu können. Durch den großen Erfolg, den wir im Ohnsorg-Theater hatten, überwand ich meine Scheu vor einer Schallplatten-Aufnahme, und ich hatte Erfolg mit meinen kleinen Liedern. 1968 nahm Trinkwald dann auch »In Hamburg sagt man Tschüs« und »Denk

mal drüber nach« mit mir auf, und diese Aufnahmen wurden sogar oft im Rundfunk gespielt.
Zur Eröffnung der Fernseh-Lotterie 1968 wurde das Ohnsorg-Theater aufgefordert, »Die Kartenlegerin« zu spielen. Ein anderer Liebling des Fernseh-Publikums, Willy Millowitsch, sollte in unserer Inszenierung eine Gast-Rolle übernehmen. »Die Kartenlegerin« von Wilfried Wroost gehört zu meinen Lieblingsrollen, und ich war ganz glücklich, daß ich diese Rolle auch im Fernsehen spielen durfte. Noch im selben Jahr bekam ich dann mit Henry Vahl den »Goldenen Bildschirm« überreicht als die beliebtesten Fernseh-Schauspieler der Bundesrepublik.
Als Willy Millowitsch in Hamburg zur Aufzeichnung der »Kartenlegerin« war, machte er mir ein Angebot, mit ihm zu spielen. Aber Hans Mahler winkte sofort ab, er war als Direktor des Ohnsorg-Theaters nicht bereit, mich während der Spielzeit von meinem Vertrag zu beurlauben. »Du gehörst an die Elbe und nicht an den Rhein«, sagte er und mit Adenauer: »Keine Experimente!«
Mich freute das Angebot von Willy Millowitsch, und für einen Augenblick reizte es mich auch, mit ihm zu spielen, wenn ich aber daran dachte, dafür meinen Mann viele Wochen allein in Hamburg lassen zu müssen, verwarf ich meinen egoistischen Plan sogleich wieder.
An Kleinigkeiten hatte ich nämlich festgestellt, daß Hans Mahler immer mehr den Gedankenaustausch, das Gespräch mit mir suchte und brauchte. Sein Lebenswerk war das Theater und übers Theater sprach er am liebsten mit mir. Neue Stücke lesen, sie bühnenwirksam bearbeiten lassen, die Besetzungen festlegen, das waren unsere täglichen Themen. Manchmal sprach er auch über seine Nachfolge, wie und wer alles weiterführen sollte, und ein paarmal nannte er auch Günther Siegmund, den er als geeigneten Nachfolger ansah.
Siegmund kannte das Ohnsorg-Theater von Kindesbeinen an. 1936, als Neunjähriger, hatter als Zwergenkönig in Hans Balzers »Fleitenpieper« zum erstenmal auf unserer Bühne gestanden. Otto Lüthje, sein Turn- und Musiklehrer, hatte ihn entdeckt. Danach spielte er alle Jungenrollen, die zu besetzen waren, auch den Lütt-Hein in Stavenhagens »Mudder Mews«. 1945 bekam er einen

festen Vertrag als Schauspieler und begann, sich als plattdeutscher Autor zu betätigen.
Mein Mann machte Günther Siegmund zu seinem Dramaturgen, und Siegmund war besonders erfolgreich im Aufstöbern neuer Stücke für unser Theater, die meistens von ihm bearbeitet oder erst ins Plattdeutsche übersetzt werden mußten.
Neue gute plattdeutsche Volksstücke sind auch heute noch Mangelware. Begabte Autoren schreiben lieber Stücke in Hochdeutsch, weil die eine Chance haben, im ganzen deutschsprachigen Raum aufgeführt zu werden, was sich auf ihrem Tantieme-Konto bemerkbar macht. Plattdeutsche Bühnenautoren aber können sich ausrechnen, an wieviel Theatern ihr Stück gespielt werden kann, und was daran im Höchstfall zu verdienen ist.
So ist es auch heute noch für die Direktion des Ohnsorg-Theaters immer wieder ein gar nicht so leichte Aufgabe, neue Stücke zu finden. Autoren müssen angesprochen und motiviert, müssen ermuntert werden, erst einmal etwas aufzuschreiben, woraus dann ein alter Hase eine bühnengerechte Fassung herstellen kann. So ein »Hase« ist Günther Siegmund. Unter den vielen Stücken, die er für unsere Bühne geschrieben hat, waren »Pyjatz«, »Minsch sien mutt de Minsch« und »Brand-Stiftung« seine größten Erfolge.
Zu seinem 25. Bühnen-Jubiläum im Jahre 1961 schrieb Hans Mahler für ihn ein Gedicht;

Weer mol eens Daags son lütten Wicht,
son lütt »Dreekäshoch«
stell sick bi uns vör.
De bör sien Koop hoch,
bör sien Näs int Licht,
will bi uns speelen
na bitte sehr.
Wolang ist dat al her –
so runne fievuntwintig Johr!
Un weer he domals ok noch nich ganz gor,
hüüt is he 'n Mann von 35 Johr,
de 'n Nam hett, un de wat gellt
as Speeler, Regissör un Dichtersmann,

den wi mit Stolt as een von uns nu tellt,
den wi von Harten gratuleert –
un mit uns woll de ganze nedderdütsche Welt.

Von den drei großen Nachkriegswellen hatte ich die Freßwelle aus Geldmangel überschlagen, die Bekleidungs- und Einrichtungswelle war mit dem Kauf unseres Hauses abgehakt, aber an der Reisewelle wollte ich nun auch mal teilnehmen.
Ein bißchen Urlaub würde meinem Mann sicher guttun, dachte ich und konnte ihn überreden, sich mit mir in unser Auto zu setzen und gen Süden an den Gardasee zu fahren. Unsere Tochter Heidi, die inzwischen schon auf unserer Bühne stand, begleitete uns. Zum erstenmal waren wir in Italien. Die Sonne, die Wärme, die Landschaft, die Farben, die Menschen, ich genoß alles in vollen Zügen.
An der österreichischen und dann an der italienischen Grenze brauchten wir nur unsere Personalausweise vorzuzeigen und konnten gleich weiterfahren. Keine Formulare, keine Kontrolle, die Grenzen waren so durchlässig wie noch nie. Ein ganz neues Gefühl von Freiheit bemächtigte sich meiner. Am liebsten wäre ich durch die ganze Welt weitergefahren, um diese Freiheit auszunutzen. Wir fanden ein Hotel am Gardasee und verbrachten ein paar Tage damit, die Landschaft zu durchstreifen, italienisch zu essen, zu baden und mit einem gemieteten Boot den See zu durchforschen. Die Italiener pfiffen hinter unserer Tochter her und riefen ihr gestenreich Komplimente zu, die wir natürlich nicht verstanden, über die wir uns aber amüsierten. So wie hier das Leben um uns herum sich abspielte, stellten wir uns den Karneval vor, obwohl wir den auch nur vom Hörensagen kannten. Für uns war Italien ein einziger, bunter Karneval. Meinem Mann war das zu bunt, zu temperamentvoll, zu laut. Aber Heidi und ich genossen es, und wir kauften uns bunt geblümte Kleider und große Strohhüte. Als wir ein paar Tage später in diesen Kleidern diesseits der Alpen ins Allgäu fuhren, sagte mein Mann zu uns: »Zieht euch bloß was anderes an, ihr seht ja aus wie Papageien in diesen bunten Fetzen.«

Im fahlen Licht diesseits der Alpen nahmen wir uns tatsächlich etwas grell aus, und als wir dann in Hinterstein eintrafen, um Germaine und Henry Vahl zu besuchen, die dort ihren Urlaub verlebten, zogen wir uns um, damit sich mein Mann mit uns auf die Straße traute.
Dann aber traf uns fast der Schlag. Henry und Germaine kamen uns als Allgäuer verkleidet entgegen. Germaine im feschen Dirndl mit schwarzem Samtmieder, an dessen Verschnürung silberne Münzen klimperten, Henry in kurzen Krachledernen mit Gamsbart-Hut. Sie sahen aus, wie sich Hamburger Bayern vorstellen, und Henry meinte: »Ja, man muß sich eben der Gegend anpassen, man kann ja hier nicht im Matrosenanzug 'rumlaufen.«
Abends bei Bier und Wein ließen wir uns von der Folklore bezaubern, und besonders die bayerischen Stanzl machten uns Spaß. Mein Mann, dessen Vater ein Bayer war, verstand sogar die Texte und übersetzte sie uns. Als Germaine dann mit zwei Einheimischen einen Schuhplattler tanzte, mußten Heidi und ich auch 'ran und uns durch die Luft schwenken lassen.
Wir verlebten fröhliche, unbeschwerte Tage mit den Vahls in deren Urlaubs-Domizil, dann aber mußten wir zurück nach Hamburg.
Auf der Autobahn fing es kurz vor Hannover an zu regnen, und als wir dann über die Elbbrücken nach Hamburg hineinfuhren, drehte mein Mann die Fensterscheibe des Autos ganz herunter, atmete tief ein und sagte: »Endlich mal wieder Schmuddelwetter, frischer Wind und Wolken.« Wir mußten lachen, denn wir kannten seine Vorliebe für die Heide, die Nord- und Ostsee und als er dann noch meinte: »So, nun habt ihr die Welt gesehen!« protestierten wir und sagten: »Das war erst der Anfang, jetzt geht es jeden Sommer los, kreuz und quer durch Europa.«

Aus diesen Plänen wurde nichts. Mahler ging eines Tages zum Arzt und ließ sich untersuchen. Er war müde geworden, und der Arzt stellte fest, daß sein Herz nicht in Ordnung war. Er verbot ihm das Rauchen, verordnete Medikamente, Spaziergänge und riet ihm, im Beruf kürzer zu treten. Mein Mann befolgte nichts. Er rauchte weiter wie bisher, nahm die Arzneien und stellte sie in

den Medizinschrank, und wenn ich ihn dazu verleiten wollte, mit mit ein Stück den Elbwanderweg entlangzugehen, winkte er ab. Er ging in unseren kleinen Garten und zupfte Unkraut aus den Blumenbeeten.
Nach wie vor beschäftigte er sich in seinen Gedanken nur mit dem Theater. Vierundzwanzig Stunden am Tag und oftmals machte er auch seiner Enttäuschung Luft über Entwicklungen am Theater, die ihm nicht behagten. Ich tröstete ihn. »Junge Menschen suchen neue Wege, sonst wäre ja keine Weiterentwicklung möglich, und wenn sie mal übers Ziel hinausschießen, dann denk daran, welch' Feuerkopf du einst warst. Du warst auch nicht mit allem einverstanden, was Dr. Ohnsorg für richtig hielt, und das war auch sicherlich gut so. Es ist ja das Recht der Jugend, aufzumucken, anderer Meinung zu sein und vielleicht sogar undankbar zu sein.«
Er gab mir Recht, dann aber krittelte er auch sogleich wieder an irgendetwas herum, was ihm nicht sorgfältig genug gehandhabt schien. Er war ein Perfektionist geworden. Wenn in einer Serie Vorstellungen mit der Zeit 'mal eine Text-Schlamperei einriß, hätte er am liebsten gleich Proben angesetzt, versuchte es aber dann wieder mit gutem Zureden, das allerdings nicht immer fruchtete.
Es waren die Alltags-Sorgen eines jeden Theaterleiters, aber ihn bedrückten sie mehr und mehr. Er vermißte beim Nachwuchs den Elan, die Begeisterungsfähigkeit und vergaß, daß die nächste Generation, die als ganz junge Menschen den Krieg erlebt hatten, ihre Ideale in den Schlachtfeldern und in den Bombentrichtern verloren hatten. Sie wollten schnell Karriere machen und stellten nicht mehr so hohe Qualitätsansprüche. Das zu verstehen, fiel ihm immer schwerer, obwohl er sich darum bemühte und immer wieder mit mir darüber sprach.
Er inszenierte »Suuregurkentiet« von Heiner Kollhoff. Henry Vahl, Jochen Schenk, Otto Lüthje, Edgar Bessen, Gertrud Prey, meine Tochter Heidi Mahler, und ich waren die Besetzung.
Am 1. März 1970 war die Premiere. Wir spielten das Stück dann jeden Abend vor ausverkauftem Haus.
Am 25. März kam schon morgens ein Bühnentechniker zu uns heraus, um mit meinem Mann unseren kleinen Garten herzurich-

ten. Der Arzt hatte ihm nun auch verboten, sich körperlich allzusehr anzustrengen, und so waren wir froh, eine Hilfe bei der Gartenarbeit zu haben. Die beiden Männer pusselten noch im Garten herum, als ich am späten Nachmittag ins Theater fahren wollte.
Mein Sohn Jan und meine Schwiegertochter Barbara hatten uns an diesem Tag besucht und uns unseren ersten Enkel gezeigt, der gerade ein Jahr geworden war. Sie wollten mich nun im Theater absetzen.
Gewissenhaft fragte ich im Garten meinen Mann, ob er seinen Hausschlüssel habe und ich das Haus abschließen solle. Er sagte nur: »Ja natürlich« und so schloß ich im Haus die Kellertür und die Haustür ab.
Wir fuhren ins Theater, hielten vor der Passage mit dem Bühnen-Eingang und verabschiedeten uns im Auto voneinander, als der Bühnentechniker, der meinem Mann im Garten geholfen hatte, hinter uns hielt.
Er sagte zu mir: »Ihr Mann hat doch keinen Hausschlüssel bei sich, ich soll ihm sofort ihren Schlüssel bringen, damit er ins Haus kann.«
Da der Techniker auch zur Vorstellung im Theater sein mußte, nahm ihm Jan den Weg ab und wollte meinen Schlüssel seinem Vater bringen. Weil er ihn nicht mehr im Garten vorfand, ging er von außen durch die Garage in den Keller und fand dort seinen Vater am Boden liegend. In der Hand hielt er eine Kanne, mit der er Wasser in unserem Heizungskessel nachfüllen wollte.
Mein Sohn rief mich im Theater an und sagte: »Ich hab Papi gefunden, er ist bewußtlos, wir haben schon einen Krankenwagen angerufen und lassen ihn ins Krankenhaus bringen.«
Ich ging auf die Bühne und spielte die Alwine Müll in »Suuregrukentiet«. Dann war die Pause.
Auf dem Weg zur Garderobe sah ich Jan und auch meinen zweiten Sohn Heiko, die mit meiner Tochter sprachen. Ich lief auf meine Kinder zu. Heidi sagte: »Papi ist tot, Mammi«.
Das war wie ein Schlag mit einem Hammer aufs Hirn. Ich war wie betäubt. Da ich kein Wort herausbrachte, sagte meine Tochter, mehr um überhaupt etwas zu sagen und um die Schocksekunden zu überbrücken: »Wir schicken das Publikum nach Hause. Wir

brechen die Vorstellung ab.«
Eigentlich nur, um nicht denken zu müssen, die schreckliche Wahrheit noch nicht an mich herankommen zu lassen, um Zeit zu gewinnen, meine Reaktionen unter Kontrolle zu bringen, sagte ich: »Nein. Wir spielen den dritten Akt auch noch, laßt wieder einklingeln, schnell, damit wir das hinter uns bringen.« Wir spielten das Stück zu Ende.
Dann fuhren meine Kinder mich ins Krankenhaus, aber ich konnte meinen Mann nicht mehr sehen, weil man ihn schon in eine Leichenhalle gebracht hatte. Die aber war schon geschlossen.
Auch in den nächsten Tagen konnte ich ihn nicht noch einmal sehen, entweder war die Leichenhalle noch geschlossen, oder man hatte ihn bereits zum Nienstedtener Friedhof gebracht und so konnte ich erst kurz vor der Trauerfeier noch einen Blick in den offenen Sarg tun.
Auch der Tod ist heute ein Verwaltungsakt. Selbst die nächsten Angehörigen müssen sich der Büromaschinerie unterordnen. Abschiednehmen von 12.05 bis 12.08 Uhr, Beerdigung von 12.10 bis 12.30 Uhr. Der Nächste bitte. Die Rechnung wird abgebucht. Bei der Trauerfeier in der Kapelle ging mir durch den Kopf, wie wenig das alles mit dem Menschen zu tun hatte, den wir zu Grabe trugen.
Heinrich Dieckelmann hat in einem kleinen Gedicht all das zusammengefaßt, was mit mir viele empfanden.

Op Hans Mahler sienen Dood.

Büst von uns gahn
un hest 't nich wullt.
De Di dat dann,
harr keen Geduld,
mött rucks Dien Bahn
un leet uns stahn
verfeert un slaan,
as weern wi schuld.
Vergävs wi grullt.
Dat Schicksal rullt. . .

Die ersten Tage nach meines Mannes Tod waren so angefüllt mit Beileidsbesuchen, Kondolenzbriefen, daß ich kaum Zeit zum

Nachdenken fand. Wir probten das nächste Stück. »Trautes Heim« von Max Drögemüller, eine Inszenierung von Günther Siegmund. Ich ging gern ins Theater, um nicht zu Hause zu sein. Wenn ich aber dann nachmittags in unser Haus zurückkam, überfiel mich die Angst vor dem Alleinsein. Seit 55 Jahren war ich zum erstenmal allein. Gut, ich hatte meine drei Kinder, Freunde, die Kollegen, das sagte ich mir immer wieder, und Millionen Witwen mit mir sagen sich in Variationen dasselbe, dadurch ist man nicht einsam, aber man ist allein. Von einer Stunde zur anderen.
»Kauf dir etwas, tu was für dich,« hatte mir Henry Vahl gesagt und er hat es gut gemeint, aber ich überlegte, warum und was ich mir selbst schenken sollte. Sollte ich mir Brillanten, Pelze oder Kleider kaufen, nein, der Verlust, der durch gar nichts zu verschmerzen war, würde bleiben. Selbst das probate Mittel, das Briefkastentanten in Frauenzeitschriften anbieten, wenn einem der Mann wie auch immer abhanden gekommen ist, zum Friseur und zur Kosmetikerin zu gehen, wandte ich bei mir nicht an.
Ich begann mit dem Versuch, das Alleinsein zu lernen.
Zuerst redete ich mir ein, wie es auch Kinder gern tun, wenn sie gegen ihren Willen allein gelassen worden sind, nun tust du all die Dinge, die du sonst nicht machen konntest, weil sie Hans Mahler störten. Laut spielte ich meine Lieblingsplatten. Tschaikowsky, Beethoven, Puccini und Gounod. Ich blieb viel länger auf, als ich es gewohnt war und schlief manchmal im Sessel ein. Es half alles nichts.
Dann stellte ich nach ein paar Monaten fest, daß der Freundeskreis auch immer kleiner wurde. Ich glaube, ganz gleich ob man Witwe oder geschieden wird, der Freundeskreis geht mit dem Mann. Vielleicht hat man Angst, eine alleinstehende Frau einzuladen, aus vielerlei Gründen. Man glaubt vielleicht, sie klagt über ihr Schicksal oder man müßte ihr behilflich sein und will es nicht, und viele Männer langweilen sich ja auch in der Gesellschaft von Frauen, weil sie häufig über Themen sprechen, die Männer nicht interessieren.
Auch ich mußte mir erst wieder einen Freundeskreis suchen und hätte ich nicht meinen Beruf gehabt, wäre diese erste Zeit des Alleinseins nicht so leicht zu überstehen gewesen.

Ich änderte meinen Vertrag und ließ mich im Sommer-Halbjahr freistellen. In Berlin drehte ich mit Willy Millowitsch die Fernseh-Serie »Hei-Wi-Tip-Top«. Während der dreimonatigen Dreharbeiten kümmerte sich Gerda Millowitsch, die Frau von Willy, besonders um mich. Damit ich nicht allein im Hotel meine Abende verbringen mußte, ging sie mit mir in Konzerte oder ins Theater. Durch sie habe ich Berlin lieben gelernt. Der Ortswechsel lenkte mich von meiner Trauer ab.

Es war und ist mir ein Trost zu wissen, daß Hans Mahler, ohne lange leiden zu müssen, gestorben ist. So unvorbereitet ich auch auf seinen Tod war, für ihn war sein plötzlicher Tod eine Gnade.

Mit der Zeit, die so vieles heilt, lernte ich das Alleinsein. Ich konnte ungestört meinen Gedanken nachhängen, grübeln, träumen, meine Rollen studieren, und dann ganz plötzlich fand ich Gefallen daran, allein zu sein.

An spielfreien Abenden nahm ich mir soviel im Hause vor, legte mir Bücher hin, die ich alle lesen wollte, endlich, und war ungehalten, wenn ich durch Telefonanrufe gestört wurde. Ich war immer noch gern in Gesellschaft, aber nicht mehr aus dem Grund, um nicht allein zu sein. Das Alleinsein war für mich zu einer Kraftquelle geworden, die ich nun brauchte.

Ich dachte und denke noch heute viel an meinen Mann. Ich vermisse ihn, und oft frage ich mich, was würde er jetzt an deiner Stelle tun, was würde er dazu sagen, und manchmal muß ich lachen, wenn ich mir seine Antworten vorstelle.

Wie es der Wunsch meines Mannes gewesen war, er hatte ihn oft genug geäußert, wurde Günther Siegmund vom Verein Niederdeutsche Bühne Hamburg zu seinem Nachfolger bestellt.

Der Theaterbetrieb lief nahtlos weiter, da Siegmund eingearbeitet und von meinem Mann in alles eingeweiht worden war.

Eine seiner ersten Amtshandlungen als neuer Direktor war die Nichtverlängerung des Vertrages mit Henry Vahl. Mein Mann hatte Henry zugesagt, in der nächsten Spielzeit noch einmal »Meister Anecker« herauszubringen und Henry noch einmal seine Lieblingsrolle, den Matten, spielen zu lassen. Damit wollte sich Henry von der Bühne verabschieden.

Günther Siegmund aber schrieb in einem Brief an Henry, er fühle

sich an das Versprechen von Hans Mahler nicht gebunden, und Henry mußte mit dem Auslaufen der Spielzeit 1970 das Ohnsorg-Theater verlassen.
Er war darüber sehr verbittert. Als er mir den Brief der neuen Direktion zu lesen gab, sagte er prophetisch: »Die nächste bist du, Heidi.«
Was Henry Vahl sich einmal in den Kopf gesetzt hatte, ließ er sich nicht ausreden und schon gar nicht kaputtmachen. In seinem pommerschen Dickschädel hatte sich festgesetzt, er wolle noch einmal den Matten spielen, wenn nicht am Ohnsorg-Theater, dann eben an einer anderen Bühne.
Er spielte ihn. 93 mal en suite im St. Pauli-Theater an der Reeperbahn.
Die Vorstellungen waren jeden Abend ausverkauft, was Henry mit Stolz erfüllte. Aber noch mehr Stolz und auch Freude bereitete ihm seine Gage. Er erhielt am St. Pauli-Theater eine Monats-Gage, für deren Summe er im Ohnsorg-Theater eine ganze Saison hätte auftreten müssen. Der Fernseh-Opa hatte es verstanden, seine Popularität in klingende Münze umzuwandeln.
Henry war Hamburgs beliebtester Volksschauspieler geworden. Die Aufführungsserie des »Meister Anecker« näherte sich ihrem Ende, als wir eines Abends nach unserer beider Vorstellungen in Henrys Wohnung in der Maria Louisen-Straße noch zusammen saßen. »Wie schön für dich, mit einem so großen Erfolg von der Bühne abzugehen,« sagte ich, »man kann dir nur gratulieren.«
»Was heißt hier abgehen, Heidi, wir fahren jetzt nach Hinterstein, dort erhole ich mich, und dann geht es erst richtig los. Ich spiele in der nächsten Saison die »Zitronenjette«. En suite, jeden Abend, macht mir gar nichts aus, soll ich mich hier vielleicht in meinem Ohrensessel verkriechen und Däumchen drehen. Die Leute wollen mich sehen.«
Sie wollten ihn wirklich sehen. Paul Möhrings »Zitronenjette« war schon immer ein Erfolgs-Dauerbrenner des St. Pauli-Theaters gewesen. Mit Henry in der Titelrolle sollte es zum 1000. Mal über die Bretter an der Reeperbahn gehen. In einer Festvorstellung. Henry sang und tanzte in Frauenkleidern mit blonder Mittelscheitel-Perücke, und das Publikum schrie und tobte vor Lachen.

Deutschlands beliebtester Fernseh-Opa war der Star der Reeperbahn.
Am Silvesterabend tanzten Germaine und Henry Vahl auf einer großen Party, die unsere Freundin Helga Orban für sie ausgerichtet hatte, in das Jahr 1975.
In dieser Nacht erzählten sie, wie sie ihre Goldene Hochzeit am 31. Januar begehen wollten. Eine Super-Fête sollte es werden. Für diesen Tag wollten sie das Landhaus im Stadtpark mieten, mit allen Räumen, um ihre zahlreichen Gäste unterbringen zu können. »Da machen wir 'mal wieder richtig Remmi-Demmi,« freute sich Henry, und Germaine berichtete, daß sie außer einer Tanzkapelle auch noch einen Disc-Jockey engagiert habe.
Am Tag der Goldenen Hochzeit lag Henry im Israelitischen Krankenhaus. Am 3. Januar war er dort eingeliefert worden. Mit einem Schwächeanfall. Er traktierte den Arzt mit allen Mitteln, ihn abends noch auftreten zu lassen, drei ausverkaufte Vorstellungen der »Zitronenjette« hatte er noch zu spielen. Aber der ihn behandelnde Arzt war unerbittlich. Strenge Bettruhe.
Für drei Abende mußte Christa Siems einspringen und die »Zitronenjette« spielen.
Henry erholte sich und konnte Ende Februar wieder nach Hause. Er machte schon wieder Pläne. »Du darfst es ja wissen, nur nicht Germaine und der Arzt,« sagte er hinter vorgehaltener Hand, als ich ihn besuchte, »aber im Herbst spiele ich wieder im St. Pauli-Theater. Kennst du nicht ein gutes Stück? Etwas mit Musik und Tanz?«
Am 13. März 1975 starb Germaine Vahl.
Sie war nach dem Mittagessen im Schlafzimmer tot umgefallen. Da sie keine Kinder hatten, stand Henry nun allein und wußte sich nicht zu helfen.
Seine Schwester zog zu ihm und führte im den Haushalt. Der Verlust von Germaine hatte ihn so tief getroffen, daß sich seine Arteriosklerose rapide verschlimmerte.
In der Unterhaltung suchte er nach Wörtern, nach bestimmten Ausdrücken und wurde wütend, wenn er sie nicht fand. »Ich hab 'n Brett vorm Kopf, ist das nicht schrecklich«, beklagte er dann seinen Zustand, und eigentlich mußte man ihm Recht geben. Wie

immer in solchen Fällen suchte man nach Ausflüchten und fand dann auch nur die üblichen Sätze, wie, es wird schon wieder und du mußt Geduld haben. Aber er nahm das nicht ab, wenigstens mir nicht, und konterte: »Es wird nicht wieder, es wird schlechter, ich merke es doch. Ich bin doch nicht doof.« Nein doof war er wirklich nicht, er war verbraucht, am Ende seiner Kraft.

Ich wandte mich an die Bodelschwinghschen Anstalten in Bethel und erreichte dort, daß man für Henry einen ausgebildeten Krankenpfleger zur Verfügung stellen wollte, der mit ihm in der Maria-Louisen-Straße leben sollte. Aber dann erlitt er noch einen schweren Schwächeanfall und mußte in das Krankenhaus in Ochsenzoll eingeliefert werden. Wieder erholte er sich, konnte nach Wochen das Bett verlassen und im Garten spazierengehen.
Es begann ein Martyrium. Monatelang. Für ihn, für seine Verwandten und für seine Freunde.
'Mal ging es ihm etwas besser, 'mal etwas schlechter. Ein ständiges Auf und Ab.
Immer wieder mußte ich daran denken, welche Gnade doch meinem Mann und auch Germaine Vahl zuteil geworden war, dadurch, daß der Tod sie überrascht hatte. Henry starb ganz langsam, qualvoll, stückchenweise.
Dann endlich wurde er erlöst. Am 21. Juli 1977.
Die Beerdigung auf dem Ohlsdorfer Friedhof glich einem Volksfest. Tausende waren gekommen, um ihn zu Grabe zu tragen.
Fünfzehn Jahre hatten wir zusammen Theater gespielt, gemeinsam Schallplatten besungen, in der Fernseh-Serie ». . . und abends ins Odeon« miteinander vor der Kamera gestanden, wir waren Freunde geworden. Ich begrub mit Henry auch einen Zeitabschnitt meines Lebens, der wohl meine glücklichsten Jahre beinhaltete.

Ich nahm mir vor, kürzer zu treten, weniger zu arbeiten und mit 65, dem Eintritt ins Rentenalter, aufzuhören. Wohl noch ab und an auf der Bühne stehen, aber ich wollte keine Tournéen, keine Abstecher mehr machen. Denn sie sind mir zu anstrengend. Jeden Abend auf einer anderen Bühne, jede Nacht in einem anderen Hotelbett. Dazwischen die langen, zermürbenden Busfahrten. Manchmal frage ich mich, wie ich das nur durchhalten konnte. Wahrscheinlich nur, weil mir meine Tochter Heidi, Jürgen Pooch und mein Freund Werner Riepel die Strapazen erleichterten.
Öfter wollte ich nun meine Kinder und meine Enkel sehen, wollte mal verreisen und mir die Welt ansehen, aber erstmal kam ich nur bis Köln.
In den Theaterferien drehte ich dort für das Fernsehen 13 Folgen von »Kabillowitsch«. Fünf-Minuten-Sketche mit Willy Millowitsch als Partner. Jede dieser Folgen war ein gespielter Witz, mal mehr, mal weniger komisch. Wir Deutsche haben ja ein gespanntes Verhältnis zum Humor. Jeder sagt von sich, er habe Humor, doch oft hat er noch nicht einmal Witz.
Während der Dreharbeiten in Köln sagte ich zu Willy Millowitsch, daß ich sehr gern einmal die drei tollen letzten Tage des Kölner Karneval miterleben möchte, aber gerade um die Zeit immer Theater spielen muß. Ich bat ihn, zu versuchen, mir das Geheimnis des Rheinischen Frohsinns zu erklären. Für uns Norddeutsche ist das ja ein Geheimnis. Willy kratzte sich am Hinterkopf. »Oh Gott, wie soll ich dir das nur verkasematuckeln,« er dachte nach und begann: »Karneval am Rhein ist ein Geben und Nehmen. Wir wollen in dieser Zeit unseren Alltag vergessen, so gut es geht, und weil darüber völlige Einheit herrscht, ist keiner bereit, ernsthaft mit dir zu reden. Und so unternimmst du auch bald gar nicht mehr den Versuch, ein normales Gespräch zu führen, weil es sinnlos ist. So fängst du an zu lachen, weil dir gar nichts anderes übrig bleibt und löst damit eine Kettenreaktion aus. Zum Schluß lachst du dann darüber, daß du über den Quatsch noch lachen kannst und freust dich, und Freude bringt Wohlbehagen.«
Das leuchtete mir ein, demnach fehlt uns in Norddeutschland ja nur die Einigkeit, für ein paar Tage unsere Sorgen vergessen zu wollen, aber ich fürchte, wir werden nicht einmal einig werden,

an welchen Tagen wir das wollen. Andererseits gibt es auch Zeitgenossen, die meinen, daß ich als Volksschauspielerin immer fröhlich und ausgelassen sein müßte.
Wenn ich 'mal auf den Wochenmarkt gehe oder in irgendein Geschäft, höre ich oft: »Ach Frau Kabel, beinah hätte ich sie gar nicht erkannt, sie lachen ja gar nicht.« Am liebsten würde ich dann antworten: »Sie ja auch nicht, ich kann ja schließlich nicht als Einzige kichernd durch Hamburg laufen.« Aber ich verschlucke diesen Satz regelmäßig, denn kaum jemand würde verstehen, wie ich es meine.

Aus Anlaß des 75jährigen Bestehens des Ohnsorg-Theaters inszenierte Günther Siegmund mit mir in der Titelrolle Stavenhagens »Mudder Mews.« Im Laufe meiner 47jährigen Zugehörigkeit zum Ohnsorg-Theater hatte ich in diesem Schauspiel schon die beiden anderen weiblichen Rollen, die der Elsbe und der Lisbeth, mehrere Male gespielt. Im November 1977 spielte ich zum erstenmal die Mudder Mews. Das Drama wurde in der plattdeutschen Version nur für das Dritte Programm des Norddeutschen Fernsehens aufgezeichnet, weil dieser Klassiker des niederdeutschen Theaters in hochdeutscher Übersetzung zuviel an seiner Ursprünglichkeit einbüßen würde. Jochen Schenk, Edgar Bessen, Gisela Wessel, der kleine Peter Hampel und meine Tochter in der Rolle der Elsbe waren meine Partner.
Das Stück spielt Ende des 19. Jahrhunderts auf der Elbinsel Finkenwärder. Die hartherzige Mudder Mews treibt ihre Schwiegertochter Elsbe durch Verdächtigungen und Anspielungen zum Selbstmord.

Die Aufführung wurde von Publikum und Presse begeistert gefeiert. Sogar der ‚Stern' fand sich bereit, über diese Inszenierung ein paar Spalten abzusondern und sein Erstaunen darüber auszudrücken, daß unser Ensemble auch ernste Stücke spielen könne.

Dadurch wurden wir wieder einmal belehrt, wie stark doch selbst die Massenmedien Schauspieler mit ihren Rollen identifizieren. Wer als Heroine erfolgreich auf der Bühne steht, muß das Parkett schluchzen lassen, immer wieder, und darf nicht in einer Komödie dem Publikum ein Schmunzeln abringen. Wer aber wie ich die Menschen häufig zum Lachen bringt, muß immer wieder nur in komischen Rollen zu sehen sein und darf sie nicht als Mudder Mews erschrecken. Ich aber will mich nicht auf bestimmte Rollen festlegen lassen. Ich spiele für das Volk, für den Menschen, für den Menschen mit all' seinen Gefühlen. Es gibt für mich nichts schöneres, als mein Publikum zum Lachen, zum Nachdenken und zum Weinen zu bringen.
Ich bin eine Volksschauspielerin.